大学生
创业生涯研究

谢妮 曹志峰 著

Research on College Students'
Entrepreneurial Career

中国社会科学出版社

图书在版编目（CIP）数据

大学生创业生涯研究／谢妮，曹志峰著. -- 北京：中国社会科学出版社，2024.12. -- ISBN 978-7-5227-4520-6

Ⅰ. G647.38

中国国家版本馆 CIP 数据核字第 2024C7J524 号

出 版 人	赵剑英
责任编辑	李斯佳　刘晓红
责任校对	冯英爽
责任印制	戴　宽

出　　版	中国社会科学出版社
社　　址	北京鼓楼西大街甲 158 号
邮　　编	100720
网　　址	http://www.csspw.cn
发 行 部	010-84083685
门 市 部	010-84029450
经　　销	新华书店及其他书店
印刷装订	北京君升印刷有限公司
版　　次	2024 年 12 月第 1 版
印　　次	2024 年 12 月第 1 次印刷
开　　本	710×1000　1/16
印　　张	16.75
字　　数	269 千字
定　　价	89.00 元

凡购买中国社会科学出版社图书，如有质量问题请与本社营销中心联系调换
电话：010-84083683
版权所有　侵权必究

前　言

恩格斯在《家庭、私有制和国家的起源》中揭示了因劳动分工和生产力发展而变迁的人类活动组织形态规律，为我们从总体上认知不同经济形态的参与者提供了启迪，人类成文史中的经济参与者基本上由有产者和无产者构成。马克思《资本论》对工资本质的科学论证曝光了现代社会劳动力再生产的秘密及代际传承的社会建构。置身于多元化现代社会中的青年经济参与的轨迹分析需置于历史实践和现实情境的双重构架中。

一　以制造业为代表的工业社会青年经济参与的自由性和流动性

自由性是指在社会经济结构中，可以"公平"地获得与自己能力匹配的就业机会。流动性是指相比传统社会的地域性限制，制造业为受过一定教育程度的劳动者提供了可选择的、不受地域限制的就业岗位。

西方早于中国进入制造业时代。西欧城邦手工业发展为现代工业奠定了基础，尤其是培训了大批青年熟练工人。[①] 城镇的快速发展将原本分散于各地的农业人口聚集到一起，增加了社会容量和社会密度。社会形态的变化对劳动分工产生了重要影响。涂尔干认为社会容量的普遍扩大和社会密度的恒定增加促进了分工的不断发展，新的职业群体随着专业化程度的发展而增加，各自不同的目标和追求减少了彼此之间的竞争。[②] 社会集体的创新程度和创新所带来的丰厚利润刺激着人们对创新

[①] ［德］马克斯·韦伯：《新教伦理与资本主义精神》，于晓等译，生活·读书·新知三联书店1987年版，第25页。

[②] ［法］埃米尔·涂尔干：《社会分工论》，渠敬东译，生活·读书·新知三联书店2017年版，第219—225页。

和各种冒险的执迷，为科学技术的纵深发展提供了良好的社会基础和人才基础，推动了西方社会的飞速发展。西方社会的个体精神和创新精神及个体权利得到全面确认和保障，成为西方社会创造性得以爆发和经济飞速发展的制度基础，其市场经济体系的形成与完善使西方社会在全球格局中长期保持着垄断性优势。

由于历史的原因，中国经济结构长期以农业为主。即便从时间来说，我们已置身于工业社会，但就社会结构而言，仍然没有脱离传统社会的本质特征，大量人口分布在农村，依靠农业生存。中华人民共和国成立后的城乡二元分割的户籍制度将社会流动限定在户籍所在地，"城里人"和"农村人"成为各自的代称。社会能够提供的就业岗位极为有限，青年参加经济的方式高度依赖行政调节。社会分工结构犹如历史上的井田形态，条块边界清晰。绝大多数农村青年参与经济的方式是匍匐于土地；城市青年可以接班顶替；[1] 只有极少数的农村与城市青年通过入伍/升学获得较高级别的经济参与机会。这样的人常被称为"幸运儿"。绝大部分青年只能在既定的图谱上做有限的规划，以就业的方式获得一份稳定的工作，成为受过一定程度教育的青年获得有保障的生活资源的普遍特征。改革开放后，工业经济高速发展，为包括农村青年在内的非固定岗位工作者提供了大量的可自由选择的机会，在一定程度上重构了中国社会经济版图和社会结构，极大地促进了教育发展，为中国进入知识经济社会奠定了基础。

二 知识经济社会青年经济参与的个体化和创新性

如果说蒸汽机扩大了人类在地球上的远距离活动空间，标志着拉开工业社会序幕；那么，始于20世纪40年代的计算机则让人类活动突破了一切有形限制，标志着工业社会和知识经济现代社会的分野。以计算机为载体的互联网信息技术对社会分工和世界版图发生了颠覆性变革，市场成为资源配置的中坚力量，信息技术带来的行业细分催生了劳动个体化的趋势。[2] 熊彼特在计算机诞生之前提出了极富创见性的经济发展

---

[1] 田毅鹏、李珮瑶：《计划时期国企"父爱主义"的再认识——以单位子女就业政策为中心》，《江海学刊》2014年第3期。
[2] ［西班牙］曼纽尔·卡斯特：《信息时代三部曲：经济、社会与文化（第一卷）——网络社会的崛起》，夏铸九等译，社会科学文献出版社2001年版，第4页。

理论，对后世的创新创业产生了持续的影响，他对个体层面的创新创业和组织层面的创新创业的界定与阐述为激发整个社会的活力提供了理论洞见，为第二次世界大战结束后世界经济的恢复与腾飞做出了重要贡献。中国学者也于20世纪90年代开始关注并研究他，[1] 期待为中国创新型社会建设和"双创"新态势提供理论参考。[2]

与网络社会和受创新创业驱动而高速发展的经济并行的是教育民主化带来的高等教育大众化，越来越多的人口接受了高等教育，掌握了新技术，成为创新创业的主力军。经济、人口与技术看似进入良性循环中，但这种景象仅限于富裕人群，互联网时代造成了新的区隔，且个体化特征日趋明显，我们面临的是一个流沙化的社会。[3] 个体生存变得不再需要依赖或依附于某个特定的组织或集团，人们在新型技术基础上不断地走向分化与重新结合。信息技术的发展使原本主宰经济命脉的"巨无霸"企业相形见绌，社会活力往往体现在中小企业中。改革开放四十余年来，青年就业创业政策经历了由计划调控到市场调控的变迁，国有企业的组织创新和民营经济的个人创新为国家赢得了世界性声誉。

然而，在全球化与逆全球化并存的当代，全世界青年就业都面临着严重的不确定性和系统性风险，区域差异性加重了这种危机。各国通常把促进创业当作增加年轻人就业与收入的长期优选方案，国际劳工组织提醒要区分真正的自主创业和被年轻人当作最后依赖的救命稻草式自主创业（即被动创业）。鉴于创业的不可控性和风险性，需要提供包括政策、资金和技术在内的系统性支持工具。[4] 2010年至今，国家形成了较为稳定的鼓励灵活多样的就业形式，倡导大众创业、万众创新，发动和鼓励受过高等教育的社会成员通过自主创业的方式提供更多就业岗位成为世界各个政府的核心关注点。受贸易摩擦和新冠疫情的双重影响，中

---

[1] 李乾文：《熊彼特的创新创业思想、传播及其评述》，《科学学与科学技术管理》2005年第8期。

[2] 王丽娟、吕际云：《学习借鉴熊彼特创新创业思想的中国路径研究》，《江苏社会科学》2014年第6期。

[3] ［德］乌尔里希·贝克、伊丽莎白·贝克-格恩斯海姆：《个体化》，李荣山等译，北京大学出版社2011年版，第19页。

[4] 黎淑秀：《全球青年就业趋势研究——为青年提供优质的就业政策》，《中国青年社会科学》2020年第1期。

国政府启动以"国内大循环为主体、国内国际双循环相互促进"的新经济政策，为"大众创业、万众创新"提供了广阔空间，更是为大学生创业创造了有利的市场环境。

三 大学生创业图景

市场化改革推动了社会结构的变化，创新创业变成了大众向往美好生活的可以触及的路径。大学生阶层的大众化与国家创新创业战略在日常生活层面的渗透互动，催生了强大的个体化创业动能。随着越来越多来自农村、家庭中的第一代大学生加入创业者队伍，大学生创业将成为扩大中等收入群体和巩固脱贫成果的重要力量。本书研究发现大学生创业者以农村户籍、非独生子女、无宗教信念、未婚、女性和汉族学生居多；多数为家庭中的第一代大学生；超过一半的创业者在大学期间就开始创业。创业成为弱势群体在阶层固化的社会中向上流动的一种选择。

第一，大学生创业是个体化的市场行为。市场化政策供给自上而下，呈现出国家政策优于省级、省级优于基层的现象。具体政策实施上，模糊的定性描述多于可操作的量化描述，总体上属于"看着很美、做起来很难"。国家需要在操作层面理顺政策网络和培育创业环境，将管理思维转化为服务思维，重点治理基层，打通服务链条，解决"服务最后一公里"难题，使大学生创业不因基层的"梗阻"而触礁。

第二，大学生小微企业步履艰难。大学生创业属于个体经济活动，企业多属于小微型，很难进入地方政府"招商引资"的法眼，总体上不受"待见"。大学生创业政策由发改委联合发文，由其他部门协作实施，具体到创业者身上，则成了"政出多门、跑断腿"无所适从的局面。需要将大学生创业和其他小微企业从国家顶层设计层面着手，作为一个独立的类别，进行分类管理，设立类似国际通行的小企业管理机构，理顺"大众创业、万众创新"的管理机制，降低小微企业的各种创业成本，释放更多的创业活力。

第三，高等教育功能的变化。庞大的普通高校生源日益本地化，绝大多数来自农村，是家庭中的第一代大学生，他们背负着改变家庭经济状况的内在使命。"知识改变命运"的本质并没有改变，但内涵已悄然演变，由之前的"学而优则仕"变成了市场经济的创业者。但高等教育并没有给学生提供与市场经济相匹配的知识和能力准备。对地方普通高校来说，学生通过接受高等教育提升参与市场经济的能力和素质，实现向上流动，是当今高等教育的内在任务。

第四，大学生创业与巩固脱贫成果有内在联系。大学生群体的大众化与底层化，使得大学生创业与国家政治使命具有内在的一致性：巩固脱贫成果、扩大中等收入群体以及缩小区域发展水平。尤其是地方普通高校，生源基本上本省化，区域经济发展，除了有限的引进外，本省人才和本省力量才是核心的内生动能。地方高校提升教育质量和人才培养效益是大学生创业最重要的发动机。

第五，大学生创业多为"养家糊口"。大学生创业有两种类型：一是科技类创业，二是服务业类创业。科技类创业以重点高校学生为主，服务业类创业以地方普通高校学生为主。前者在创业者中只是少数；后者是创业者的主体，为的是"养家糊口"。这与中国重点高校学生数和地方普通高校学生数的比例相吻合，也与这两种类型高校的科技实力对比相吻合。

第六，构建创业者合作共同体。市场是孕育创业者的天然土壤。没有市场，就不会有创业者，更不会有企业家。经济改革的过程同时也是被动个体化的过程，自由流动解放了个体，个体而不是家庭成为再生产的单位。互联网既将总体社会个体化，同时又以一种奇妙的方式，以利益、兴趣或某种公共目标将个体社会总体化。创业者合作共同体正是对其的回应，可以分成两个层面，一是创业者的自发联盟，二是基于公共行政伦理的社会治理共同体。创业者的自发联盟常见于高校和社会中的自发的创业俱乐部、创业沙龙等形式，这种联盟本质上不能解决创业者在现实创业中遇到的各种问题。基于合作共同体的建设，创业者的个体活力与创造动能可以汇成巨大的合力，作用于中华民族的伟大复兴。

四 增强大学生创业效能的政策工具

第一，强化高等教育改革的适切性。一是满足个体发展需求为指向的、"可知"的适切性改革。高等教育改革与中国整体改革一脉相承，容易的改革基本上已完成，如规模、硬件及相关量化指标，剩下的是难啃的骨头，如体制机制、内涵等不易量化的部分，尤其是大学内部的运行肌理。学系设置壁垒分明，与潜在的职业分层有着内在联系，影响学生的价值观、态度、个人风格、学业成果及知识结构。教学质量方面，建构在"传递—接受"框架中的大学教学最突出问题是学生参与度低及知识内化不足,将学生客体化和边缘化,掩盖了质量危机的真正根源。为克服传统教学的弊端,应让主张"互学共创共成长"的大学教学变得"可知":即"看见"、"遇见"、"听见"和"预见",以促进教师洞悉课堂上发生的一切,促进学生个性化地积极参与,获得个性化发展。这需要大学教育返璞归真,立足课堂,既落实国家的教育教学改革政策,又创造性地推进全面的、满足个体发展需求的适切性改革,从而提升高等教育的整体质量。二是实施分层的浸润式的、与高校所在区域经济同构的创新创业教育。分层指根据中国大学事实上的分层结构,如重点高校、地方普通高校、高职类高校,建构层次清晰、指向明确的创新创业教育体系;浸润式指全面的、通识性的、根据需要可获得的广泛性的创新创业教育。重点高校依托强大的科技实力,以科技创新促生科技类创业,创新创业教育的重点在于培养学生的科技创新意识、创新精神和创新能力,产生更多的科技创意及可转化为创业项目的科技产品。地方普通高校及高职类院校的创新创业教育重在培养学生的创业核心能力,为学生创业打下基础。生源日趋本土化是地方高校的普遍特征,高等教育必须回应所在区域经济社会结构。创新创业教育要根植于区域的经济结构和产业布局,为大学生创业准备提供本土知识。创新创业教育的顶层设计方面,以区域为单元,将高校创新创业教育系统化和层次化;基于高校的学科特色和学科优势,为大学生提供切入社会情境的创新创业教育。

第二,在中央统筹与地方化中寻求政策执行的专业性和相对稳定性。"双创"是中国重要的经济政策和社会发展工具,包括大学生在内的创业者成为社会治理的主体之一,是法治社会建设的社会力量,也是服务型政府的表征方式,是打通"服务最后一公里",解决基层政府运行中各种弊端的可行路径,尽可能降低创业者的经营成本,以提升创业者的创业信心和对美好未来的预期。作为刚刚起步的大学生创业者,政府无差别的支持和友善是先决条件。一是在中央政府层面成立专门的中小微企业管理机构,协调全国中小微企业事务。大学生创新创业政策虽然一直由中央政府统筹,但政出多门,缺乏一个统一的权威部门管理,对地方各级政府及执行部门,尤其是大学生来说,更是无所适从。由于事实上的区域差异，各地区在执行中央政府的政策时，明显地出现不同的地方化政策，真正起作用的不是政策工具，而是日常管理中的权力思维和权力意识。作为国家大力推动的大学生创业，有必要借鉴欧美国家支持中小微企业的成熟经验，从国家到地方设置一个专门的中小微企业管理机构，统筹相关政策及人事安排，确保政策的稳定性及运行的专业性、执行者的政策理解水平和执行水平，避免因条块分割而造成因人、因地而异，使创新创业政策的普及、创业者对政策信息的可获得能力及可获得机会不再成为创业者的区域性难题。同时，专业机构还可以弥补风险提醒、风险教育及风险保障缺失等空白。二是基层政府治理互联互通。大学生创业政策在基层政府中的"梗阻"现象是传统管理体制决策链条漫长、信息不对称的必然结果。传统社会，个体要实现目标必须依附于某个组织；互联网时代，组织目标的实现则需要依赖个体，大学生创业为这一观点提供了注解。互联网时代，政府就业目标的实现需要依靠更多的创业者个体来提供就业岗位。激活个体应成为政府，尤其是基层政府的日常工作实践。基层政府日常工作的规范化及相对稳定既是政府运行的内在逻辑，也是创业者的期盼。

目　　录

第一章　大学生创业研究概述 … 1

第一节　大学生创业发展趋势 … 1
第二节　大学生创业研究进展 … 3
第三节　大学生创业相关界定 … 13

第二章　大学生创业现状、特征与趋势 … 22

第一节　问卷结构与信度、效度 … 22
第二节　总体样本概貌 … 23
第三节　大学生创业者分析 … 28
第四节　大学生创业特征概述 … 45
第五节　大学生创业趋势 … 47

第三章　大学生创业影响因素 … 52

第一节　影响大学生创业的多层线性模型分析 … 52
第二节　市场化对大学生创业的影响分析 … 57
第三节　家庭禀赋对大学生创业的影响分析 … 63
第四节　创业教育对大学生创业的影响分析 … 68

第四章　大学生创业的社会图景 … 75

第一节　殊途同归的创业之路 … 76
第二节　创业关联性事件 … 83

第三节　大学生创业的天时地利人和……………………107
　　第四节　大学生创业生涯模型与习惯性创业……………112
　　第五节　同途分异的创业体验……………………………116

第五章　创新创业教育个案考察……………………………119
　　第一节　贵州省推进创新创业环境………………………119
　　第二节　贵州高校创新创业教育整体考察………………121
　　第三节　不确定时代中的GCU创新创业教育……………171

第六章　政策脉络中的创新创业……………………………175
　　第一节　西安市创新创业政策……………………………175
　　第二节　作为公共政策的创新创业政策…………………196

第七章　研究总结与展望……………………………………201
　　第一节　研究总结…………………………………………202
　　第二节　管理启示…………………………………………205
　　第三节　研究展望…………………………………………210

结　语…………………………………………………………213

附　录…………………………………………………………217

参考文献………………………………………………………234

后　记…………………………………………………………255

第一章
大学生创业研究概述

第一节 大学生创业发展趋势

作为自主权利的承载者，个体的解放被视为西方现代化进程的内在部分，个体作为经济活动单元，正是现代资本主义生产方式的基础。中国经济体制市场化改革过程也是中国社会由总体化向个体化转变的过程，[①] 改革的核心在于将个体从家庭及单位等集体框架中释放出来，充分肯定个体的经济生产活力和价值创造力，个体自由成为企业创新的源泉。[②] 市场经济社会中，创业被当成是解决脆弱劳动力市场问题的方案之一，尤其是在经济社会转型时期，创业对发展经济和增加国民财富至关重要。正因如此，近几十年来联合国始终将创业视为实现全球发展的有力工具，并在第67届联合国大会上宣称其是"可持续发展的一个强大的推动力"（United Nations，2013），而"协助潜在的年轻企业家自主创业"则被国际劳工组织誉为"全球五大关键政策变化之一"（International Labor Organization，2012）。

相较其他青年群体，大学生（包括在读大学生和毕业大学生）因其所掌握的较高知识和技术，理所当然地成为创业的高预期主体。为解决中国经济结构转型和高等教育大众化导致的大学毕业生就业难问题，

[①] ［美］阎云翔：《中国社会的个体化》，陆洋等译，上海译文出版社2012年版，第4页。

[②] 李安：《个体自由与企业发展——基于中国企业人本管理的思考》，知识产权出版社2014年版，第50页。

近几年国家出台了一系列鼓励大学生自主创业的优惠政策,但大学生创业率和成功率均不理想。根据麦克斯2019年大学生就业报告,2015届学生中自主创业的为6.2%,存活率为44.8%,本科毕业生主要集中在教育业(19.8%),高职高专毕业生主要集中在零售业,均属于服务行业。2018届学生自主创业率为2.7%,① 大学生自主创业的比例在回落。可知,对大学生创业的影响因素展开深入的研究,并在此基础上寻求应对之策,已成为亟待回应的重大理论与现实课题。作为世界上人口最多的发展中国家的市场化经济体制改革以来,中国经历了多次青年就业压力高峰。② 随着近些年来叠加的各种因素,如贸易摩擦、新冠疫情、地区冲突等,世界经济遭受重创,中国面临的就业压力可想而知。因新冠疫情等不确定性因素造成的摩擦性失业人数累计为1.5亿—2亿人。③ 经过政府多方努力,2021年就业局势总体稳定,全国城镇新增就业1269万人,城镇调查失业率平均值为5.1%。④ 相关数据显示,2022年全国高校毕业生规模突破1076万人。从2021—2022届高校毕业生就业去向占比来看,毕业生企业就业率呈下降趋势,毕业生更倾向于考研、考公、考编来提升自己的价值。⑤ 这种变化无疑与全球经济遭受破坏和企业经营的不稳定性有关。

世界情势更趋严峻。近年来,国际组织密集发布青年就业所遭遇的困境报告,如经济合作与发展组织先后发布《2015年技能概览:青年、技能与就业》、《2019年技能策略》、《劳动力市场与高等教育产出关系的深入分析》和《2020年就业概览》;联合国儿童基金会发布《扩大青年女性就业途径》和《可迁移技能的全球框架》;世界银行发布

---

① 《2019年中国大学生就业报告》,人民网教育频道,2019-6-13,《疫情或导致全球新增近2500万失业人口》,http://news.eastday.com/eastday/13news/auto/news/finance/2020年0320/u7ai9169411.html,2022年3月5日。

② 彭国胜:《风险中的一代:青年失业的现状、影响及对策》,《贵州师范大学学报》(社会科学版)2016年第3期。

③ 刘陈杰:《当前中国失业情况和对策》,财新观点专栏,https://www.163.com/dy/article/F94FD3HR0519IGF7,html.2020-3-31,2022年3月5日。

④ 《人社部:2021年就业局势总体稳定全国城镇新增就业1269万人》,央视新闻客户端,2022-02-22,2022年3月5日。

⑤ 《2022年中国大学生毕业人数(高校毕业生人数)及就业形势分析》,https://www.chyxx.com/industry/202202/994477.html,2022年3月5日。

《2019年度报告：终结贫困，投资于机会》和《通向更好工作的路径》；国际劳工组织先后发布《2020年全球青年就业趋势：科技与未来工作》、《世界就业和社会展望：2021年趋势》[1]和《世界就业和社会展望：2022年趋势》。国际劳工组织的数据显示，全球既处于失业状态，也处于失学状态的青年人数正在上升。2022年的全球失业人数将达到2.07亿人，其影响呈现出结构性特征：低收入地区和女性将受到长期的影响。[2] 全球性的贸易摩擦和全球性的大流行疾病以及爆发于2022年2月的俄乌冲突已经在改变第二次世界大战后建立起来的全球流动性及国际之间的合作与相互信任，世界重建的任务将异常艰巨。

中国坚决果敢地在短期内控制了疫情，生产和生活逐步恢复，但受世界性疫情的冲击、俄乌冲突及西方世界对俄罗斯的全面裁制影响，全球供应链面临严重危机，吸纳了绝大多数就业人口的劳动密集型外贸产业受到冲击；即便是吸纳中高端就业人口的科技型产业，也因世界经济链条的断裂而无法维持以往的就业规模，重建世界经济链条的困难超出想象。因此，着力于重构和深挖国内市场，激活中国优质人口的创造力和生产力，鼓励更多的大学生创业，以创业促就业，比以往任何时候都更加紧迫，也比以往时候都更加重要。

第二节 大学生创业研究进展

通过对大学生创业研究历程的回顾，本书重点聚焦于国内外对大学生创业研究的主题。早期的创业研究主要阐释的是创业的功能，当创业价值得以确立后，研究就转向如何使更多的新创企业能够存活下来，因而创业影响因素研究就成了持续的主题。围绕不同的创业主体，学术界累积了丰富的文献资料，同时为实践界提供了有益的洞见。大学生作为创业主体得到关注，与技术日益进步息息相关。相比之前的资源要素助力创业，技术发展对创业主体的素质和能力要求也越来越高，具备创业

---

[1] 宋佳：《国际劳工组织发布2021世界就业趋势：呼吁打通青年就业"最后一公里"》，《中国教育报》2021年9月30日。

[2] "World Employment and Social Outlook-Trends 2022", https://www.ilo.org/global/research/global-reports/weso/trends2022/lang--en/index.htm.

素质和能力基础的大学生成为自我进化中的社会的期许力量。

一 由最初的功能研究转向影响因素研究

在西方，经历第二次世界大战后相对被忽视的数十载，自主创业在许多发达经济体崛起。在20世纪70年代末80年代初失业问题看似无法解决之际，一系列研究彰显了小企业在创造工作机会方面的优越性，如美国60%—80%的工作机会是由小企业提供的。① 理论与实务界开始将自主创业作为重新整合无处可去的工人于劳动力市场的一种有效方式，② 被寄希望于实现重要的经济和社会目标，并得到了许多政策上的鼓励。③ 自主创业不仅能够缓解失业，早在1934年，熊彼特就曾经指出，通过创业所形成的小企业乃是经济增长的关键。④ 相反的例子表明东欧国家20世纪80年代末90年代初经济表现不佳的主要原因之一就是缺乏创业者。⑤ 创业的增长能够减少退休金、社会福利和医疗费用所带来的总体负担。⑥ 此外，创业也能带来非经济方面的回报，如健康的生活方式和健康的身心状态及获得更大的医疗保障，⑦ 更大的自主权、灵活的工作安排和幸福满意度等⑧。

随着自主创业由发达国家向发展中国家和地区扩展，创业所具有的

---

① D. Storey, et al., "Job Creation in Small and 'Medium' Size Enterprises Spain, Ireland, Denmark, Greece, Portugal", VOL. Ill: Main Report, ECSC-EEC-EAEC, Brussels · Luxembourg U. S. Small Business Administration, Office of Advocacy, (2006) Small Business Research Summary, No. 314, 1987, [Electronic version]. Retrieved February 1, (2008), from http://www.sba.gov/advo/research/rs314.pdf.

② Dieter Bögenhold, et al., "The Decline and Rise of Self-employment Word", Employment & Society, Vol. 5, No. 2, 1991, pp. 223-239.

③ OECD, et al., "Entrepreneurship and Local Economic Development Programme and Policy Recommendations (Complete Edition - ISBN 9264199780)", Sourceoecd Territorial Economy, Vol. 2003, No. 3, pp. 1-235.

④ Joseph A. Schumpeter, et al., "Robinson's Economics of Imperfect Competition", Journal of Political Economy, Vol. 42, No. 2, 1934, pp. 249-259.

⑤ David G. Blanchflower, et al., "A Longitudinal Analysis of the Young Self-Employed in Australia and the United States", Small Business Economics, 6 (1), 1994, pp. 1-19.

⑥ "OECD Employment Outlook 2003", http://www.oecd.org/els/emp/oecdemploymentoutlook2003.

⑦ JanghoYoon, et al., "The Effect of Self-employment on Health, Access to Care and Health Behavior", Health, Vol. 5, 2013, pp. 2116-2127.

⑧ 马良、蔡晓陈：《创业与主观幸福感——基于中国综合社会调查（CGSS）数据》，《浙江社会科学》2018年第6期。

巨大社会价值和个体价值得到广泛认同,创业研究也由早期的功能分析转向对创业影响因素的探讨。相关研究发现年龄、[1] 性别、[2] 教育回报差异、[3] 种族和移民身份、[4] 个体的劳动力市场经历、[5] 管理才能[6]和风险厌恶情绪[7]等均会影响自主创业。就人的一生而言,创业是一个动态的过程,人生的任何时候都可能加入创业中,有过个人创业和家庭创业经历的更容易坚持创业,而这一点跟社会结构如制度文化、历史传统等密切相关。[8] 随着世界人口的增加及生态系统的破坏,就业形势更趋紧张,青年就业问题更加突出,创业被广泛接受为解决脆弱劳动力市场的方法之一,尤其是在经济社会的转型期,创业对经济发展和国家财富增长至关重要。中国政府于 2015 年出台《国务院关于大力推进大众创业万众创新若干政策措施的意见》(国发〔2015〕32 号)为全国范围内的创新创业提供了强有力的支持,为大学生提升就业质量创造了条件。

---

[1] M. Boldrin, et al., "Age And Education As Determinants Of Entrepreneurship", *Economics & Organization*, Vol. 427, Issue 3, 2012, p. 13.

Lafuente, E., et al., "Age Driven Influence of Role-models on Entrepreneurship in a Transition Economy", *Journal of Small Business and Enterprise Development*, Vol. 20, No. 1, 2013, pp. 181-203.

[2] Eileen M. Fischer, et al., "A Theoretical Overview and Extension of Research on Sex, Gender, and Entrepreneurship", *Journal of Business Venturing*, Vol. 8, Issue 2, 1993, pp. 151-168.

Attila Bruni, et al., "Doing Gender, Doing Entrepreneurship: An Ethnographic Account of Intertwined Practices", *Gender Work and Organization*, Vol. 11, No. 4, 2004, pp. 406-429.

[3] Kenneth I. Wolpin, "Education and Screening", *American Economic Review*, Vol. 67, No. 5, pp. 949-958.

[4] Ivan H. Light, "Ethnic Enterprise in North America: Business and Welfare Among Chinese, Japanese, and Blacks", *The International Migration Review*, Vol. 7, No. 2, 1973, pp. 219-220.

Apitzsch, U., et al., "Social Exclusion and Self-employment in European Societies: An Introduction", In: Apitzsch, U., Kontos, M., "Self-Employment Activities of Women and Minorities, VS Verlag für Sozialwissenschaften," (2008), https://doi.org/10.1007/978-3-531-90816-8_1.

[5] Yannis Georgellis, et al., "Self-Employment Longitudinal Dynamics: A Review of the Literature", *Economic Issues*, Vol. 10, No. 2, 2006, pp. 51-84.

[6] Agbim, Kenneth, "The Relative Contribution of Management Skills to Entrepreneurial Success: A Survey of Small and Medium Enterprises (SMEs) in the Trade Sector, IORS", *Journal of Business and Management*, No. 7, 2013, pp. 8-16.

[7] Jesper Ekelund, et al., "Self-employment and Risk Aversion-evidence from Psychological Test Data", *Labour Economics*, Vol. 12, Issue 5, 2005, pp. 649-659.

[8] Glenn R. Carroll, et al., "The Career Dynamics of Self-employment" (1987), https://escholarship.org/uc/item/13p1n10b.

二 主要影响因素

鉴于创业给经济发展和扩大就业带来的显著影响,[①] 越来越多的国家鼓励大学生创业,对影响与制约大学生的各种因素进行了广泛讨论。根据学界现有的研究,大学生创业的影响因素大致可被归纳为个体特征、家庭禀赋、学校环境和国家制度与文化、市场化五个方面。

(一)个体特征

人格特征方面,有学者认为渴求性感知、可行性感知、行动倾向和创业者的个人特质影响大学生的创业意向。[②] 成就需要、冒险倾向、自主性与创业意向关系显著。[③] 创造性人格、[④] 态度和认知因素对大学生的创业意愿有显著的正向影响;[⑤] 创业信念与创业意愿、自我就业态度与创业意向之间均呈显著正相关。[⑥] 创业激情能有效促进大学生创业意愿的形成并引导创业实践,[⑦] 逆商的缺乏被认为是大学生创业失败的主要因素之一。[⑧] 思维特征方面,对机会的认知、个人网络以及对其他创业者的了解程度显著影响大学生创业的可能性;[⑨] 内在动机、寻找机会的努力、认知因素对创业影响显著;[⑩] 深思熟虑型、加法型和自我导向

[①] Hans J. Baumgartner, et al., "Turning Unemployment into Self-Employment: Effectiveness of Two Start-Up Programmes, *Oxford Bulletin of Economics & Statistics*, Vol. 70, Issue 3, 2008, pp. 347-373.

[②] 周宪、胡中锋:《大学生创业意向影响因素的实证研究:广州案例》,《教育研究与实验》2015年第5期。

[③] 张雪黎、肖亿甫:《人格特质对大学生创业能力的潜在影响及提升路径》,《当代青年研究》2018年第6期。

[④] 唐炎钊、张印轩:《大学生创造性人格对创业意愿的影响研究——基于创业自我效能感的中介效应》,《高教探索》2018年第4期。

[⑤] Wei-Loon Koe, et al., "Factors Influencing Propensity to Sustainable Entrepreneurship of SMEs in Malaysia", *Procedia-Social and Behavioral Sciences*, Vol. 172, No. 27, 2015, pp. 570-577.

[⑥] P. A. P. Samantha Kumara, "Undergratuates' Intention towards Entrepreneurship: Empirical Evidence from Sri Lanka", *Journal of Enterprising Culture*, Vol. 20, No. 1, 2012, pp. 105-118.

[⑦] 方卓、张秀娥:《创业激情有助于提升大学生创业意愿吗?——基于六省大学生问卷调查的研究》,《外国经济与管理》2016年第7期。

[⑧] 季学军:《论大学生创业及其逆商培养》,《江苏高教》2006年第2期。

[⑨] Islem Khefacha, et al., "An Estimated Model of New Venture Creation: Theories and Determinants in Tunisia", *Journal of Enterprising Culture*, Vol. 22, No. 2, 2014, pp. 161-184.

[⑩] Moloud Soltanian, et al., "Motivations of SME Entrepreneurs to Become Halalpreneurs", *Journal of Science and Technology Policy Management*, Vol. 7, No. 2, 2016, pp. 173-189.

型反事实思维能够帮助创业者更好、更快地识别出创新性机会。① 另外，万事通型的大学生更有可能创业，专才型的大学生则更愿意做雇员；② 高智力成就大学生的创业意愿要相对更低。③ 创业者的自我效能、对创业资源的整合、创业机会的识别、开发与利用对创业绩效有正向促进作用。④ 个体特征实际是创业者的综合素质和综合能力的外在呈现，与其所接受的高等教育密切相关。

（二）家庭禀赋

有关巴基斯坦大学生的研究发现，家庭从商背景是大学生创业的正影响因子。⑤ 根据欧甘对尼日利亚的研究，家庭知识和天赋能力对大学生创业没有影响，但大学生能从父母职业中获得创业意识。⑥ 一项关于印度大学生的实证研究显示，家庭经济资本、劳动力资本和人力资本与大学生的创业意向显著相关。⑦ 吉伯·德等通过建构家庭模式、家庭资本和创业结果之间的关系模型，发现家庭资本（人力资本、社会资本和经济资本）显著影响大学生的创业活动和自我雇佣比率。⑧ 尼日利亚

---

① 郝喜玲等：《反事实思维在创业机会识别过程中的作用机制——基于大学生创业的双案例分析》，《科技管理研究》2019 年第 22 期。

② Uschi Backes-Gellner, et al., "The Consequences of Central Examinations on Educational Quality Standards and Labour Market Outcomes", *Education Economics*, Vol. 13, Issue 2, 2005, pp. 569-588.

③ Lalit Sharma, et al., "Effect of Individual Factors on Youth Entrepreneurship-a Study of Uttarakhand state, India", *Journal of Global Entrepreneurship Research* (2014), http://creativecommons.org/licenses/by/2.0.

④ 翟庆华、叶明海：《大学生创业者自我效能、资源、机会与商业模式的匹配关系研究》，中国经济出版社 2014 年版，第 135—136 页。

⑤ Muhammad Asif Tanveer, et al., "Intention of Business Graduate and Undergraduate to Become Entrepreneur: A Study from Pakistan", *Journal of Basic and Applied Scientific Research*, Vol. 3, No. 1, 2013, pp. 718-725.

⑥ Joseph Ogah, et al., "An Assessment of Entrepreneurship Involvement among Undergraduate Students of Cross River State University of Technology, Ogoja Campus, Cross Rive State", *European Journal of Business and Management*, Vol. 5, No. 12, 2013, pp. 75-81.

⑦ Lalit Sharma, et al., "Effect of Individual Factors on Youth Entrepreneurship-a Study of Uttarakhand state, India", *Journal of Global Entrepreneurship Research* (2014), http://creativecommons.org/licenses/by/2.0.

⑧ W. Gibb Dyer, et al., "Toward a Theory of Family Capital and Entrepreneurship: Antecedents and Outcomes", *Journal of Small Business Management*, Vol. 52, No. 2, 2014, pp. 266-285.

的父母影响学生的创业动机。① 对中国大学生创业行为影响最大的三个因素分别是企业社会实践、家庭背景、创业管理理论课程;② 另一项研究表明家庭创业史和学校创业教育影响最为显著。③ 家庭经济困难的毕业生起薪越低,创业意愿越强烈。④ 大学生对贫困经历感受越明显,创业意愿越强。⑤ 不同文献分别呈现了家庭经济资本、家庭社会资本、家庭政治资本⑥和家庭文化资本对大学生创业的不同影响,因此本书研究将其统合为家庭禀赋。

（三）创业教育

大学生对大学环境的认知显著影响其创业意愿,⑦ 创业教育既对大学生的创业意愿施加正面影响,也能通过广义创业态度这一中间机制而发挥影响,且作用显著。⑧ 在众多路径中,创业教育对促进大学生创业意向的行为转化具有独特的优势。⑨ 正式创业课程对创业企业绩效有显著的正向影响,⑩ 创业竞赛对提升高校学生创新创业能力具有积极意义,创业竞赛可能对高校学生成功创业具有帮助作用。⑪ 成功的创业者认为从母校获得了专业知识、良好的学习习惯和学习能力、校园文化熏

---

① N. sikakAbasi Udofia, et al., Parents' Influences and the Entrepreneurship Occupational Aspirations of Wards in Technical Schools in Akwa Ibom State, *Developing Country Studies*, ISSN2224-607X（Paper）ISSN 2225-0565（Online）, Vol. 3, No. 4, 2013.
② 李闻一、徐磊：《基于创业过程的我国大学生创业行为影响因素研究》,《科技进步与对策》2014年第7期。
③ 王颖：《大学生创业:避难效应还是企业家效应?——基于郑州市大学生创业意愿的调查》,《青年探索》2015年第3期。
④ 蒋承、刘彦林：《大学生是被动创业吗?——基于起薪视角的讨论》,《教育与经济》2015年第5期。
⑤ 马轶群等：《贫困经历、创业动机与大学生创业意愿提升研究——基于在校大学生调查数据的实证分析》,《高教探索》2020年第1期。
⑥ "家庭政治资本"在本书中不展开论述。
⑦ Erich J. Schwarz, et al., "The Effects of Attitudes and Perceived Environment Conditions on Students' Entrepreneurial Intent: An Austrian Perspective", *Education+Training*, Vol. 51, No. 4, 2009, pp. 272-291.
⑧ 向辉、雷家骕：《大学生创业教育对其创业意向的影响研究》,《清华大学教育研究》2014年第2期。
⑨ 刘志：《大学生创业意向及其行为转化研究》,人民出版社2018年版,第213页。
⑩ 郑刚等：《创业教育、创业经验和创业企业绩效》,《科学学研究》2018年第6期。
⑪ 宫毅敏、林镇国：《创业竞赛对提升学生创新创业能力的影响——基于创业竞赛参赛意愿调查问卷的数据挖掘分析》,《中国高校科技》2019年第12期。

陶以及校友资源；① 相比创业默会知识，创业确定知识对创业成长的直接影响作用更大。② 创业显性知识较隐性知识对大学生新创企业绩效影响更高，创业隐性知识主要通过创业实践学习和创业认知学习，创业显性知识主要通过创业经验学习；③ 体验学习能够提高大学生创业教育参与率和创业学习效果，改善大学生创业状况。④ 中国大学生创业率与成功率低与教育环境密切相关，具体表现在高校创业教育有效性低、大学生创业融资渠道不畅、校企合作体制机制不完善、创业环境薄弱方面。⑤

（四）国家制度与文化

一项较早的研究探讨了1974—1994年文化和经济变量对20多个西方国家和日本创业水平差异的影响，结果发现对社会和总体生活的不满是创业的主要决定因素，甚至超过经济因素，忽视文化背景的作用会造成错误理解经济对创业的影响。⑥ 有学者基于"全球领导力与组织行为有效性"（Global Leadership and Organizational Behavioral Effectiveness）和"全球创业观察"（Global Entrepreneurship Monitor）两个国际性数据库的分析发现，文化与国家经济发展水平（具体来说是人均GDP）与创业活动的差异之间存在交互作用。传统主义文化（典型特点是较高的小团体集体主义、较高的人际关系导向和较高的权力差距）在中低GDP国家提高了早期创业活动和成熟期创业活动的比例，但在高GDP国家却抑制了早期创业活动和成熟期创业活动的比例。现代主义文化（典型特点是高绩效导向、高未来导向和高不确定性规避）则与高期望

---

① 湛飞龙、陈松：《创业者母校经历对事业成功的影响：质性研究视角》，《教育学术月刊》2020年第2期。
② 杨道建等：《创业知识视角下创业学习对大学生创业成长的影响研究》，《科技管理研究》2018年第16期。
③ 徐占东等：《创业知识与大学生新创企业绩效：创业学习的多重中介作用》，《工业工程与管理》2018年第3期。
④ 梁春晓、沈红：《基于体验学习视角的大学生创业学习维度探析》，《湖南农业大学学报》（社会科学版）2020年第4期。
⑤ 徐小洲等：《大学生创业困境与制度创新》，《中国高教研究》2015年第1期。
⑥ Ralph E. Wildeman, et al., "Culture's Role in Entrepreneurship: Self-Employment out of Dissatisfaction", *Progress in Economic Sciences*, 1998, pp. 1—23.

创业活动和高创新创业活动有比较显著的正相关关系。[1] 一些国别研究显示葡萄牙和西班牙的国家制度通过显著影响社区的社会和文化环境（如信念、价值观和态度），进而影响大学生的创业意愿和对创业可行性的认知以及个人创业的条件和行为决策。[2] 罗马尼亚的国家制度和文化因素显著影响大学生的创业意愿。[3] 一项对14个国家的2164名大学生的跨国研究表明，研究对象所在国家的社会规范均会显著影响其创业意愿。[4]

中国学者的研究发现，金融支持、政府政策、教育和培训、研发转移和国内市场开放程度对大学生的创业意愿影响非常显著，政府项目和文化及社会规范对大学生的创业意愿也具有一定的影响，而商业环境和专业基础设施、有形基础设施的可获得性则对大学生的创业意愿影响不显著。[5] 相比个体特征、家庭背景和高校环境的相对可测量和共识的可获得性，创业理性不仅由创业者的个性特征所形构，也受文化背景的形塑。[6]

（五）市场化

由于各自的条件和文化不同，市场化在不同的国家有不同的意义。事实上，市场化在不同阶段均显著影响大学生创业。全球化进程中，尤其是在发展中国家，市场化变成越来越复杂和更具竞争性。关于经济发展，有两种观点，一种是完全自由化，另一种是强化政府管理。尽管更多的国家在推行经济市场化，小企业因其对于普通百姓生活的重要性，

---

[1] 赵向阳等：《创业活动的国家（地区）差异：文化与国家（地区）经济发展水平的交互作用》，《管理世界》2012年第8期。

[2] Juan Carlos Díaz-Casero, et al., "Influence of Institutional Environment on Entrepreneurial Intention: a Comparative Study of Two Countries University Students", *International Entrepreneurship and Management Journal*, Volume 8, Issue 1, 2012, pp. 55-74.

[3] L. Brancu, V. Munteanu, et al., "Study on Student's Motivations for Entrepreneurship in Romania", *Procedia-Social and Behavioral Sciences*, Vol. 62, No. 24, 2012, pp. 223-231.

[4] Engle, Robert L., et al., "The Role of Social Influence, Culture, and Gender on Entrepreneurial Intent", *Journal of Small Business & Entrepreneurship*, Vol. 24, 2014, pp. 471-492.

[5] 段利民、杜跃平：《创业环境对大学生创业意愿的影响：兼对GEM模型的再检验》，《技术经济》2012年第10期。

[6] Anastasiia Laskovaia, et al., "National Culture, Efectuation, and New Venture Performance: Global Evidence from Student Repreneurs", *Small Business Economics*, Vol. 49, Issue 3, 2017, pp. 687-709.

仍然必须得到保护和支持。大学生创业处于市场化和政府管理的中间地带，二者之间的关系将决定大学生创业的总体走向。

1. 市场的局限

市场化即便在发达地区也不是完美的，存在诸多阻碍小企业的障碍，一是对美国的少数族裔来说获得产品市场通道是关键；① 二是性别限制；②③ 三是公共财政与创业人才之间的错配。④ 这些观点似乎给政府管理留下了空间。

2. 政府管理

无论是发达国家，还是发展中国家，政府管理的职责在于提供有更多支持的创业环境，包括商业支持服务、创业氛围，尤其是获得资金及政策环境及其他基础设施。⑤ 随着全球化的深化，创业是一个更加国际化的议题。政府管理面对未知挑战，将对国家制度和文化产生深远的影响，不同国家和地区的政府管理会导致不同的创业结果。

三 文献评述

大学生创业是一个国际性的热点关注课题，在信息社会被赋予更多期待，尤其是在发展中国家，大学生作为宝贵的人力资本，有显著的以创业带动就业的社会价值。关于大学生创业的研究，国内外学者积累了丰富的经验，给本书研究提供了富有助益的见解，主要体现在以下方面：一是揭示大学生创业是一个复杂的系统性工程；二是作为社会事实的创业，是个体、家庭、教育、国家与市场等多因素互动的结果；三是全球化与区域经济一体化时代，创业的不确定性因素难以被个体所掌控，市场之手与国家管理之间存在密切互动，但仍需要在以下方面继续探索。

---

① Lois M. Shelton, et al., "Enhancing Product Market Access: Minority Entrepreneurship, Statusleveraging, and Preferential Procurement Programs", *Small Business Economics*, Volume 50, Issue 3, 2018, pp. 481-498.

② Maria Minniti, et al., "Being in Someone Else's Shoes: the Role of Gender in Nascent Entrepreneurship", *Small Business Economics*, Vol. 28, Issue 2-3, 2007, pp. 223-238.

③ Takanori Adachi, et al., "Gender Differences in Entrepreneurship and Intrapreneurship: An Empirical Analysis", *Small Business Economics*, Vol. 48, 2017, pp. 447-486.

④ Butler, Inés, et al., "Public Funding for Startups in Argentina: An Impact Evaluation", *Small Business Economics*, Vol. 46, Issue 2, 2016, pp. 295-309.

⑤ Bo Carlsson, "Institutions, Entrepreneurship, and Growth: Biomedicine and Polymers in Sweden and Ohio", *Small Business Economics*, Volume 19, Issue 2, 2002, pp. 105-121.

第一，国外发达国家和地区的大学生创业处于较为完善的市场化机制中，市场化作为一个重要因素，并未出现在中国创业研究的相关文献中。大学生创业本质上是一种市场行为，中国市场化程度存在较大的地区差异，此种差异对于大学生创业究竟意味着什么，尚未得到学界应有的关注与回应。

第二，既有研究就家庭资本各个因素对大学生创业的影响分别做了探讨，少有人将这几个因素进行整体考察，难以全面解释家庭禀赋到底是怎样影响大学生创业的。市场化社会中，需要就家庭禀赋对大学生创业的影响进行整合式分析。

第三，大学生创业分为在校期间和毕业后两个阶段，现有研究对毕业后的创业群体研究较少。大学生创业研究应该基于实际创业的大学生群体，且将其作为一个生涯过程。在生涯视域中探索大学生创业，才能完整而系统地解释创业与高等教育及社会情境之间的关联。

第四，研究方法上，关于大学生创业影响因素的研究较多地运用了量化分析，有助于我们认识和把握某些因素的普遍性，但大学生创业具有比较强烈的个体化特征，需要引入生涯叙事视角，揭示量化研究所不能涵盖的大学生创业中最具生命力和最具原创性的关键事件及其形构机制。

中国人民大学研究团队于 2020 年 7 月 4 日发布的《2019 年中国大学生创业报告》显示，2019 年有超过 75% 的受访在校大学生具有创业意愿，其中有超过 25% 的在校大学生的创业意愿较强。通过与 2017 年以来的持续调查数据对比，大学生创业意愿更加趋于理性，受访者有更明确的发展方向。大学生创业动机持续表现为以机会型创业动机为主，表明在校大学生创业动机主流是满足自身愿望、兴趣与实现价值相结合。[①] 这一结论为预测未来大学生创业发展趋势提供了参考，也表明大学生创业研究方法多元化的迫切性。本书研究围绕大学生创业，以创业生涯的持续性作为分析视角，将市场、家庭和创业教育联结起来，全面系统地探究大学生创业的深层社会结构及可能路径。

---

① 《中国人民大学发布〈2019 年中国大学生创业报告〉》，http://cn.chinadaily.com.cn/a/2020 年 07/05/WS5f014de3a310a859d09d60ea.html，2022 年 3 月 5 日。

第三节 大学生创业相关界定

一 相关概念界定

市场化、家庭禀赋和大学生创业是本书研究的三个核心概念，内涵界定上吸收了已有文献的有益内核，基于文献和变化的社会结构，内涵体现了特定研究对象的差异性。

（一）市场化

对市场化进行测算的主要学者有樊纲团队和孙晓华团队。市场化是指中国从计划经济向市场经济过渡的一系列经济、社会、法律、政治体制的变革。为了测量市场化程度，樊纲团队构建了由五个一级指标和 25 个二级指标及三级指标构成的市场化量表。其中，一级指标分别为：政府与市场的关系、非国有经济的发展、产品市场的发育程度、市场中介组织的发育及法律制度环境。[①] 中国改革开放以来，市场化进程对经济增长的贡献非常显著。[②] 市场化进展总体上呈起伏状态，2012 年以来表现为上升趋势。从地区上看，东部最为理想，中部次之，西部最次；区域差异的原因在于政府与市场的关系。[③] 孙晓华团队从政府行为规范化、经济主体自由化、要素资源市场化、产品市场公平化和市场制度完善化五个方面构建市场化水平评价指标体系，其结论既有与樊纲团队一致的，如市场化水平的上升趋势、市场化的地区差异；地区的差异的原因在于区域间市场化改革的不同步。[④] 本书研究参考了以上两个团队的工具，结合大学生创业的实际情况及来自他们的反馈，将市场化操作化为市场化程度、市场化环境以及市场化服务三个维度。

（二）家庭禀赋

前面文献分析中已提到，不同的研究者只取家庭背景中的某个侧面，不能呈现家庭的整体面貌。本书研究中的家庭禀赋指父母拥有资源

[①] 樊纲等：《中国各地区市场化相对进程报告》，《经济研究》2003 年第 3 期。
[②] 樊纲等：《中国市场化进程对经济增长的贡献》，《经济研究》2011 年第 9 期。
[③] 王小鲁等：《中国市场化八年进程报告》，人民论坛网，http//www.rmlt.com.cn/2。
[④] 孙晓华、李明珊：《我国市场化进程的地区差异：2001—2011 年》，《改革》2014 年第 6 期。

的综合,具体包括家庭资本的四个维度。

（三）大学生创业

传统创业概念的核心是创建新企业并从中获得利润,当代创业概念内涵已有了很大的超越：除创办新企业、充满革新精神的冒险及新工作岗位的创设外,创业是将想法付诸行动的首要核心能力,使年轻人无论做什么都更有创造力和自信心。[①] 在中国政策目标及当前现实中,大学生创业更多的是被期望创办新企业,提供就业岗位。鉴于国外创业的生涯视角,人的一生中任何时候都可能卷入创业中,因此,"将想法付诸行动的核心能力"即创业核心能力成了创业者的前提条件。本书研究既关注大学生创办新企业的社会事实,也关注个体将想法付诸行动的核心能力及高等教育对大学生所需创业核心能力的培育工作。本书研究中的大学生创业指标涉及创业感知、创业意愿和创业成功三个维度。

二 主要研究内容

大学生被鼓励自主创业以解决中国经济结构转型中的就业困难,这与传统的依赖家庭禀赋解决就业问题明显不同。随着市场化程度的逐渐深化,市场和国家的双重力量正在推动职业选择的个体化。

（一）大学生创业研究

通过对问卷数据的多维度分析,包括样本基本信息、大学生创业现状、创业特征及创业趋势等,全方位勾画出大学生创业者的整体概貌,获得对大学生创业者的清晰认知。通过创业生涯叙事,揭示创业者在宏观社会结构与微观社会情境实践之间的活动轨迹,使创业活动及市场、家庭禀赋与高等教育之间的多重复杂关系得到立体化的合理解释。

（二）创业教育个案考察

鉴于区域性高校本地生源特征越发明显,创业教育将对当地经济社会发展产生直接影响,本书研究以区域为单元,对贵州高校创业教育进行整体考察,可以清晰地了解高校在应对大学生创业上所做出的努力及改进空间。创业教育的区域性考察可以弥补单个高校创业教育对区域经

[①] [美]赵勇:《就业？创业？——从美国教改的迷失看世界教育的趋势》,周珊珊、王艺璇译,王安琳校,教育科学出版社2014年版,第3页。

济发展解释力的不足。

（三）创新创业政策审视

大学生创业作为社会事实，发源于高校，融合于社会，本身就是政府以各种政策强力推动的结果。上自中央政府，下自基层，具体均涉及财政、科技、教育、人社、工商部门。政策繁多、层次有别，对创业政策及其运行进行分析，充分了解大学生创业在社会结构中的机制脉络及跃升的路径。

三　研究方法

本书研究采用了混合研究法中的并行策略，把量化资料和质性资料综合起来使用，以达到对所研究的问题进行全面分析。具体操作中，同时收集两种形式的资料，将之整合到对整个研究结果的理解中。①

（一）量化研究

全国性的大学生创业研究调查中，定量研究主要体现在问卷调查的资料收集和统计处理上，质性研究主要体现在文献分析、访谈及生涯叙事中。多种方法的综合使用能够系统而立体地描述与解释大学生创业的整体概貌。大学生创业的定量研究以问卷呈线上调查的方式获得全国范围内有效问卷1216份，其中创业者388份。另外，高等教育系统中区域性创业教育的个案分析选择了贵州省的8所省属高校，突破从单一高校考察创业教育的传统，以区域视角来看高校创业教育的能力及大学生创业与整个区域环境的关联。除课题组的一手调研资料外，还充分吸收了与主题相关的各种公开数据和研究成果。

（二）质性研究

1. 访谈法

本书研究根据樊纲等发布的中国市场化八年进程报告，② 选择了市场化程度排名第19位的陕西省和第27位的贵州省的省会城市作为访谈地点。围绕与大学生创业相关的事项，重点访谈了大学生创业者、大学中与创业相关的机构管理者以及相应的政府管理者；同时将访谈对象随

---

① ［美］约翰·W. 克雷斯威尔：《研究设计与写作指导：定性、定量与混合研究的路径》，崔延强主译，孙振东审校，重庆大学出版社2007年版，第13页。
② 北京大学汇丰商学院：《樊纲教授等发布中国市场化八年进程报告》，http://www.phbs.pku.edu.cn/content-419-3170-1.html，2016-04-25，2022年3月5日。

机扩展到若干其他市场人士及在读学生，以便更全面地了解市场环境和创业趋势，共计30余人。重点访谈对象中，大学生创业者6人，高校教师2人，高校管理者与组织者5人，政府管理工作人员6人，在读学生5人；企业家焦点座谈会3人，市场人士8人（访谈提纲见附件）。访谈的高校机构有：西安交通大学、西安工业大学、西安科技大学、贵州财经大学和贵州师范大学，主要访谈部门为团委、实践实训中心、就业中心、创业学院。访谈的政府部门有西安市人才中心和西安市就业中心。访谈内容一方面基于问卷分析中较为普遍的问题，一方面基于问卷无法涉及的思想和情感内隐性问题。根据研究伦理的要求及出于保护当事人，所有访谈人物和机构名称均做了匿名处理。

2. 创业生涯叙事研究

该方法源于创业叙事研究，创业叙事研究的基础是创业叙事。叙事方法社会科学领域变得越来越流行，创业研究也适时引入了叙事研究法。叙事被引入创业研究领域，与20世纪80年代整个社会科学研究范式的反思与变革有关，Gartner 视之为"想象力科学"（science of the imagination）。[1] 对于从事创业理论研究的学者来说，叙事被认为是可靠的知识来源。[2] 作为一种源于国外创业领域的研究方法，国内有人称之为"创业叙事研究"、[3] 有人称之为"叙事取向的创业研究"。[4] 叙事研究的目标就是聚焦于人类行为和经验的多样性，试图在特定的时间与环境脉络中，把握个体行为的微妙差别与丰富内涵。创业叙事勾连了创业者的职业历史、创业现状与行业前景的想象，既召唤了创业精神和职业理想，也重新定义了"行业"和"理想"；创业叙事可能的风险在于偏

---

[1] Gartner, W. B., "Entrepreneurial Narrative and a Science of the Imagination", *Journal of Business Venturing*, Vol. 22, Issue 5, 2007, pp. 613-627.

[2] Larty, J., et al., "Structural Approaches to Narrative Analysis in Entrepreneurship Research: Exemplars from Two Researchers", *International Small Business Journal*, Vol. 29, No. 3, 2011, pp. 220-237.

[3] 王辉：《创业叙事研究：内涵、特征与方法——与实证研究的比较》，《上海对外经贸大学学报》2015年第1期。

[4] 杜晶晶等：《叙事取向的创业研究：创业研究的另一种视角》，《外国经济与管理》2018年第9期。

向"创业"的成功与否而淡化"行业"的专业义理。[1] 创业者阐明了引起公众、社会和道德关注的目标,以及更普遍接受的独立性和挑战现有正统观念的创业目标,[2] 并成为主流意识形态的论述。[3]

创业叙事与创业学习紧密相关,是对创业精神进行概念化和重新概念化的潜在隐喻。[4] 创业叙事发展了一种将创业者自我与个体生活事件和文化背景相关联的理论,创业精神不是一种经济现象,而是一种文化现象。[5] 文化是创业者在创业失败之后行为反映的重要影响因素,不同文化维度的具体取向会对创业者在创业失败后的行为反映产生不同的影响。[6] 创业叙事通过呈现作者先前经验知识无法解释的有关创业意向/行动/环境条件(Intention/Action/Circumstance Condition,简称IACC)的洞见,弥补常规方法描述和理解创业者意图和行为的性质及其与环境之间相互关系的局限性。[7]

创业叙事研究分析上沿袭扎根理论路径,有利于原创性理论的挖掘和探索创业的个体化特征。相关文献中的"创业叙事"包括个人叙事、一般性叙事及情境性叙事。个人叙事即为创业者本人所叙述的经历与故事,重在创业者的话语建构;一般性叙事指商业计划书之类的常规性文件及文本,重在获取创业资源;情境性叙事指创业者所处的社会情境及制度文化。创业叙事研究开创了创业研究的独特空间,但对于将创业作

---

[1] 陈楚洁:《"从前有一个记者,后来他去创业了"——媒体创业叙事与创业者认同建构》,《新闻记者》2018年第3期。

[2] Clarke, J., et al., "The Mature Entrepreneur: A Narrative Approach to Entrepreneurial Goals", *Journal of Management Inquiry*, Vol. 19, No. 1, 2010, pp. 69-83.

[3] Smith, R., et al., The Devil is in the e-tale: Form and Structure in the Entrepreneurial Narrative, in Hjorth, D., et al., *Narrative and Discursive Approaches in Entrepreneurship*, Elgar: Cheltenham, 2004, pp. 125-143.

[4] Johansson, A. W., "Narrating the Entrepreneur", *International Small Business Journal*, Vol. 22, No. 3, 2004, pp. 273-293.

[5] Foss, L., "Going against the Grain, Construction of Entrepreneurial Identity through Narratives In Daniel", Hjorth, et al., (Eds.), *Narrative and Discursive Approaches in Entrepreneurship: A Second Movements in Entrepreneurship Book*, Northampton, MA.: Edward Elgar, 2004, pp. 80-104.

[6] 于晓宇、蒲馨莲:《中国式创业失败:归因、学习和后续决策》,《管理科学》2018年第4期。

[7] William B. Gartner, "A New Path to the Waterfall: A Narrative on a Use of Entrepreneuria Narrative", *International Small Business Journal*, Vol. 28, No. 1, 2010, pp. 6-19.

为一种生涯选择的创业者来说，这种研究方法仍有其缺陷：其一，创业叙事研究不足以把握创业者的生涯演变。其二，创业叙事研究缺乏整体观，叙事可能碎片化与过度情境化。其三，创业叙事研究存在弱化客观条件的潜在风险。因此，本书研究在汲取创业叙事研究合理内核的基础上，将其扩展为创业生涯叙事研究，重点追踪创业者的生平故事，构建创业者纵向生平演变和横向社会情境坐标，深度剖析中国社会中的创业事实及其促生机制和运行机制。

四 本书研究的创新之处

相比同类研究，本书研究的创新之处体现在以下几个方面。

（一）学术思想

市场化改革推动了社会结构的变化，创新创业变成了大众向往美好生活的可以触及的路径。大学生阶层的大众化与国家创新创业战略在日常生活层面的渗透互动，催生了强大的个体化创业动能，为"国内大循环为主体、国内国际双循环相互促进"的新经济政策的实施提供了人才支持，成为中国在动荡的世界时局中持续发展的核心基础。随着越来越多来自农村、家庭中的第一代大学生加入创业者队伍，可以预期，大学生创业将成为扩大中等收入群体和巩固脱贫成果的重要力量。大学生创业既需要有质量保障的创业教育提供全方位训练，也需要国家政策的大力扶持。但是，从实地调研来看，创业者所经历的各种困境，既有创业教育的不落地，也有创业政策上的不完善和政策服务中的不到位。因此，创业教育和市场化环境的同步推进是确保大学生创业开花结果的双轮马车。

（二）学术观点

第一，大学生创业是一种个体化的市场行为，高度依赖成熟的市场环境。市场化政策供给从上自下，呈现出国家政策优于省级、省级优于基层的现象。具体政策实施上，模糊的定性描述多于可操作的量化描述，总体上属于"看着很美、做起来很难"。国家需要在操作层面理顺政策网络和培育创业环境，将管理思维转化为服务思维，重点治理基层，打通服务链条，解决"服务最后一公里"难题，使大学生创业不因基层的"梗阻"而触礁。

第二，普通高校庞大的生源日益本地化，绝大多数来自农村，是家庭中的第一代大学生，他们背负着改变家庭经济状况的自觉使命。"知识改变命运"的本质没有改变，但内涵已悄然演变，由之前的"学而优则仕"变成了市场经济的创业者。普通高校的创新创业教育既需要以区域为单元进行统筹和整体推进，也需要对单独高校进行个案分析，从面和点两个层面全面了解高校创新创业教育。需要实施分层的、浸润式的、与高校所在区域同构的创新创业教育。所谓分层，是指根据中国大学事实上的分层结构，如重点高校、地方普通高校、高职类高校，建构层次清晰、指向明确的创新创业教育体系；所谓浸润式，是指全面的、通识性的、根据需要可获得的广泛性的创新创业教育。

第三，大学生创业属于具体经济活动，其创办的企业多属于小微企业，因其不具备成熟企业的竞争力而很难进入地方政府"招商引资"的法眼。大学生创业政策由发改委联合发文，由其他部门协作实施，具体到创业者身上，则成了"政出多门、跑断腿"无所适从的局面。需要将大学生创业和其他小微企业从国家顶层设计层面着手，作为一个独立的类别，进行分类管理，设立类似国际通行的小企业管理机构，理顺"大众创业、万众创新"的管理机制，降低小微企业的各种创业成本，释放更多的创业活力。

第四，大学生群体的大众化与底层化，使得大学生创业与国家政治使命具有内在的一致性：巩固脱贫成果、扩大中等收入群体以及缩小区域发展水平。尤其是地方普通高校，生源基本上本省化，区域经济发展，除了有限的引进外，本省人才和本省力量才是核心的内生动能。地方高校提升教育质量和人才培养效益是大学生创业最重要的发动机。

第五，大学生创业呈现出两种类型：一是科技类创业，二是服务业类创业。科技类创业以重点高校学生为主，服务业类创业以地方普通高校学生为主。前者在创业者中只是少数；后者是创业者的主体。这与中国重点高校学生数和地方普通高校学生数的比例相吻合，也与这两种类型高校的科技实力对比相吻合。

（三）研究方法

鉴于任何研究方法均有其局限性，任何解释均源自特定的样本，本书研究采用了混合设计，尽可能地做到量化方法和质性方法的互补，广泛抽样和个案选择结合，从广度和深度两方面描述和揭示大学生创业这一社会事实的特征和社会机制。量化数据来自问卷星的网络调查，遍及全国。创业与市场化程度密切相关，质性调查地点的选择参考了樊纲等学者的研究成果。① 质性调查地点选择了市场化程度在全国排名靠后的陕西省和贵州省的省城，选择省城的原因有两个：一是相比省内的其他城市，省城的人才优势和政策优势不言而喻；二是交通的相对便利和产业的相对完整有利于创业者降低成本。西安是西北重镇，贵阳是西南后起之秀，在"一带一路"倡议和经济发展新常态中各有其重要定位。在中国和世界的联结网络中，这两个深居内陆的省城均在谋求基于自身基础的跨越式发展。西安拥有全国首屈一指的高等教育资源，林立的大学成为其傲视其他城市的知识资本。贵阳打造的"2小时高铁经济圈"将周边省份连成一片，借道云南和广西，打通了抵达东南亚的国际通道。对这两个"有鸿鹄之志"省城的质性考察有助于我们从根基着手，既不对他人顶礼膜拜，也不妄自菲薄，有助于我们深入思考欠发达地区经济社会发展的深层机制和破解路径。尽管实地考察主要来自西部，但其中的相当部分发现和结论并不只限于西部地区。选取西部省城作为观察地点，实际暗含了一种比较视野，即与"发达地区"相对照。无论是公开的信息，还是源自调研的信息，市场化程度确实是能否顺利创业的风向标。事实上，这种比较，并不是研究者的成见，而是创业者的共识。

1. 跨学科视野

综合运用社会学中的个体化理论、经济学中的市场化理论、教育学中的评价理论、管理学中的公共政策理论对大学生创业进行多角度、多层面的立体分析，深度揭示了大学生创业的多维属性以及复杂程度，为我们审视与大学生创业相关的高等教育、国家政策及政策实施提供了理论视角，弥补了该主题单一学科造成的"只见树林，不见森林"的缺陷。

2. 混合研究方法

大学生创业分为在校期间和毕业后两个阶段，现有研究对学生毕业

---

① 北京大学汇丰商学院：《樊纲教授等发布中国市场化八年进程报告》，http：//www.phbs.pku.edu.cn/content-419-3170-1.html，2016-04-25，2022年3月5日。

后的创业群体研究较少。本书研究克服了单一方法可能造成的片面性和局部性，尤其是运用创业生涯叙事方法对持续创业中的大学生进行质性研究，将大学生创业置于广阔的社会情境中，联结了创业者毕业前后的空间与时间，完整而系统地解释创业与高等教育及社会情境之间的关联。混合研究方法勾勒了绝大多数创业者来自农村的社会阶层特征，凸显了创业巩固脱贫成果的重要性。

第二章

大学生创业现状、特征与趋势

鉴于大学生创业在中国所占比例极低的事实，要获得大样本的创业者数据在方法论上不存在任何问题，但在实际操作上其难度是客观存在的。因此，本书研究没有采用传统的严格统计学意义上的随机取样原则和方法，而是考虑到网络调查的便捷和更广的范围，采用了具有较高认可度的问卷星，通过 QQ 群、微信朋友圈方式面向全国高校推送，尤其是通过高校人士的帮助收集创业者的数据，共收集到 1216 份有效问卷，其中创业者数据 388 份。数据分析软件为 SPSS25.0。

第一节 问卷结构与信度、效度

调查问卷质量是量化研究得以顺利和有效实施的关键所在，问卷编制的过程中反复阅读了相关公开文献，受益良多。正式调研前，分别采用线上和线下两种方式进行预测试，以保证问卷的适切性。

一 问卷结构与解释

问卷（详见附录）共分关于创业的社会事实和被调查者的基本信息两大部分，由 4 个一级指标、13 个二级指标、198 个三级指标构成。评价类问题采用李克特 6 点等级量表。

表 2-1　　　　　　　大学生创业问卷主体结构

一级指标	二级指标
大学生创业	创业感知、创业意愿、创业成功

续表

一级指标	二级指标
市场化	市场化程度、市场化环境、市场化服务
家庭禀赋	文化资本、经济资本、社会资本
创业教育	课程设置、教学方法、创业实践

二 信度和效度分析

运用 SPSS25.0 对问卷中的等级评价题进行了信度和效度检验，一共有 13 个二级指标，各指标设定对应的测量题项。根据指标信度与效度分析结果，这些指标的测量品质良好，Cronbach's α 介于 0.67—0.95，多数在 0.70 的标准值以上。采取探索性因子分析（explanatory factor analysis）的方式来检验因子效度（factorial validity），结果显示 13 个指标都具有理想的建构效度。此外，每个指标的因子负荷量皆高于 0.40，多数在 0.60 以上，表明聚敛效度（convergent validity）良好。整体而言，信度与效度分析结果显示，以测量题项均值来代表指标的数据处理方式，具有实证证据的支持，因此可以继续进行后续研究结果的分析。

第二节 总体样本概貌

对全部样本进行分析，一是了解样本的基本信息，二是分析本书研究中创业大学生所处的宏观背景及其创业的整体图景。

一 样本来源

由表 2-2 可知，1216 个样本来自 27 个省份。收集到 10 份及以上问卷的省份有 14 个，分别是贵州、四川、江西、山东、广西、山西、黑龙江、河南、北京、福建、陕西、内蒙古、湖南、重庆；其中贵州、四川和江西样本占比 73.1%。相应地，创业学生样本数与总样本数在区域分布上基本保持一致。

表 2-2　　　　　　　　　　样本来源

省份	样本（个）	百分比（%）	创业学生样本（个）	百分比（%）
贵州	477	39.2	130	33.5

续表

省份	样本（个）	百分比（%）	创业学生样本（个）	百分比（%）
四川	286	23.5	76	19.6
江西	127	10.4	35	9.0
山东	51	4.2	13	3.4
广西	48	3.9	15	3.9
山西	47	3.9	16	4.1
黑龙江	39	3.2	21	5.4
河南	21	1.7	19	4.9
北京	20	1.6	15	3.9
福建	14	1.2	5	1.3
陕西	13	1.1	7	1.8
内蒙古	12	1.0	3	0.8
湖南	11	0.9	5	1.3
重庆	10	0.8	5	1.3
广东	7	0.6	4	1.0
江苏	6	0.5	4	1.0
上海	6	0.5	3	0.8
宁夏	4	0.3	2	0.5
浙江	4	0.3	1	0.3
河北	3	0.2	3	0.8
甘肃	2	0.2	1	0.3
湖北	2	0.2	2	0.5
吉林	2	0.2	2	0.5
安徽	1	0.1	—	—
天津	1	0.1	—	—
新疆	1	0.1	—	—
云南	1	0.1	1	0.3

二 样本基本信息

（一）民族成分

由表2-3可知，汉族学生占74.9%，少数民族学生总体上占25.1%。

表 2-3　　　　　　　　　民族成分（有效）

民族	样本（个）	百分比（%）	有效百分比（%）
汉族	911	74.90	74.90
藏族	66	5.43	5.43
苗族	54	4.44	4.44
布依族	30	2.47	2.47
彝族	29	2.38	2.38
侗族	26	2.14	2.14
土家族	25	2.06	2.06
壮族	16	1.30	1.30
仡佬族	11	0.90	0.90
其他	48	3.95	3.95

（二）性别与户籍构成

由表 2-4 可知，男性占 27.2%，女性占 72.8%；城镇户口学生占 25.7%，农村户口学生占 74.3%。

表 2-4　　　　　　　　　性别与户籍构成

		样本（个）	百分比（%）	有效百分比（%）
性别	男	331	27.2	27.2
	女	885	72.8	72.8
户籍	城镇	313	25.7	25.7
	农村	903	74.3	74.3

（三）就读学校所在地

由表 2-5 可知，60.0%的调查对象就读的学校在直辖市/省会城市，37.4%的就读学校在地级城市，只有 2.6%的就读学校在一线城市（北京、上海、深圳）。

表 2-5　　　　　　　　　就读学校所在地

所在地	样本（个）	百分比（%）	有效百分比（%）
一线城市（北京、上海、深圳）	32	2.6	2.6
地级城市	455	37.4	37.4
直辖市/省会城市	729	60.0	60.0

(四）大学产权性质与级别

据表2-6显示，参与调查的93.5%的大学生就读于公立学校；6.5%的大学生就读于民办学校；全国重点高校的大学生占7.4%，省属高校大学生占64.9%，地/市属高校大学生占23.8%，其他类型高校的大学生占3.9%。

表2-6　　　　　　　　大学产权性质与级别

性质/级别		样本（个）	百分比（%）	有效百分比（%）
产权性质	公立	1137	93.5	93.5
	民办	79	6.5	6.5
级别	地/市属高校	289	23.8	23.8
	全国重点	90	7.4	7.4
	省属高校	789	64.9	64.9
	其他	48	3.9	3.9

（五）专业分布

据表2-7显示，参与调查的学生中，第一学历主修专业中，管理学、教育学、经济学占了绝对数量，共达75.4%；有辅修专业经历的不足25.0%。

表2-7　　　　　　　　专业分布

	专业名称	样本（个）	百分比（%）	有效百分比（%）
第一学历主修专业	法学	19	1.6	1.6
	工学	79	6.5	6.5
	管理学	358	29.4	29.4
	教育学	349	28.7	28.7
	经济学	210	17.3	17.3
	军事学	5	0.4	0.4
	理学	87	7.2	7.2
	历史学	6	0.5	0.5
	农学	9	0.7	0.7

续表

	专业名称	样本（个）	百分比（%）	有效百分比（%）
第一学历主修专业	文学	54	4.4	4.4
	医学	3	0.2	0.2
	艺术学	22	1.8	1.8
	哲学	15	1.2	1.2
辅修专业	无	914	75.2	75.2
	法学	24	2.0	2.0
	工学	12	1.0	1.0
	管理学	42	3.5	3.5
	教育学	47	3.9	3.9
	经济学	87	7.2	7.2
	军事学	2	0.2	0.2
	理学	14	1.2	1.2
	历史学	9	0.7	0.7
	农学	2	0.2	0.2
	文学	22	1.8	1.8
	医学	4	0.3	0.3
	艺术学	19	1.6	1.6
	哲学	18	1.5	1.5

（六）创业学生

据表2-8可知，接受调查的样本中，有31.9%的学生参与了创业，其中独资占10.1%，合伙占21.8%。

表2-8　　　　　　　　　有效创业

	样本（个）	百分比（%）	有效百分比（%）
无	828	68.1	68.1
独资	123	10.1	10.1
合伙	265	21.8	21.8

总体上，1216份样本中，涉及27个省份，网络调查的缺陷是无法考虑样本的地区均衡，优势是便捷和成本低，信息收集快。调查对象中，汉族学生占74.9%，少数民族学生占25.1%。男生占27.2%，女

生占 72.8%。城镇户口学生占 25.7%，农村户口学生占 74.3%。60.0%的调查对象就读的学校在直辖市/省会城市，37.4%的就读学校在地级城市，只有 2.6%的就读学校在一线城市（北京、上海、深圳）。参与调查的 93.5%的大学生就读于公立学校；6.5%的大学生就读于民办学校。全国重点高校的大学生占 7.4%，省属高校大学生占 64.9%，地/市属高校大学生占 23.8%，其他类型高校的大学生占 3.9%。有 31.9%的大学生参与了创业，其中独资占 10.1%，合伙占 21.8%。

第三节　大学生创业者分析

本部分以 388 个样本为分析对象，从创业者画像、创业认知、创业意愿、对市场化的认知、家庭禀赋、高等教育经历、创业活动七个方面进行了数据萃取，勾画出大学生创业的全景图。

一　创业者画像

（一）创业者年龄分布

由表 2-9 可知，97.0%的创业者的年龄为 17—35 岁。

表 2-9　　　　　　　　创业者年龄（有效）

	样本（个）	百分比（%）	有效百分比（%）
17—24 岁	338	87.1	87.5
25—35 岁	38	9.9	10.0
36 岁及以上	10	2.9	2.9
系统缺失	1	0.3	0.3

（二）创业者性别分布

表 2-10 显示创业者中女性占 65.2%，男性占 34.8%。

表 2-10　　　　　　　　创业者性别（有效）

性别	样本（个）	百分比（%）	有效百分比（%）
男	135	34.8	34.8
女	253	65.2	65.2

(三) 创业者民族分布

表2-11中，汉族学生创业者占78.4%，少数民族学生创业者占21.9%。

表2-11　　　　　　　　　创业者民族分类

民族类别	样本（个）	百分比（%）	有效百分比（%）
汉族	304	78.4	78.4
少数民族	84	21.9	21.9

(四) 创业者户籍

表2-12中，73.5%的创业者为农村户籍，26.5%的创业者为城镇户籍。

表2-12　　　　　　　　　创业者户籍

户籍	样本（个）	百分比（%）	有效百分比（%）
城镇	103	26.5	26.5
农村	285	73.5	73.5

(五) 创业者在家庭中受教育程度

由表2-13可知，创业者中，65.2%为家庭中的第一代大学生，即家庭直系亲属成员中，该学生是第一个大学生。

表2-13　　　　　　　是否家庭中的第一代大学生

第一代大学生	样本（个）	百分比（%）	有效百分比（%）
否	135	34.8	34.8
是	253	65.2	65.2

(六) 创业者在家庭中的同辈情况

由表2-14可知，创业者中非独生子女占比67.5%。

表 2-14　　　　　　　　　　是否独生子女

独生子女	样本（个）	百分比（%）	有效百分比（%）
否	262	67.5	67.5
是	126	32.5	32.5

（七）创业时长

表 2-15 中的数据以 2019 年 5 月的调查时间为起点，根据学生填写的入学时间推算其毕业时间。由表 2-15 可以看出，超过一半的创业者从在校期间就开始了，毕业一年仍在创业的为 13.3%，毕业两年仍在创业的为 3.9%，毕业三年仍在创业的为 8.1%，毕业四年仍在创业的为 6.4%，毕业五年及以上仍在创业的有 7.8%。

表 2-15　　　　　　　　　　创业时长

创业时长	样本（个）	百分比（%）	有效百分比（%）
毕业五年及以上	28	7.8	7.8
毕业四年	25	6.4	6.4
毕业三年	31	8.1	8.1
毕业两年	15	3.9	3.9
毕业一年	51	13.3	13.3
在读大四	64	16.9	16.9
在读大三	158	40.8	40.8
在读大二	11	3.0	3.0
系统缺失	4	1.2	1.2

（八）创业者婚姻状况

表 2-16 显示，创业者中已婚的占 6.4%，离异的占 0.3%，未婚的占 93.3%。

表 2-16　　　　　　　　　　创业者婚姻状况

婚姻状况	样本（个）	百分比（%）	有效百分比（%）
已婚	25	6.4	6.4
未婚	362	93.3	93.3
离异	1	0.3	0.3

（九）创业者政治面貌

由表 2-17 可知，创业者中，中共党员占 11.3%，共青团员占 82.7%，民主党派人士占 0.3%，群众占 5.7%。

表 2-17　　　　　　　　　创业者政治面貌

政治面貌	样本（个）	百分比（%）	有效百分比（%）
共青团员	321	82.7	82.7
民主党派人士	1	0.3	0.3
群众	22	5.7	5.7
中共党员	44	11.3	11.3

（十）创业者宗教信仰

由表 2-18 可知，无宗教信仰的占 85.6%，有宗教信仰的占 14.6%。

表 2-18　　　　　　　　　创业者宗教信仰

宗教信仰	样本（个）	百分比（%）	有效百分比（%）
无宗教信仰	332	85.6	85.6
天主教	1	0.3	0.3
其他	13	3.4	3.4
基督教	5	1.3	1.3
伊斯兰教	1	0.3	0.3
佛教	33	8.5	8.5
道教	3	0.8	0.8

创业者画像为：年龄为 17—35 岁，女性居多，汉族居多，未婚者居多，农村户籍居多，出生于多子女家庭，多数为家庭中的第一代大学生；超过一半的人在读书期间就开始了创业；无宗教信仰和有政治身份的占多数。

二　创业者对创业事实的认知

（一）创业价值

由表 2-19 显示，创业者重视通过创业开拓自己的思维并培养行动能力及检测自己的商业想法；既秉承传统的为社会和国家做贡献的义利观，同时兼具新时代的个体取向的财富观。

表 2-19　　　　　　　　　　创业价值认知

创业价值认知	N	最小值	最大值	均值	标准差
创业在于培养创新思维和创新精神，建构自己的思想，并将其付诸行动	388	1	6	4.25	1.268
通过创业，能够对社会和国家做出贡献	388	1	6	4.10	1.243
通过创业，能够检测自己的商业想法	388	1	6	4.05	1.187
通过创业，能够积累财富	388	1	6	4.01	1.236
通过创业，能够改变家庭经济状况	388	1	6	3.96	1.211
获得利润的行为	388	1	6	3.74	1.260

（二）创业的社会资本

表 2-20 显示，创业者的社会交往目标非常明确，即为创业服务并在创业中维护其社会交往。

表 2-20　　　　　　　　　　创业的社会资本

创业的社会资本	N	最小值	最大值	均值	标准差
您注重与他人建立朋友关系为创业服务	388	1	6	3.93	1.155
创业后认识的朋友对创业的帮助更大	388	1	6	3.91	1.115
在您的社会关系中，存在愿意为创业提供帮助的关系网络	388	1	6	3.8	1.173

（三）创业核心能力

表 2-21 显示，创业者对创业的核心能力有一定的认可度。

表 2-21　　　　　　　　　　创业的核心能力

创业的核心能力	N	最小值	最大值	均值	标准差
具有充分的判断分析能力	388	1	6	3.76	1.163
能有效地对所获得的信息做出分析判断	388	1	6	3.76	1.136

续表

创业的核心能力	N	最小值	最大值	均值	标准差
富于创新性、在学校或实习岗位策划过很多活动	388	1	6	3.68	1.220
乐于挑战现状、喜欢思考，有很多好的创意	388	1	6	3.78	1.202
乐于面对并努力克服在实践自己想法过程中所遇到的困难	388	1	6	3.83	1.186

三 创业意愿

表2-22显示，"很愿意将创业构想付诸实施"及"将大部分资金优先投入研发活动"的均值在3以上，表示创业者的意愿较强。

表2-22　　　　　　　创业意愿

创业意愿	N	最小值	最大值	均值	标准差
当您有创业构想的时候，很愿意将创业构想付诸实施	388	1	6	3.78	1.242
您愿意将大部分资金优先投入研发活动	388	1	6	3.61	1.119

四 创业者对市场化的认知

（一）市场化环境

表2-23显示，创业者对"现在是创业的最好时机"认同较高，其次是创业所在地的人们"尊重创业者"和"不嘲笑创业失败者"，市场化环境已显示其友好性。

表2-23　　　　　　　市场化环境

市场化环境	N	最小值	最大值	均值	标准差
您认为政府实施"双创"战略，现在是创业的最好时机	388	1	6	4.07	1.22
您创业所在地的人们认为创业者是值得尊重的人	388	1	6	3.95	1.20
您创业所在地的人们不会嘲笑创业失败者	388	1	6	3.58	1.25

（二）政府治理

表2-24显示，创业学生对"政府完善创业扶持政策"认同度最

高,其次是"扶持政策作用显著";"当地政府运行效率低""随意干预企业经营"及"法治环境让人不满意"等问题还有待解决。

表 2-24　　　　　　　　政府治理

政府治理	N	最小值	最大值	均值	标准差
您创业所在地政府制定了发展所需要的、完善的创业扶持政策	388	1	6	3.85	1.137
创业所在地地方政府制定的创业扶持政策发挥了很好的作用	388	1	6	3.76	1.182
创业所在地的政府表现出很好的运行效率	388	1	6	3.69	1.153
政府工作人员不随意干预企业经营	388	1	6	3.61	1.177
市场的法治环境令人满意	388	1	6	3.62	1.109

(三) 市场化程度

表 2-25 显示,相比对政府治理的认可度,大学生创业者对市场秩序的评价明显偏低。对"全面获得创业知识""获得运营所需的足够资源""快捷获得创业信息""有产品定价权""员工招聘便利""成果转化通畅""能获得所需资金"的评价稍微好一点,对"容易申请专利、商标或版权保护"评价最低。

表 2-25　　　　　　　　市场化程度

	N	最小值	最大值	均值	标准差
您在创业经营过程中,可以很好地获得企业生产运营所需要的各种资源	388	1	6	3.59	1.177
您在创业的时候可以全面获得创业所需要的知识	388	1	6	3.57	1.204
您能快捷地获得创业所需要的信息	388	1	6	3.54	1.191
您在创业发展过程中,能从各种渠道获得所需的资金	388	1	6	3.54	1.280
您的产品定价权有保障	388	1	6	3.52	1.246
您的技术成果转化途径通畅	388	1	6	3.51	1.225
能够很方便地招到所需要的各类员工,如技术人员、管理人员、熟练工人等	388	1	6	3.51	1.227
您很容易地申请专利、商标或版权保护	388	1	6	3.35	1.322

（四）市场化服务

表 2-26 显示，大学生认为创业竞争压力，能够从中介组织与行业协会及相关网络中获得一定帮助。虽然大学生不认为地方保护主义严重，但实际社会情境中可能会存在不一样的景象。

表 2-26　　市场化服务

市场化服务	N	最小值	最大值	均值	标准差
您面临很大的竞争压力	388	1	6	3.98	1.234
在创业经营过程中，您能够很方便地与业务相关单位或同行建立关系，并在经营发展过程中获得他们的支持	388	1	6	3.62	1.134
您的企业能从行业协会中得到好的帮助	388	1	6	3.60	1.156
律师、会计等市场中介组织服务条件好	388	1	6	3.57	1.117
地方保护主义严重，您的企业在当地经营艰难	388	1	6	3.51	1.206

五　创业者对家庭禀赋的认知

（一）家庭文化资本

表 2-27 显示，创业者父亲初中学历占 39.2%，母亲为 30.7%；父亲小学学历占 21.1%，母亲占 27.8%；父亲中等学历（高中/中专/技校毕业）为 18.3%，母亲为 16.5%；父亲大专学历占 10.1%，母亲为 6.7%；本科及以上学历的父亲为 5.6%，母亲为 4.9%。

表 2-27　　父母亲的最高学历

最高教育程度	父亲 样本（个）	父亲 百分比（%）	母亲 样本（个）	母亲 百分比（%）
初中毕业	152	39.2	119	30.7
小学毕业	82	21.1	108	27.8
高中/中专/技校毕业	71	18.3	64	16.5
大专毕业	39	10.1	26	6.7
没上过学	22	5.7	52	13.4
本科毕业	16	4.1	14	3.6
博士毕业	4	1.0	4	1.0
硕士毕业	2	0.5	1	0.3

表 2-28 显示，82.7%的父亲和 80.7%的母亲无宗教信仰；11.3%的父亲和 12.6%的母亲信佛教；3.6%的父亲和 3.9%的母亲信道教。1.3%的父亲和 1%的母亲信伊斯兰教。信基督教和天主教的父亲占 1%，母亲占 1.8%。

表 2-28　　　　　　　　　父母亲的宗教信仰

父母亲的宗教信仰	父亲 样本（个）	父亲 百分比（%）	母亲 样本（个）	母亲 百分比（%）
无宗教信仰	321	82.7	313	80.7
佛教	44	11.3	49	12.6
道教	14	3.6	15	3.9
伊斯兰教	5	1.3	4	1.0
基督教	2	0.5	6	1.5
天主教	2	0.5	1	0.3

（二）家庭经济资本

1. 父母亲的职业与行业

表 2-29 显示，父亲为中高层技术人员与管理者（含中层和高级）的仅占 8.2%，自由职业者占 7.5%，二者合计 15.7%，其他均为基层职业者。母亲为中高层技术人员与管理者（含中层和高级）的仅占 4.6%，自由职业者占 9.5%，二者合计 14.1%，其他均为基层职业者。

表 2-29　　　　　　　　　　父母亲职业

职业类别	父亲 样本（个）	父亲 百分比（%）	母亲 样本（个）	母亲 百分比（%）
个体户	77	19.8	82	21.1
体力工人/勤杂工	69	17.8	71	18.3
农林牧渔劳动者	46	11.9	59	15.2
私营业主	45	11.6	45	11.6
自由职业者/房屋出租/炒股	29	7.5	37	9.5
技术工人/维修人员/手工艺	27	7.0	17	4.4

续表

职业类别	父亲 样本（个）	父亲 百分比（%）	母亲 样本（个）	母亲 百分比（%）
办公室普通职员/办事人员	24	6.2	23	5.9
基层管理人员	13	3.4	11	2.8
中/高级专业技术人员	12	3.1	9	2.3
村主任/书记	10	2.6	0	0
单位领导/高级管理人员	9	2.3	6	1.5
领班/组长/工头/监工	9	2.3	7	1.8
中层管理人员（部门经理/处级/副处级）	7	1.8	3	0.8
服务员/营业员/保安	5	1.3	11	2.8
初级专业技术人员	3	0.8	7	1.8
军人/警察	3	0.8	0	0.0

由表2-30可知，创业学生中，29.9%的父亲和34.3%的母亲从事第一产业；12.3%的父亲和6%的母亲从事第二产业；从事第三产业的父亲为57.8%，母亲为60%。

表2-30　　　　　　　　　　父母亲从事的行业

行业类别	父亲 样本（个）	父亲 百分比（%）	母亲 样本（个）	母亲 百分比（%）
农林渔业（1）	116	29.9	133	34.3
采矿业/制造业/建筑业（2）	44	11.3	22	5.7
电力、燃气及水的生产和供应（2）	4	1.0	1	0.3
交通运输、仓储和邮政（3）	19	4.9	10	2.6
租赁和商务服务（3）	17	4.4	27	7.0
批发和零售业（3）	7	1.8	12	3.1
居民服务和其他服务（3）	55	14.2	67	17.3
水利/环境/公共设施管理（3）	23	5.9	15	3.9
信息传输/计算机服务和软件业（3）	10	2.6	7	1.8
医疗卫生业（3）	11	2.8	15	3.9
科学研究/技术服务（3）	6	1.5	5	1.3
房地产业（3）	19	4.9	9	2.3

续表

行业类别	父亲 样本（个）	父亲 百分比（%）	母亲 样本（个）	母亲 百分比（%）
教育（3）	17	4.4	14	3.6
文化/体育/社会福利业（3）	3	0.8	10	2.6
党政机关/群众组织/社会团体/国际组织（3）	29	7.5	38	9.8
金融业（3）	8	2.1	3	0.8

注：表中（1）表示第一产业，（2）表示第二产业，（3）表示第三产业。

2. 家族中的经商情况

表 2-31 显示，68.0%的创业者家族中有人经商。

表 2-31　　　　　　家族中有无亲戚经商

经商情况	样本（个）	百分比（%）	有效百分比（%）
无	124	32.0	32.0
有	264	68.0	68.0

表 2-32 显示，40.7%的创业者认为受到了家族中经商亲友的影响。

表 2-32　　　　　　是否受经商亲友的影响

是否影响	样本（个）	百分比（%）	有效百分比（%）
（空）	62	16.0	16.0
否	168	43.3	43.3
是	158	40.7	40.7

（三）家庭社会资本

由表 2-33 可知，创业者中，56.4%的父亲与 62.1%的母亲为自谋生计者；11.9%的父亲与 10.8%的母亲在民营企业工作；父亲在国有企业和集体工作的为 13.4%，母亲为 11.6%；父亲在事业单位、党政机关及工会、共青团、妇联等社团工作的为 17.5%，母亲为 14.1%。

表 2-33　　　　　　　　　父母亲所在的单位属性

工作单位	父亲 样本（个）	父亲 百分比（%）	母亲 样本（个）	母亲 百分比（%）
自谋生计	219	56.4	241	62.1
民营企业	46	11.9	42	10.8
国有企业	33	8.5	32	8.2
集体企业	19	4.9	13	3.4
事业单位	42	10.8	35	9.0
党政机关	15	3.9	9	2.3
工会、共青团、妇联等群众组织或社会团体	11	2.8	11	2.8
外贸企业	3	0.8	5	1.3

六　创业者的高等教育经历

（一）所在学校背景

由表 2-34 可知，创业者就读的高校位于直辖市/省会城市的占 54.4%，位于地级城市的占 39.9%，位于一线城市（北京、上海、深圳）的占 5.7%。公立高校占 90.5%，民办高校占 9.5%。省属高校占 59.3%，地/市属高校占 24.0%，全国重点高校占 12.6%，其他为 4.1%。

表 2-34　　　　　　　　　　就读高校背景

		百分比（%）	有效百分比（%）
大学所在地	一线城市（北京、上海、深圳）	5.7	5.7
	地级城市	39.9	39.9
	直辖市/省会城市	54.4	54.4
大学产权性质	公立	90.5	90.5
	民办	9.5	9.5
大学级别	地/市属高校	24.0	24.0
	其他	4.1	4.1
	全国重点高校	12.6	12.6
	省属高校	59.3	59.3

（二）创业者学历和专业背景

由表 2-35 可知，71.6% 的创业者最高学历为普通大学本科，

10.1%的为普通大学专科，7.5%为成人高等教育，博士占1.5%，硕士占9.3%。第一学历主修教育学的占29.4%，主修管理学的占24.2%，主修经济学的占16.8%，主修理学和工学的占16.8%，其他8个专业共占12.8%。有20.1%的创业者参加了辅修专业，主要是经济学、管理学、教育学和法学。

表2-35　　　　　　　　　学历和专业背景

		样本（个）	百分比（%）	有效百分比（%）
最高学历	普通大学本科	278	71.6	71.6
	普通大学专科	39	10.1	10.1
	硕士	36	9.3	9.3
	成人高等教育	29	7.5	7.5
	博士	6	1.5	1.5
第一学历主修	教育学	114	29.4	29.4
	管理学	94	24.2	24.2
	经济学	65	16.8	16.8
	理学	34	8.8	8.8
	工学	31	8.0	8.0
	文学	14	3.6	3.6
	哲学	10	2.6	2.6
	艺术学	7	1.8	1.8
	法学	6	1.5	1.5
	军事学	4	1.0	1.0
	农学	4	1.0	1.0
	历史学	3	0.8	0.8
	医学	2	0.5	0.5
是否辅修专业	否	310	79.9	79.9
	是	78	20.1	20.1
辅修专业	法学	13	3.4	3.4
	管理学	16	4.1	4.1
	教育学	15	3.9	3.9
	经济学	34	9.0	9.0

（三）是否参加了与创业相关的活动

由表2-36可知，有35.8%的创业者在学校参加或主持过大学生创新创业实践项目。

表2-36　是否参加/主持过大学生创新创业实践项目（有效）

	样本（个）	百分比（%）	有效百分比（%）
否	249	64.2	64.2
是	139	35.8	35.8

（四）自我报告的学业成绩

表2-37可知，创业学生的学业成绩居同班级/同专业前5%的占14.7%，居前5%—20%的占33.2%，居前20%—50%的占33.8%。总体来看，大部分创业学生自我报告的学业属于成绩优异者。

表2-37　自我报告的学业成绩（有效）

	样本（个）	百分比（%）	有效百分比（%）
50%—80%	50	12.9	12.9
后20%	21	5.4	5.4
前5%	57	14.7	14.7
前20%—50%	131	33.8	33.8
前5%—20%	129	33.2	33.2

（五）社团经历

由表2-38可知，19.2%的创业者有过校团委/学生会经历，31.1%的创业者有过院（系）团委/学生会经历，37.5%的创业者有过班委会的经历。除此以外，34.5%的创业者有过其他社团经历。相对于同质性较高的班级来说，各种类别的社团经历是创业者拓展和积累异质性社会资源的关键途径。

表2-38　社团经历

	样本（个）	百分比（%）
校团委/学生会	73	19.2
院（系）团委/学生会	117	31.1

续表

	样本（个）	百分比（%）
班委会	143	37.5
其他社团	129	34.5

（六）在校期间的企业实践经历

表2-39显示，36.3%的创业者在大学期间有到企业实践的经历。

表2-39　　　　　　　企业实践经历（有效）

	样本（个）	百分比（%）	有效百分比（%）
否	247	63.7	63.7
是	141	36.3	36.3

（七）好友数量

由表2-40可知，就同专业好友数而言，34%的创业者保持在5人及以下，41.2%的创业者保持在6—10人，14.4%保持在11—20人，7%保持在21—50人，只有3.4%的创业者保持在51人及以上；跨专业好友方面，保持在5人及以下的为38.7%，保持在6—10人的为31.7%，保持在11—20人的为18%，保持在21—50人的为7.2%，51人及以上的为4.4%。

表2-40　　　　　　　　　　好友数

	同专业好友		跨专业好友	
	样本（个）	百分比（%）	样本（个）	百分比（%）
5人及以下	132	34	150	38.7
6—10人	160	41.2	123	31.7
11—20人	56	14.4	70	18
21—50人	27	7	28	7.2
51人及以上	13	3.4	17	4.4

七　所创办的企业

（一）企业类型

从表 2-41 可知，大学生企业以合伙为主，占 68.3%，独资为 31.7%。

表 2-41　　　　　　　　　企业类型（有效）

	样本（个）	百分比（%）	有效百分比（%）
独资	123	31.7	31.7
合伙	265	68.3	68.3

（二）经营范围

由表 2-42 可知，大学生企业的经营范围比较广泛，但主要集中在其他，社会服务业，农、林、牧、渔业；其次是信息技术业，批发和零售贸易，金融保险业等。

表 2-42　　　　　　　　　经营范围（有效）

	样本（个）	百分比（%）	有效百分比（%）
其他	111	28.6	28.6
社会服务业	59	15.2	15.2
农、林、牧、渔业	47	12.1	12.1
信息技术业	30	7.7	7.7
批发和零售贸易	26	6.7	6.7
金融保险业	22	5.7	5.7
房地产业	13	3.4	3.4
制造业	13	3.4	3.4
建筑业	10	2.6	2.6
电力、煤气、水的生产和供应业	7	1.8	1.8
采掘业	5	1.3	1.3
仓储业	5	1.3	1.3
交通运输	4	1.0	1.0
系统缺失	36	9.3	9.3

（三）经营时长

由表 2-43 可知，47.2%的企业时间不到 6 个月，12.6%的企业时长为 6 个月至 1 年，1—2 年的企业为 9.5%，2 年及以上的为 6.4%。

表 2-43　　　　　　　　　经营时长

	样本（个）	百分比（%）	有效百分比（%）
不到 6 个月	183	47.2	47.2
6 个月至 1 年	49	12.6	12.6
1—2 年	37	9.5	9.5
2 年及以上	25	6.4	6.4
（空）	94	24.2	24.2

注：指未选择的数据，即调查对象不选四个中的任何一个。

（四）年度营业额

由表 2-44 可知，大学生企业年度营业额在 20 万元及以下的为 52.6%，21 万—50 万元的为 7.5%。

表 2-44　　　　　　　　　年度营业额

	样本（个）	百分比（%）	有效百分比（%）
20 万元及以下	204	52.6	52.6
21 万—50 万元	29	7.5	7.5
51 万—100 万元	19	4.9	4.9
100 万元及以上	22	5.7	5.7
（空）	114	29.4	29.4

注：指未选择的数据，即调查对象不选四个中的任何一个。

（五）员工规模

由表 2-45 可知，大学生企业员工规模在 5 人及以下的占 31.7%，6—10 人的占 13.7%，11 人以上的占 19.6%。

表 2-45　　　　　　　　　　员工规模

	样本（个）	百分比（%）	有效百分比（%）
5 人及以下	123	31.7	31.7
6—10 人	53	13.7	13.7
11—20 人	17	4.4	4.4
21—50 人	21	5.4	5.4
51—100 人	11	2.8	2.8
101 人及以上	27	7.0	7.0
（空）	136	35.1	35.1

注：指未选择的数据，即调查对象不选四个中的任何一个。

第四节　大学生创业特征概述

数据分析揭示了大学生创业群体特征及其创业活动的基本情况，总体上以需要优先解决经济问题者居多，家庭禀赋对大学生创业的影响各不相同。高等教育扩张增加了下层社会的代际绝对流动机会，并没有显著增加代际相对流动；文凭效益被弱化，预期回报被压缩，[1] 创业成为大学生的再次流动策略。

一　群体画像

以农村户籍、非独生子女、无宗教信仰、未婚、女性和汉族学生居多；多数为家庭中的第一代大学生；超过一半的创业者在大学期间就开始创业。大学生创业者群体是当代学术界探讨比较饱和的两大群体之一，另一群体是农民工。[2] 创业成为弱势群体在阶层固化的社会中生存的有限选项之一。

二　创业认知

比起物质财富本身，创业者更在乎思想层面的挑战，注重培养自己

---

[1] 杨中超：《教育扩张对代际流动的影响研究》，中国社会科学出版社 2017 年版，第 127—131 页。

[2] 李君等：《基于共词分析的我国创业模式研究热点透视》，《江苏高教》2019 年第 7 期。

的创新思维和创新精神，倾向于将自己的思想和商业构想付诸行动；愿意将资金优先投入研发。有研究证实了此观点，超半数新时代大学生持后物质主义创业价值观，即追求生活自由和工作自主、强调情怀、重视生活体验、注重实现自我价值，[①] 创业成为大学生自我实现的一种方式。创业者的社会交往目标非常明确，为创业服务并在创业中维护其社会交往。

三 家庭禀赋

创业者的父母亲学历多为初中及以下，基本上为基层职业人士，以第一、第二产业为主；超过一半的父母亲为自谋生计者，另有一成在民营企业工作；七成以上的父母亲是群众和无宗教信仰。但是开放的社会为他们提供了较多的选择机会和活动空间，他们无疑为子一代积累了种种社会经验和人生阅历。68.0%的创业者家族中有人经商，40.7%的创业者认为受到了家族中经商亲友的影响，这成为创业者最初的创业支持力量。

四 高等教育经历

创业者就读的学校多在直辖市/省会城市，公立高校占绝对优势，其中以省属本科高校为主；其专业背景以教育学和管理学为主，其次是经济学、理学和工学。近四成的创业者在校期间有创新创业实践经历，少数还有各级学生组织管理和社团活动经历。大部分创业者的学业成绩优异。

五 企业状况

大学生企业以合伙为主，经营范围比较广泛，但主要集中在社会服务业、农林牧渔、信息技术业、批发和零售贸易及金融保险业等。新办企业居多，年度营业额多在20万元及以下；员工规模多为5人及以下，属于典型的小微企业。纪效珲等的研究结论与本书研究大体一致。他们认为大学生创业类型主要是信息技术服务企业，规模整体属于中型或小型企业，虽然与互联网等新兴技术紧密结合，但高新技术企业占比较低；企业所在行业存在激烈的竞争，产品或技术却并无明显竞争优势，整体

---

① 王玉栋：《新时代大学生创业价值观新探——一种后物质主义的视角》，《北方民族大学学报》2020年第1期。

盈利状况并不理想；第二、第三产业的创业企业分别在创业时长、启动资金来源、企业规模、行业竞争和融资阶段存在显著差异，近三年内，大学生更倾向选择第三产业创业，所处的行业竞争程度高于第二产业，盈利情况低于第二产业。[1] 他们多处于二、三线城市，创业竞争中的领导能力和专业的企业管理能力偏弱，面临着各种风险。[2]

本书研究关于大学生创业的部分结论与李亚员于2017年的研究结论存在着惊人的一致：创业学生主体上处于学业成绩优异者；企业规模小；均认同市场化环境和创业政策的优越性；创业者主要来自县城、乡镇、农村；父母多数是普通工人、普通管理人员、个体户或农民。[3] 但这一致结论背后的数据获取方式并不一样：本书研究的问卷数据通过网络收集，调查对象来自27个省份，共1216人，其中创业者388人。李亚员的问卷数据来自北京、天津、上海、西安、成都、南京、杭州、温州、义乌、宁波、武汉、中山、深圳、广州、哈尔滨、大连16个典型城市的32个高校大学生创业园和校外专业化创业园区，以实地发放的方式，调查对象涵盖大学生创业发起人、创业合伙人和参与创业的其他大学生三类群体，共5098人。时间上相隔两年、独立完成且完全不同的两项研究得出了关于创业者的共同画像，这基本上能说明大学生群体中谁在创业，为何而创业。我们能够清楚地感受到创业者的生存焦虑，及他们对创业所给予的期许。

第五节　大学生创业趋势

中国40余年的改革开放造就了大批富裕家庭，发挥了很好的示范效应；日益完善的法治环境、细分技术催生的新经济领域以及国家推动的"双创"环境和优惠政策，使创业越来越深入人心，成为一种年轻人可以选择的实现"财务自由"和"行动自由"的生活方式。可以说，

---

[1] 纪效珲等：《高校大学生创业行业特点及差异分析——基于第二、三产业的比较视角》，《教育与经济》2020年第2期。
[2] 钟苹等：《农村籍大学生创业现状调查与对策研究》，《中国高等教育》2020年第2期。
[3] 李亚员：《当代大学生创业现状调查及教育引导对策研究》，《教育研究》2017年第2期。

大学生创业已成为一种持续性的社会行为。

一 2013—2019年大学生创业者情况

整体来看，2013—2017年，毕业时间未超过5年的毕业生创业者占主体（81.9%），但在校生呈上升趋势；创业者以本、专科学历为主（96.3%），研究生呈增长趋势；男性比例高（63.5%）且呈增长趋势。创业者知识背景相对集中，专科学历主要集中在财经商贸（25.9%）、土木建筑、装备制造与电子信息专业，这四类合计达61.3%；本科学历集中在工学（30.5%）、管理学与艺术学，这三类合计达68.1%。创业者主要从事第三产业，依次为批发和零售业（38.0%）、租赁和商务服务（13.5%）、住宿和餐饮（10.1%）、科学研究和技术服务（7.4%），信息传输、软件和信息技术服务（6.9%），合计为75.4%。创业形式以私营企业（53.2%）和个体工商户（44.0%）为主，合计97.2%。大学生创业者主要集中在东部地区，东北占7.9%，东部占46.8%，中部占22.5%，西部占22.8%，相比而言西部地区的增速较快。[1]

2018年，六成以上创业者集中在批发和零售业（37.1%）、租赁和商务服务（13.2%）、住宿和餐饮（10.1%），经营形式与前些年相同；更青睐到东部地区创业。[2] 2019年，大学生创业者规模继续保持较大幅度增长，在校大学生创业者增幅显著，女大学生创业者占比延续增长趋势，往届毕业生创业率高于应届毕业生。九成以上大学生创业者从事第三产业，批发和零售业、租赁和商务服务业、住宿餐饮业、科学研究和技术服务的大学生创业者较多。[3]

2013—2019年，大学生创业的主要经营业务为批发和零售业、租赁和商务服务、住宿和餐饮三大类，科技与信息类企业占比偏低，在某种程度上折射出大学生创业的低门槛、同质性和竞争的激烈程度，暗含了风险的不确定性和经营的脆弱性。

---

[1] 国家发展和改革委员会编著：《2017年中国大众创业万众创新发展报告》，人民出版社2018年版，第93—98页。

[2] 国家发展和改革委员会编著：《2018年中国大众创业万众创新发展报告》，人民出版社2019年版，第105—107页。

[3] 国家发展和改革委员会编著：《2019年中国大众创业万众创新发展报告》，人民出版社2020年版，第80—81页。

表 2-46　2013—2019 年每年首次登记注册大学生创业者人数变化

年份	大学生创业者（万人）	增幅（%）
2013	35.8	—
2014	47.8	33.3
2015	55.8	16.9
2016	61.5	10.2
2017	64.5	4.8
2018	67.9	5.4
2019	74.1	9.0

注：数据由国家发展和改革委员会编著的《中国大众创业万众创新发展报告》整理而成：2017：93；2018：104；2019：80。

二　大学生有着内在的创业激情和创业需求

近 10 年来中国高等教育毛入学率的快速增长让人振奋（见表 2-47）。增加的规模基本上由地方普通本科高校承担了，而地方普通本科高校中，女生占 51.9%，男生占 48.1%；农村学生占 71.9%；非独生子女占 70.5%；少数民族学生占 8.5%；父亲、母亲受教育程度初中及以下文化为 58.7% 和 71.8%；家庭月均总收入在 2000 元以上的占 39.7%；为家中第一代大学生的占 85.6%。① 这一生源特征表明，为改善经济状况，大学生有着内在的创业激情。② 大学生对贫困经历感受越明显，创业意愿越强。③ 除综合类高校将"社会贡献"作为创业的首要追求外，其他如师范、财经、理工等行业类特征明显的高校学生一致将"经济追求"作为创业动机的首选。④

---

① 谢妮：《个体化视域中大学适切性教学研究》，中国社会科学出版社 2015 年版，第 60 页。
② 方卓、张秀娥：《创业激情有助于提升大学生创业意愿吗？——基于六省大学生问卷调查的研究》，《外国经济与管理》2016 年第 7 期。
③ 马轶群等：《贫困经历、创业动机与大学生创业意愿提升研究——基于在校大学生调查数据的实证分析》，《高教探索》2020 年第 1 期。
④ 宁德鹏：《不同类型高校大学生创业行为及其影响因素的差异特征研究——基于百所高校大样本的实证考察》，《广西社会科学》2020 年第 5 期。

表 2-47　　　　　　高等教育毛入学率（2009—2021 年）

年份	高等教育毛入学率（%）
2009	24.2
2010	26.5
2011	26.9
2012	30.0
2013	34.5
2014	37.5
2015	40.0
2016	42.7
2017	45.7
2018	48.1
2019	51.6
2020	54.4
2021	60.0

资料来源：笔者根据网络公开数据整理。

三　大学生创业是国内经济大循环的有生力量

贸易摩擦和新冠疫情的双重压力对国家出口型经济的冲击和大学毕业生就业困难加大是显而易见的。为了应对经济困难，国家提出"国内大循环为主体、国内国际双循环相互促进"以实现产业升级，激活国内市场，重塑自主可控的经济生态。"大众创业、万众创新"比任何时候都更为迫切，这一政策会随着内循环的实质性启动成为国民的生活方式。大学生就业方面，智联招聘于 2020 年 8 月发布了当年 6 月仍在求职中的《就业困难大学生群体研究报告》，指出除了因疫情冲击导致的总量供需矛盾之外，用人单位的岗位需求和大学生能力与期望之间的结构性错配，也是大学生就业难的主要原因。供需之间的错配中，理工类专业人才需求大于供给；就业困难大学生主要来自非重点大学（39.4%）和一般学院（52.1%）。[①] 贸易摩擦和新冠疫情压缩了大量外

[①]《就业为何困难？调研表明：岗位需求与大学生能力、期望之间存在错配》，https://baijiahao.baidu.com/s?id=1675072966903921816&wfr=spider&for=pc，2022 年 3 月 5 日。

向型企业的就业岗位，找不到"好工作"的毕业生中有一批潜在的创业者，可以称他们为"被动创业者"，解决经济问题是他们毕业后面临的现实需求。政府化危机为动力，盘活庞大的国内市场，以对外开放的经验和智慧强化对内开放，大学生创业的春天正在来临。

第三章

大学生创业影响因素

目前，中国的经济发展已然从进入新常态到引领新常态，经济增速进入换挡期，原来的持续高要素投入难以为继，技术追赶的空间逐步缩小，人力资本红利效应逐渐减弱。认识、适应并引领新常态不仅是当前和今后一个时期中国经济发展的大逻辑，也是包括大学生在内的整个社会创业发展的重要内容。通常情况下，影响大学生创业既有创业精神、创业意识、创业经验和自身素质等主观因素，也存在市场环境、家庭禀赋、创业教育和政策支持等客观因素。为此，本章结合调查问卷就市场化、家庭禀赋以及创业教育对大学生创业影响做一个系统分析。

第一节 影响大学生创业的多层线性模型分析

在研究过程中，初始调查问卷由4个一级指标、37个二级指标和198个三级指标构成。通过对调查问卷进行探索性因子分析（Explanatory Factor Analysis），检验因子效度（Factorial Validity）。调整后的调查问卷由3个一级指标、22个二级指标和141个三级指标构成。根据指标信度与效度分析结果，这些指标的测量品质良好，Cronbach's α 系数介于0.67—0.95，多数在0.70的标准值以上。此外，每个指标的因子负荷量皆高于0.40，多数在0.60以上，表明聚敛效度（Convergent Validity）良好。为此，通过对这22个影响因素进行特征提取，以获得其内在的逻辑关系。

一 KMO与Bartlett球形检验

本书研究采用SPSS25.0统计软件对大学生创业影响因素的22个二

级指标进行因子分析，得到 Bartlett 球度检验和 KMO 的检验结果，具体如表 3-1 所示。

表 3-1　　　　　　　　KMO 和巴特利特检验

KMO 取样适切性量数		0.947
巴特利特球形度检验	近似卡方	5801.887
	自由度	231.000
	显著性	0.001

结果显示，Bartlett 球度检验的 $\chi^2 = 5801.887$，自由度 = 231.000，检验显著性概率 P = 0.001，表明相关矩阵不是一个单位矩阵，相关系数矩阵与单位矩阵有显著差异，22 个变量之间存在相关性。KMO = 0.947，属于良好等级。以上结果表明，大学生创业影响因素测量项之间存在共同因子，适合进行因子分析。

二　大学生创业主成分分析

本书研究运用主成分分析方法提取因子，以特征值大于 1 作为判断提取公因子的根本依据，并利用 Kaiser 标准化最大方差法进行结构分析，旋转在 5 次迭代后已收敛，并得出初始的、因子提取后及旋转后的特征值、方差贡献率和累计方差贡献率，具体如表 3-2 所示。

表 3-2　　　　　　　　解释的总方差　　　　　　　　单位:%

因子	初始特征值			提取载荷平方和			旋转载荷平方和		
	总计	方差百分比	累计百分比	总计	方差百分比	累计百分比	总计	方差百分比	累计百分比
1	10.551	47.959	47.959	10.148	46.125	46.125	6.434	29.244	29.244
2	2.150	9.774	57.733	1.747	7.942	54.067	4.411	20.051	49.295
3	1.149	5.222	62.955	0.679	3.085	57.152	1.728	7.857	57.152
4	0.966	4.392	67.347						
5	0.775	3.523	70.87						
6	0.723	3.287	74.157						

续表

因子	初始特征值 总计	初始特征值 方差百分比	初始特征值 累计百分比	提取载荷平方和 总计	提取载荷平方和 方差百分比	提取载荷平方和 累计百分比	旋转载荷平方和 总计	旋转载荷平方和 方差百分比	旋转载荷平方和 累计百分比
7	0.593	2.694	76.851						
8	0.549	2.497	79.348						
9	0.511	2.323	81.671						
10	0.467	2.123	83.794						
11	0.454	2.065	85.859						
12	0.433	1.969	87.828						
13	0.411	1.870	89.698						
14	0.352	1.598	91.296						
15	0.343	1.561	92.857						
16	0.327	1.486	94.343						
17	0.307	1.396	95.739						
18	0.242	1.098	96.837						
19	0.217	0.986	97.823						
20	0.190	0.865	98.688						
21	0.150	0.683	99.371						
22	0.138	0.629	100.000						

通过因子分析，得到大学生创业影响因素中特征值大于1的公因子共有3个，其累计方差贡献率为62.955%。第1个因子的特征值方差贡献率最高，对原有变量的解释性为47.959%；第2个因子的特征值方差贡献率较高，对原有变量的解释性为9.774%；第3个因子的特征值方差贡献率较低，对原有变量的解释性为5.222%。因此，提取前3个因子作为主因子。

为简化因子载荷矩阵结构，便于对主因子进行解释，本书研究采用具有Kaiser正态化最优斜交法得到旋转后的因子载荷矩阵，并按照原始变量在旋转因子上载荷的大小进行排列，具体如表3-3所示。

表 3-3　　　　　　　　　　旋转后的因子载荷矩阵

变量	成分 1	成分 2	成分 3
1s 社会活动范围	0.324	0.361	0.251
1t 发展机会和掌握的信息	0.216	0.481	0.259
1q 相关工作经历	0.325	0.245	0.196
1r 创业政策	0.175	0.464	0.132
1d 市场化程度	0.802	0.462	0.252
1c 市场化环境	0.797	0.495	0.474
1i 市场化服务	0.713	0.544	0.310
1j 中文能力	0.430	0.322	0.417
1u 送礼请客等人情手段	0.319	0.426	0.419
1h 学习成就	0.430	0.239	0.396
1f 课程设置	0.484	0.763	0.379
1m 教学方法	0.419	0.760	0.299
1p 创业实践	0.378	0.714	0.385
1l 学历层次	0.419	0.327	0.436
1n 毕业学校的声誉和地位	0.328	0.437	0.424
1k 外语能力	0.363	0.489	0.356
1g 选修课程	0.320	0.486	0.280
1e 政治面貌	0.159	0.281	0.317
1b 经济资本	0.293	0.497	0.835
1a 社会资本	0.279	0.373	0.825
1o 政治资本	0.629	0.439	0.735
1v 文化资本	0.440	0.509	0.731

提取方法：主成分分析法

旋转方法：凯撒正态化最优斜交法

根据旋转后的因子载荷矩阵的载荷量情况可知，f1 涉及市场化程度、市场化环境和市场化服务等，可命名为"市场化"；f2 涉及课程设置、教学方法和创业实践等，可命名为"创业教育"；f3 涉及家庭资本等几个维度，可命名为"家庭禀赋"，由此得到大学生创业成功的核心影响因素。

根据因子荷载绘制出特征值的碎石图，通常该图显示大因子的陡峭斜率和剩余因子平缓的尾部之间会有明显的中断。一般选择主因子在非常陡峭的斜率上，而处在平缓斜率上的因子对变异的解释非常小。从该图可以看出前三个因子都处在非常陡峭的斜率上，而从第四个因子开始斜率变得比较平缓，因此选择前三个因子作为主因子，具体如图3-1所示。

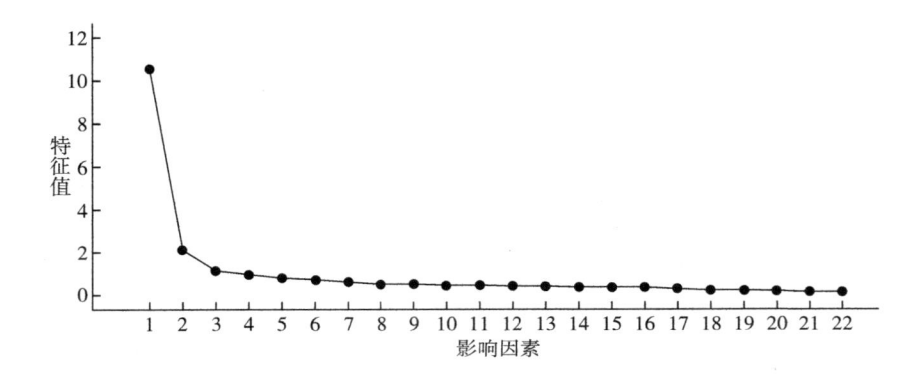

图3-1 大学生创业影响因素主成分碎石图

三 大学生创业主因子确定

通过因子分析可以得到大学生创业影响因素中特征值大于1的公因子共有3个，并且22个测量项较好地分布在这3个公因子上。第一个公因子包括4个测量项，方差贡献率是20.751%；第二个公因子包括3个测量项，方差贡献率是24.979%，第三个公因子包括3个测量项，方差贡献率是23.894%，并且这3个公因子累计方差贡献率达到了69.624%。由此可知，提取前3个公因子已经足够替代原有量表，具体如表3-4所示。

表3-4 大学生创业成功的核心影响因素

公共因子	因子命名	因子方差贡献率（%）	创业核心要素及因子载荷量
f1	市场化	29.244	社会活动范围（0.324）、发展机会和掌握的信息（0.216）、相关工作经历（0.325）、创业经历（0.175）、市场化程度（0.802）、市场化环境（0.797）、市场化服务（0.713）

续表

公共因子	因子命名	因子方差贡献率（%）	创业核心要素及因子载荷量
f2	创业教育	20.051	学习成就（0.239）、课程设置（0.763）、教学方法（0.760）、创业实践（0.714）、学历层次（0.327）、毕业学校的声誉和地位（0.437）
f3	家庭禀赋	7.857	经济资本（0.835）、社会资本（0.825）、政治资本（0.735）、文化资本（0.731）

从表3-4可知，按照因子方差贡献率，能够反映大学生创业核心要素信息最多的公共因子为"市场化"，该因子方差贡献率达到29.244%；"创业教育"因子的方差贡献率为20.051%；"家庭禀赋"因子的方差贡献率为7.857%。其中，"市场化"涵盖了市场化程度、市场化环境和市场化服务等，对个体的素质及支持性条件有极高的要求；"创业教育"也显示了同样的特征；"家庭禀赋"在创业中的作用不被相关文献所重视，本书研究显示家庭禀赋在创业中有一席之地，需要加以考虑。

第二节 市场化对大学生创业的影响分析

市场化反映了一个地区经济资源的流动性和可获得性。通常情况下，市场化程度越高就意味着社会资源按照市场的需要而自由流动从而得到更加有效和合理的配置，而基于体制内工作经验的资源获取能力优势则可能被抑制。市场化意味着企业要根据市场的优胜劣汰机制来生存和发展以及进入和退出。例如，李后建将市场化作为门槛变量，当市场化程度较高的时候，腐败对企业家创业精神有负面影响，而当市场化程度较低的时候，腐败对企业家精神有着显著的负面影响。[1] 就创业环境而言，市场化环境较好的地区能够为企业的创业活动提供良好的外部市场环境、高效的资源配置和完善的市场机制，尤其是高效的资源配置方式，使创业者可根据市场的需要和现存企业的发展状况来自由决定是否

---

[1] 李后建：《市场化、腐败与企业家精神》，《经济科学》2013年第1期。

创业，而对市场化环境较差的地区，即使是市场上需要有更多的企业进入，但受低效资源配置方式和不利外部条件的限制，创业活动也难以发生。① 例如，有学者认为市场化程度较高的地区制度环境相对成熟，各类组织资源相对可获性较高，市场规则相对完善，社会创业者获取经济资源以弥补盈利能力不足的可能性随之提升。② 由于市场化改革与创业发展有密切联系，因此市场化环境的变化必然会对创业产生不可忽视的影响。③ 同样，从市场化法律环境来看，立法回应不足、执法公正缺失与司法独立弱化会导致企业家精神的消沉、低迷与式微。邵传林认为法律制度和官员腐败是一国制度环境质量的重要表征性因素，高效率的法律环境有助于企业家创业，而廉洁的官僚体系有助于降低企业家的创业成本，二者均对促进企业家创业有着显著的正面效应。④ 就市场化服务而言，较好的市场化服务能够为创业提供咨询、招聘和采购等必要的服务。例如，产品和要素市场越发达的地区，金融市场和信贷资金分配市场化程度更高，金融业发展更充分，中介市场、服务机构和行业协会更加完善，能够给企业提供更多的帮助。⑤ 因为市场力量而不是体制内的行政指令成为资源配置的重要手段。

市场化并非是一个单独的指标，它包含多项一级指标以及更多测量项，这些指标所指代的环境因素、制度因素和法律制度因素等都会对创业产生重大影响，这也能从侧面说明市场化对创业的重要影响。例如，有学者从政府与市场的关系、产品市场的发育程度、要素市场的发育程度去测度各区域市场化进程。在本书研究中，市场化主要包括市场化程度、市场化环境以及市场化服务三个维度。

---

① 高同彪：《基于市场化程度视角的中国民营企业创业的区域性差异研究》，《社会科学战线》2014年第4期。

② 刘振等：《亲社会动机对社会创业双重导向的影响机理研究——市场化程度与工作经验隶属性的调节作用模型》，《南开管理评论》2021年第2期。

③ 陈景信、代明：《市场化环境与创业绩效——基于HLM模型和区域分层的视角》，《山西财经大学学报》2018年第11期。

④ 邵传林：《法律制度效率、地区腐败与企业家精神》，《上海财经大学学报》2014年第5期。

⑤ 吴晓晖、叶瑛：《市场化进程、资源获取与创业企业绩效——来自中国工业企业的经验证据》，《中国工业经济》2009年第5期。

一　市场化对大学生创业的研究假设

市场化反映的是市场机制在社会资源配置中的基础性作用。关于市场化与创业的关系，学术界已经积累了大量的研究成果。例如，袁红林等通过研究发现，在全国样本范围内验证了市场化程度的不断提高有效促进了中国的企业家创业精神。[①] 吴晓晖等比较系统地研究了市场化进程、资源获取与创业企业绩效之间的关系，他们认为区域市场化水平越高，创业企业越容易获得资源来提高创业绩效。而高同彪的实证研究发现，市场化环境是造成民营企业创业存在区域差异的一个重要因素。[②] 市场化程度对民营企业的创业活动均产生了显著的正向拉动作用。[③] 程俊杰通过研究得出制度质量的提高和市场化进程的推进对于企业家创业精神有着显著的积极作用。[④] 同样，有学者发现相对较小的政府规模、健全的融资制度以及完善的法律制度、对知识产权的保护和对资本与劳动力的宽松管制等市场化程度的主要衡量指标都对创业有着重要促进作用。[⑤] 韩磊等通过实证分析得出市场化进程对企业家精神具有显著的影响。[⑥] 同样，有研究表明，大学生创业容易受制于市场失灵，这是由于处在初创和早期成长阶段的创业企业存在新创弱性。[⑦]

基于上述分析，本书提出如下三个研究假设：

H4-1：市场化程度越高、市场化环境越好以及市场化服务越充分，大学生创业感知越高。

H4-2：市场化程度越高、市场化环境越好以及市场化服务越充分，大学生创业意愿越强。

H4-3：市场化程度越高、市场化环境越好以及市场化服务越充分，

[①] 袁红林、蒋含明：《中国企业家创业精神的影响因素分析——基于省级面板数据的实证研究》，《当代财经》2013年第8期。
[②] 吴晓晖、叶瑛：《市场化进程、资源获取与创业企业绩效——来自中国工业企业的经验证据》，《中国工业经济》2009年第5期。
[③] 高同彪：《基于市场化程度视角的中国民营企业创业的区域性差异研究》，《社会科学战线》2014年第4期。
[④] 程俊杰：《制度变迁、企业家精神与民营经济发展》，《经济管理》2016年第8期。
[⑤] 胡品平等：《市场化差异对城乡创业的影响分析》，《科技与经济》2018年第4期。
[⑥] 韩磊等：《市场化进程驱动了企业家精神吗？》，《财经问题研究》2017年第8期。
[⑦] 李韵捷：《论大学生创业教育现状及市场化路径研究》，《课程教育研究》2019年第14期。

大学生创业成功概率越大。

二 市场化对大学生创业的实证检验

(一) 研究变量设计

1. 因变量

因变量为大学生创业，具体包括大学生创业认知、创业意愿、创业成功三个维度。大学生创业认知是指对大学生从事创业活动与否的一种主观态度，可以初步判断潜在创业者是否适合创业。大学生创业意愿是指大学生对从事创业活动与否的一种主观态度，通常在不同时间节点上会有不同的体现。大学生创业成功是指大学生创业成功的可能性。在因变量赋值过程中，将大学生创业感知、创业意愿、创业成功三个维度均设置为连续变量，具体采用李克特6点量表进行测量。

2. 自变量

本书将市场化分解为市场化程度、市场化环境以及市场化服务三个维度。其中，市场化程度是指市场在资源配置中所起的作用以及对供求力量变化反映的敏感程度。如果一种市场的竞争是充分的，市场化程度较少地受到其他因素的干扰，能够迅速、准确地反映供求力量的变化。市场化环境是指影响营销管理部门发展和保持与客户成功交流的能力、组织营销管理职能之外的个人、组织和力量，具体包括政治环境、法律环境、文化环境、社会环境以及市场竞争环境等。市场化服务是指提供劳务和服务场所及设施，不涉及或甚少涉及物质产品的交换的市场形式。例如，金融市场、中介市场、服务机构和行业协会等。在自变量赋值过程中，将市场化程度、市场化环境以及市场化服务等自变量均设置为连续变量，同样采用李克特6点量表进行测量。

3. 控制变量

控制变量以大学生的个人特征变量作为控制变量，具体包括年龄、性别、民族和婚姻状况。在控制变量赋值过程中，将年龄设置为连续变量，具体采用李克特6点量表进行测量。将性别、民族和婚姻状况设置为虚拟变量，例如，以女性为参照类别，将男性赋值为1，女性赋值为0；以少数民族为参照类别，将汉族赋值为1，少数民族赋值为0；以未婚为参照类别，将已婚赋值为1，未婚赋值为0。

（二）多元线性回归分析

本书在回归分析中，采用SPSS25.0软件，以大学生创业为因变量，具体包括大学生创业感知、创业意愿、创业成功三个维度，以市场化程度、市场化环境以及市场化服务等为自变量；以大学生的年龄、性别、民族和婚姻状况为控制变量，进行多元线性回归检验。回归检验显示：在置信区间为95%的情况下，模型1到模型3均达到了显著性水平（F1值=17.825，P<0.001；F2值=19.248，P<0.001；F3值=17.298，P<0.001），这说明控制变量与自变量均对因变量有显著性影响。验证模型整体适配度较好，能够通过检验，具体检验结果如表3-5所示。

表3-5　　　　市场化对大学生创业影响的回归模型

变量		模型1	模型2	模型3
		创业认知	创业意愿	创业成功
控制变量	年龄	0.018*	0.132**	0.198**
	性别	0.129	0.207**	
	民族		0.218**	0.165**
	婚姻状况			0.275**
自变量（市场化）	市场化程度	0.128	0.098**	0.112**
	市场化环境	0.204*	0.165**	0.068**
	市场化服务	0.132	0.176*	0.154**
R^2值		0.318	0.427	0.215
调整后的R^2值		0.226	0.326	0.163
F值		17.825**	19.248**	17.298**
F值更改		15.812**	17.219**	16.824**

注：*表示在置信度（双侧）P<0.05时，回归关系是显著的；**表示在置信度（双侧）P<0.01时，回归关系是非常显著的；***表示在置信度（双侧）P<0.001时，回归关系是极其显著的。

三　实证检验的结论与讨论

（一）检验结论与分析

在表3-5模型1中，控制变量年龄对大学生创业认知具有显著影响，随着大学生年龄的不断增长，大学生对创业认知越高；而性别、民族和婚姻状况对大学生创业感知影响不显著。自变量（市场化）市场化环境对大学生创业认知具有显著影响。通常情况下，市场化环境越好，大学生创业认知越高。市场化程度和市场化服务对大学生创业认知影响不显著。

在表 3-5 模型 2 中，控制变量年龄、性别和民族对大学生创业意愿具有显著影响，随着大学生年龄的不断增长，大学生对创业认知越高；相对少数民族大学生，汉族大学生对创业意愿较强。同样，相对女性大学生，男性大学生对创业意愿较强。而婚姻状况对大学生创业意愿影响不显著。自变量（市场化）市场化程度、市场化环境以及市场化服务对大学生创业意愿均具有显著影响。通常情况下，市场化程度较少地受到其他因素的干扰，政治环境、法律环境、文化环境、社会环境以及市场竞争环境等市场化环境较好以及金融市场、中介市场、服务机构和行业协会等市场化服务充分的区域，大学生的创业意愿越强。

在表 3-5 模型 3 中，控制变量年龄对大学生创业成功具有显著影响，随着大学生年龄的不断增长，大学生创业成功的可能性越大。同样，民族和婚姻状况也对大学生创业成功具有显著影响。而性别对大学生创业成功影响不显著。自变量（市场化）市场化程度、市场化环境以及市场化服务对大学生创业成功均具有显著影响。通常情况下，市场化程度越高，表明大学生创业过程中较少地受到其他因素的干扰，政治环境、法律环境、文化环境、社会环境以及市场竞争环境等市场化环境较好以及金融市场、中介市场、服务机构和行业协会等市场化服务充分的区域，他们的创业成功可能性越大。

（二）研究讨论与建议

在表 3-5 模型 1 中，验证模型部分验证了 H4-1：即市场化环境越好，大学生创业认知越高。而市场化程度和市场化服务对大学生创业认知未通过显著性检验。可能的原因是，大学生创业认知主要是基于个人特质、创业学习、社会网络、言传身教及其外在资源综合作用和影响的结果，市场化程度和市场化服务可能会影响创业的其他方面，但对大学生创业认知影响并不显著。

在表 3-5 模型 2 中，验证模型全部验证了 H4-2：市场化程度越高、市场化环境越好以及市场化服务越充分，大学生创业意愿越强。可能的原因是，市场化程度越高，表明大学生创业过程中较少地受到其他因素的干扰，政治环境、法律环境、文化环境、社会环境以及市场竞争环境等市场化环境较好以及金融市场、中介市场、服务机构和行业协会等市场化服务充分的区域，大学生创业愿意越强。

在表3-5模型3中，验证模型全部验证了H4-3：即市场化程度越高、市场化环境越好以及市场化服务越充分，大学生创业成功概率越高。可能的原因是，市场化程度越高，表明大学生创业过程中较少地受到其他因素的干扰，政治环境、法律环境、文化环境、社会环境以及市场竞争环境等市场化环境较好以及金融市场、中介市场、服务机构和行业协会等市场化服务充分的区域，大学生创业成功率越高。

第三节 家庭禀赋对大学生创业的影响分析

家庭是基本的社会构成单位和生活共同体。20世纪80年代，美国经济学家加里·S. 贝克尔（Gary S. Becker）提出，将劳动供给与分工置于家庭决策范畴，即家庭联合劳动供给。随后，新经济迁移理论将影响劳动力流动的因素从个人拓展到家庭因素，认为迁移决策不是独立的个体行为，家庭才是影响劳动力外出就业决策的基本单位。[①] 中国有学者指出，强烈的"家庭观"促使家庭成员根据家庭的共同资源禀赋决定家庭的生活、就业和迁移行动计划。[②] 与此同时，他们还认为，家庭成员的个人选择和决策会受到家庭禀赋因素的影响和约束，进而会基于家庭禀赋状况做出最优化选择。[③]

目前，学术界对家庭禀赋内涵理解并不一致。家庭禀赋被认为是一个含义宽泛、内容不确定的学术概念。例如，有学者提出家庭禀赋是家庭成员共同拥有的资源和能力，可视为个人能力的延伸。它具体包括家

[①] 罗明忠、罗琦：《家庭禀赋对农民创业影响研究》，《经济与管理评论》2016年第5期。

[②] 杨云彦、石智雷：《家庭禀赋对农民外出务工行为的影响》，《中国人口科学》2008年第5期。

[③] 石智雷、杨云彦：《家庭禀赋、家庭决策与农村迁移劳动力回流》，《社会学研究》2012年第3期。

庭社会资本、家庭经济资本以及家庭文化资本等。① 还有学者认为家庭禀赋是家庭成员及整个家庭共同享有的资源和能力，可分为家庭经济资本、家庭文化资本、家庭社会资本等多种形式。② 显然，家庭禀赋是个人禀赋的外延和拓展，它是指所有家庭成员以及整个家庭所天然具有的以及后天获得的可加以利用的资源、能力和技术的总和。它能够为个人的行动提供各种有用的支持，可以调用而引入职业活动中去，从而影响人们的职业行动和职业效果。在本书研究中，家庭禀赋是指父母家庭社会资本的综合，具体包括家庭经济资本、家庭社会资本、家庭文化资本等维度。

在大学生创业影响因素分析中，除市场化因素外，家庭禀赋是否如一些研究文献阐释的那样，也是大学生创业的一种重要资源？对大学生创业而言，家庭禀赋对其创业活动是否也有实质性影响？这是本书研究所要验证的问题。

一　家庭禀赋对大学生创业的研究假设

现有研究文献表明，在研究大学生创业时，往往加入家庭因素。例如，有研究表明拥有良好家庭禀赋的大学生，他们更加倾向于创业，在找工作时也更有优势。③ 同样，家庭禀赋在经济资本、社会资本、政治资本和文化资本越强的大学生，他们也越可能倾向于创业。④ 还有学者研究发现，家庭社会资本是通过家庭的社会阶层地位和家庭成员的社会关系获得的资本，能够为他们提供更多的创业信息和工作机会，帮助他们减少搜寻工作的成本，以获得工作。⑤

基于上述分析，本书提出如下三个研究假设。

H4-4：家庭禀赋越丰富（例如，家庭经济资本、家庭社会资本、

---

① 马继迁等：《人力资本、家庭禀赋、家庭责任与失地女性就业——基于CFPS数据的分析》，《华东经济管理》2021年第8期。
② 马继迁、郑宇清：《家庭禀赋如何影响就业？——对失地农民的考察》，《华东经济管理》2016年第10期。
③ 刘迎君：《禀赋特质、农民工回流创业与地域分层意愿》，《贵州社会科学》2017年第3期。
④ 马继迁、郑宇清：《家庭禀赋如何影响就业？——对失地农民的考察》，《华东经济管理》2016年第10期。
⑤ 蔡玲：《家庭教育投入问题研究述评》，《社会科学动态》2022年第2期。

家庭文化资本等越丰富），大学生创业感知越高。

H4-5：家庭禀赋越丰富（例如，家庭经济资本、家庭社会资本、家庭文化资本等越丰富），大学生创业意愿越强。

H4-6：家庭禀赋越丰富（例如，家庭经济资本、家庭社会资本、家庭文化资本等越丰富），大学生创业成功的可能性越大。

二　家庭禀赋对大学生创业的实证检验

（一）研究变量设计

1. 因变量

因变量为大学生创业，具体包括大学生创业认知、创业意愿、创业成功三个维度。大学生创业认知是指对大学生从事创业活动与否的一种主观态度，可以初步判断潜在创业者是否适合创业。大学生创业意愿是指大学生对从事创业活动与否的一种主观态度，通常在不同时间节点上会有不同的体现。大学生创业成功是指大学生创业成功的可能性。在因变量赋值过程中，将大学生创业认知、创业意愿、创业成功三个维度均设置为连续变量，具体采用李克特6点量表进行测量。

2. 自变量

本书将家庭禀赋划分为家庭经济资本、家庭社会资本、家庭文化资本等四个维度。其中，家庭经济资本是指家庭的年经济收入状况；家庭社会资本是指父母的工作岗位性质和职位；家庭文化资本是指父母的受教育程度等。在自变量赋值过程中，将家庭经济资本、家庭社会资本、家庭文化资本等自变量均设置为连续变量，同样采用李克特6点量表进行测量。

3. 控制变量

控制变量以大学生的个人特征变量作为控制变量，具体包括年龄、性别、民族和婚姻状况。在控制变量赋值过程中，将年龄设置为连续变量，具体采用李克特6点量表进行测量。将性别、民族和婚姻状况设置为虚拟变量，例如，以女性为参照类别，将男性赋值为1，女性赋值为0；以少数民族为参照类别，将汉族赋值为1，少数民族赋值为0；以未婚为参照类别，将已婚赋值为1，未婚赋值为0。

（二）多元线性回归分析

本书在回归分析中，采用SPSS25.0软件，以大学生创业为因变量，具体包括大学生创业认知、创业意愿、创业成功三个维度,以大学生家庭禀赋的家庭经济资本、家庭社会资本、家庭文化资本等为自变量;以大学生的年龄、性别、民族和婚姻状况为控制变量,进行多元线性回归检验。回归检验显示:在置信区间为95%的情况下,模型4到模型6均达到了显著性水平(F4值=18.434,P<0.001;F5值=20.145,P<0.05;F6值=18.234,P<0.001),这说明控制变量与自变量均对因变量有显著影响。验证模型整体适配度较好,能够通过检验,具体检验结果如表3-6所示。

表3-6 家庭禀赋对大学生创业影响的回归模型

变量		模型4 创业认知	模型5 创业意愿	模型6 创业成功
控制变量	年龄	0.034*		0.154**
	性别		0.145**	
	民族		0.167**	
	婚姻状况			0.314**
自变量 (家庭禀赋)	家庭经济资本	0.187	0.272**	0.125**
	家庭社会资本	0.325***	0.125	0.215**
	家庭政治资本	0.015	0.219	0.104
	家庭文化资本	0.175**	0.385	0.314**
R^2值		0.327	0.486	0.234
调整后的R^2值		0.246	0.379	0.178
F值		18.434**	20.145*	18.234**
F值更改		16.734**	18.342**	17.546**

注:*表示在置信度(双侧)P<0.05时,回归关系是显著的;**表示在置信度(双侧)P<0.01时,回归关系是非常显著的;***表示在置信度(双侧)P<0.001时,回归关系是极其显著的。

三 实证检验的结论与讨论

(一)检验结论与分析

在表3-6模型4中,控制变量年龄对大学生创业认知具有显著影响,随着大学生年龄的不断增长,大学生对创业认知越高;而性别、民族和婚姻状况对大学生创业认知影响不显著。自变量(家庭禀赋)社会资本和文化资本对大学生创业认知具有显著影响。通常情况下，父母具有公务员和事业单位工作岗位及一定级别的行政职位，以及父母具有一定的教育文化背景，大学生创业认知较高。经济资本对大学生创业认知影响不显著。

在表3-6模型5中，控制变量性别和民族对大学生创业意愿具有显著影响，相对少数民族大学生，汉族大学生对创业意愿较强。同样，相对女性大学生，男性大学生对创业意愿较强。而年龄和婚姻状况对大学生创业意愿影响不显著。自变量（家庭禀赋）经济资本对大学生创业意愿具有显著影响。通常情况下，父母年收入较高的大学生，他们的创业意愿较强，而其他资本对大学生创业意愿影响不显著。

在表3-6模型6中，控制变量年龄对大学生创业成功具有显著影响，随着大学生年龄的不断增长，大学生创业成功的可能性越高。而性别、民族和婚姻状况对大学生创业成功影响不显著。自变量（家庭禀赋）经济资本、社会资本和文化资本对大学生创业成功具有显著影响。通常情况下，家庭年收入较高，父母具有公务员和事业单位工作岗位性质和一定级别的行政职位，以及父母具有一定的教育文化背景家庭的大学生，他们的创业成功可能性越大。

（二）研究讨论与建议

在表3-6模型4中，验证模型部分验证了H4-4：即家庭社会资本和家庭文化资本越丰富，大学生创业认知越高。而家庭经济资本对大学生创业认知未通过显著性检验。可能的原因是，大学生创业认知主要是基于个人特质、创业学习、社会网络、言传身教及其外在资源综合作用和影响的结果，家庭经济资本可能会影响创业的其他方面，但对大学生创业认知影响并不显著。

在表3-6模型5中，验证模型部分验证了H4-5：即家庭经济资本越丰富，大学生创业意愿越强。而其他资本对大学生创业愿意未通过显著性检验。可能的原因是，大学生创业意愿需要考虑一定的物质条件作为基础，而这些资本可能会影响其创业行为的其他因素，但对大学生创业意愿影响并不显著。

在表3-6模型6中，验证模型部分验证了H4-6：即家庭经济资本、家庭社会资本和家庭文化资本越丰富，大学生创业成功越大。

第四节 创业教育对大学生创业的影响分析

1945年,哈佛大学商学院最早开设创业教育项目,至此世界范围内的大学及高等教育机构陆续引入创业教育。伴随着创业教育的世界性潮流,中国高等教育界也对创业教育作出了积极回应。创业教育在培养学生创业意识、创业精神和创业能力等方面具有重要的作用。虽然创业教育随着大学生就业难而被提上日程,但它绝不仅仅是为了解决就业难问题,而是国家层面的战略部署,是国家深化教育改革、全面推进素质教育的重要举措。在创业如火如荼的现实情况下,高校创业教育对全体大学生都产生了积极的影响。创业教育既是理论教育,又是一种实践活动,是一种特别强调理论与实践互动的综合教育形态。[1] 创业教育是应用型人才培养模式和创新型人才培养的重要手段和主要任务,为此,高校要构建面向创业教育的协同创新混成组织模式,开展多维度的高校创业教育评价体系,实现有效协同,全面推动应用型本科高校的创业教育。[2] 中国高校创业教育承担着满足社会对创业型人才需求、促进高校科研成果转化、缓解毕业生就业压力等多重任务,是深化高等教育改革的现实需要和必然趋势。

当前,关于创业教育的内涵,学术界见仁见智、各抒己见。通常认为,创业教育是一个面向未来的教育思想和观念,是知识教育、素质教育、创新教育逻辑发展的必然结果,它昭示了高等教育改革和发展的方向。通过教育机构开展相关的课程促进大学生树立创新意识,把创业作为就业的一种选择方向。[3] 有学者指出,创业教育作为一种教育理念以及该理念指导下的教育内容或方式,具有独特的理论内涵和意义边界。[4] 但它并不是一项独立的教学活动,需贯穿于高校教育教学活动中,服务于高校人才培养过程。还有学者认为,高校唯有以需求为导

---

[1] 李峰:《大学生创新创业教育的发展理路》,《中国青年社会科学》2018年第4期。
[2] 马楠等:《基于协同创新的应用型本科高校创业教育模式研究》,《高等工程教育研究》2017年第4期。
[3] 项贤明等:《探索新时代创新创业教育》,《教育与教学研究》2019年第11期。
[4] 夏人青:《论高校人才培养框架下的创业教育目标——兼论高校创业教育课程的设置》,《复旦教育论坛》2010年第6期。

向，走实战化道路，才能实现弯道超车，凸显大学生在创业能力上的优势，使大学生能够真正适应创业时代的需求。[①] 当前有关创业教育的研究数量众多，但是由于不同学者侧重的创业教育结构维度有所不同，因此如何对创业教育维度进行划分还没有达成统一的标准。例如，张彦良认为大学创业教育不仅仅局限于课堂上的讲授，还要通过具体的创业训练和让学生们参与多种实践等方式向大学生讲授如何创业。[②] 目前，中国高校创业教育的实践环节还较为薄弱，虽也有高校运用案例教学的方式来活跃课堂，但大多流于形式，案例教学内在的很多功能都得不到发挥。戴小芳等认为创业教育是培养学生创业相关的知识并锻炼他们创业能力的教育，当学生具备了这些知识和能力后，不仅在创业领域还能在非创业层面做出具有创新意义和价值的贡献。[③] 在本书研究中，创业教育主要是指创业教育的课程设置、教学方法和创业实践三个维度。

一　创业教育对大学生创业的研究假设

教育属于一种长期性的活动，个体的发展受到教学环境、主观能动性、个性、教育者素质和能力等多方面因素的影响。国外的创业教育，不仅仅局限于课程，而是指与创业相关的一连串活动组合，包括课程设置、商业计划大赛、实践互动、学校的支持性项目等。创业教育作为以激发教育者主体性，培养受教育者创新意识、创造精神以及创业积极性为目标的教育形态，其本质在于培养学生的主体意识。国内外不少学者研究了创业教育对于个体的影响，有学者指出，通过创业教育课程传授大学生创业知识，培养大学生创业心理品质，增进大学生创业意识，提升大学生创业能力，同时把企业家精神浸润其中，这样就能够提升大学生的创业意向。[④] 还有研究发现，相比其他学生，主修过创业课程的学

[①] 祁贵国：《大学生创业教育实战化面临的困境与出路》，《教育与职业》2020年第2期。

[②] 张彦良：《创新创业教育下的校企合作模式分析——评〈创新创业教育论〉》，《中国教育学刊》2021年第12期。

[③] 戴小芳、贝金兰：《"双创"背景下高校教师创新创业教育教学能力建设》，《现代经济信息》2018年第14期。

[④] 孙爱武等：《创业教育对大学生创业态度的影响研究》，《江苏高教》2018年第11期。

生，其创业意向更高，创办新企业的可能性更高。① 创新创业的实践教学，"站在岸上学不会游泳"，大学生的创新创业教育还需要在实践过程中进一步深化，确保学生能够真正地投身到创业的尝试和探索中，提高学生的创新创业能力。② 创业课程向大学生传授了创业知识和技能，创业知识的获取程度越高，越能提升学生的创业意向。③ 尽管创业教育课程是实现创业教育最便捷的方式与途径，但由于种种原因，中国高校目前的创业教育课程发展滞后，且不成体系。创业教育综合实践中心可以方便大学生集中交流和共享创业经验，从而增强大学生的创业能力。④ 创业教育中的学校教学因素对大学生创业影响尤为重要，而大部分的创业教育机构没有制定完善的创业教育课程体系，大学生在教育过程中感受不到创业动机，最终不能形成创业意向。⑤ 例如，参与过创业竞赛和有创业经历的学生，其创业态度和创业意向均强于没有相关经历的学生。⑥ 参加过创业课程、创业竞赛或具有创业经历的学生，创业意向和创业动机均高于没有相关经历的学生。⑦ 高校的创业教育能显著提高学生的创业意向，并提升创业意向与所学专业的匹配程度。⑧

基于上述分析，本书提出如下三个研究假设：

H4-7：创业教育（例如，课程设置、教学方法和创业实践）开展得越好，大学生创业认知越高。

H4-8：创业教育（例如，课程设置、教学方法和创业实践）开展

---

① 王朝晖：《高校创业教育对大学生创业意向影响的传导机制研究》，《科技与经济》2018年第4期。

② 柯晶莹：《大学生创业教育管理模式探究——评〈创业教育管理概论〉》，《化学教育（中英文）》2020年第2期。

③ 杜晶晶、王晶晶：《国外社会创业教育介绍及对中国的启示》，《内蒙古农业大学学报》（社会科学版）2015年第6期。

④ 郭燕锋：《大学生创业教育存在的问题与对策》，《教育与职业》2018年第10期。

⑤ 隋海瑞：《大学生创业教育对其创业意向的影响研究》，《中国教育学刊》2015年第S2期。

⑥ 向春、雷家骕：《大学生创业态度和倾向的关系及影响因素——以清华大学学生为研究对象》，《清华大学教育研究》2011年第5期。

⑦ 王心焕等：《创业教育对大学生创业意向的影响研究——兼对本科生与高职生的比较》，《清华大学教育研究》2016年第5期。

⑧ 朱红、张优良：《北京高校创业教育对本专科生创业意向的影响机制——基于学生参与视角的实证分析》，《清华大学教育研究》2014年第6期。

得越好，大学生创业意愿越强。

H4-9：创业教育（例如，课程设置、教学方法和创业实践）开展得越好，大学生创业成功概率越大。

二 创业教育对大学生创业的实证检验

（一）研究变量设计

1. 因变量

因变量为大学生创业，具体包括大学生创业认知、创业意愿、创业成功三个维度。大学生创业认知是指对大学生从事创业活动与否的一种主观态度，可以初步判断潜在创业者是否适合创业。大学生创业意愿是指大学生对从事创业活动与否的一种主观态度，通常在不同时间节点上会有不同的体现。大学生创业成功是指大学生创业成功的可能性。在因变量赋值过程中，将大学生创业认知、创业意愿、创业成功三个维度均设置为连续变量，具体采用李克特 6 点量表进行测量。

2. 自变量

本书将创业教育划分为课程设置、教学方法和创业实践三个维度。其中，创业教育课程设置是指培养学生创业意识与创业体性、层次性、开放性等特点，实践性强，围绕解决实际问题而开展，通常包括理论类课程、实务类课程和职业与就业类课程。创业教育教学方法是指教师和学生为了共同完成创业教学目标采取的教学方式，采用讨论式、引导式、案例教学等多样性的课题教学方式，改变传统教学模式中的教师单向教学方法，重视对学生创业实践能力的培养，挖掘学生创业潜在的创造能力，引导学生在创业实践中发现和思考问题。创业教育创业实践是指创业者在自身所掌握的创业知识以及自身具备的创业能力基础之上，利用学校、社会以及家庭等提供的资源进行创业实践的活动。在自变量赋值过程中，将课程设置、教学方法和创业实践等自变量均设置为连续变量，同样采用李克特 6 点量表进行测量。

3. 控制变量

控制变量以大学生的个人特征变量作为控制变量，具体包括年龄、性别、民族和婚姻状况。在控制变量赋值过程中，将年龄设置为连续变量，具体采用李克特 6 点量表进行测量。将性别、民族和婚姻状况设置为虚拟变量，例如，以女性为参照类别，将男性赋值为 1，女性赋值为

0；以少数民族为参照类别，将汉族赋值为1，少数民族赋值为0；以未婚为参照类别，将已婚赋值为1，未婚赋值为0。

（二）多元线性回归分析

本书在回归分析中，采用SPSS25.0软件，以大学生创业为因变量，具体包括大学生创业认知、创业意愿、创业成功三个维度；以创业教育的课程设置、教学方法和创业实践等为自变量；以大学生的年龄、性别、民族和婚姻状况为控制变量，进行多元线性回归检验。回归检验显示：在置信区间为95%的情况下，模型7到模型9均达到了显著性水平（F7值=17.735，$P<0.001$；F8值=19.629，$P<0.001$；F9值=17.879，$P<0.001$），这说明控制变量与自变量均对因变量有显著性影响。验证模型整体适配度较好，能够通过检验，具体检验结果如表3-7所示。

表3-7　　　创业教育对大学生创业影响的回归模型

变量		模型7	模型8	模型9
		创业认知	创业意愿	创业成功
控制变量	年龄	0.128*		0.138**
	性别	0.215**	0.094**	
	民族		0.129**	
	婚姻状况			
自变量（创业教育）	课程设置	0.092	0.124	0.153
	教学方法	0.215**	0.098	0.194
	创业实践	0.186**	0.135**	0.175**
R^2值		0.298	0.435	0.219
调整后的R^2值		0.317	0.428	0.129
F值		17.735**	19.629**	17.879**
F值更改		15.423**	16.657**	17.324**

注：*表示在置信度（双侧）$P<0.05$时，回归关系是显著的；**表示在置信度（双侧）$P<0.01$时，回归关系是非常显著的；***表示在置信度（双侧）$P<0.001$时，回归关系是极其显著的。

三　实证检验的结论与讨论

（一）检验结论与分析

在表3-7模型7中，控制变量年龄和性别对大学生创业认知具有显著影响，随着大学生年龄的不断增长，大学生对创业认知越高，相对女性大学生，男性大学生对创业认知较强。而民族和婚姻状况对大学生创业认知影响不显著。自变量（创业教育）教学方法和创业实践对大学生创业认知具有显著影响。通常情况下，合理的教学方法，能够采用讨论式、引导式、案例教学等多样性的课题教学方式，以及能够利用学校、社会以及家庭等提供的资源进行创业实践活动的大学生，他们的创业认知越高。课程设置对大学生创业认知影响不显著。

在表3-7模型8中，控制变量性别和民族对大学生创业意愿具有显著影响，相对少数民族大学生，汉族大学生创业意愿较强。同样，相对女性大学生，男性大学生创业意愿较强。而年龄和婚姻状况对大学生创业意愿影响不显著。自变量（创业教育）创业实践对大学生创业意愿具有显著影响。通常情况下，能够利用学校、社会以及家庭等提供的资源进行创业实践活动的大学生，他们的创业意愿越强，而课程设置和教学方法对大学生创业意愿影响不显著。

在表3-7模型9中，控制变量年龄对大学生创业成功具有显著影响，随着大学生年龄的不断增长，大学生创业成功的可能性越大。而性别、民族和婚姻状况对大学生创业成功影响不显著。自变量（创业教育）创业实践对大学生创业成功具有显著影响。通常情况下，能够利用学校、社会以及家庭等提供的资源进行创业实践活动的大学生，他们的创业成功可能性越大，而课程设置和教学方法对大学生创业成功影响不显著。

（二）研究讨论与建议

在表3-7模型7中，验证模型部分验证了H4-7：即创业实践经历越丰富，以及合理的教学方法，能够采用讨论式、引导式、案例教学等多样性的课题教学方式，大学生创业认知越高。而课程设置对大学生创业感知未通过显著性检验。可能的原因是，大学生创业认知主要是基于个人特质、创业学习、社会网络、言传身教及其外在资源综合作用和影响的结果，课程设置可能会影响创业的其他方面，但对大学生创业认知影响并不显著。

在表3-7模型8中，验证模型部分验证了H4-8：即创业实践经历越丰富，大学生创业意愿越强，而课程设置和教学方法对大学生创业愿意未通过显著性检验。可能的原因是，大学生创业愿意需要以实践经验作为基础，而课程设置和教学方法可能会影响其创业行为的其他因素，但对大学生创业愿意影响并不显著。

在表3-7模型9中，验证模型部分验证了H4-9：即创业实践经历越丰富，大学生创业成功概率越大，而课程设置和教学方法对大学生创业愿意未通过显著性检验。可能的原因是，大学生创业成功需要以实践经验作为基础，能够利用学校、社会以及家庭等提供的资源进行创业实践活动的大学生，他们创业实践经验丰富，能够为创业成功提供有效的支持。

第四章

大学生创业的社会图景

大学生创业是由政府强力推动的、持续的社会行为。自清华大学1998年举办"大学创业计划大赛"以来,创业话语逐渐在高校生根发芽。近些年来在中国"互联网+大学生创新创业大赛"及国家相关政策的推动下,高等院校逐步重视大学生创业。尽管量化研究部分描述了大学生创业主体及创业活动的一般事实,但并不能让我们了解创业本身的内在特质及创业者在社会情境中的真实经历。创业是一个系统化的复杂社会事实,不是一个独立的封闭事件,需要将其置身于由创业者、高校、政府及社会多维度构成的互动空间中。

第二章揭示了创业者的主要特征:以农村户籍、非独生子女等居多;多数为家庭中的第一代大学生;超过一半的创业者在大学期间就开始创业。此处呈现的创业者样本,以质性研究的典型抽样和可获得性为原则,从个案中发现创业者的、不易为量化数据所揭示的其他共同特征。除此以外,更为重要的是呈现创业的地方性和情境性以及所需支持的差异性,并能从创业者的个案分析中,提供可以供读者共鸣和深思的启迪与经验。本部分的研究方法采用创业生涯叙事法,以开放的方式勾勒4位创业者的创业体验,从中析取创业者所处的高校、政府及社会等多重环境,勾勒出大学生创业的深层社会图景,将创业中不易为其他研究方法所探查到的内隐图式与社会深层机制厘析出来。对本书研究来说,他们并非精挑细选的结果,只是模糊"目标群"的自然展开,但似乎又存在某种必然性。他们的创业故事呈现的是最为普通的创业者的日常生活,既各有特色,又有内在关联。通过他们的创业之路,我们能看到整个社会创业的底色和基本架构。这正是生涯叙事研究带来的魅力,它呈现出创业者主观活动与客观世界的内隐联系,它揭示出创业在知识经济社会作为社会动力和个人动力的最质朴的底色。

第一节 殊途同归的创业之路

一 四位创业者的基本信息①

本部分聚焦 4 位普通创业者的生涯故事,一是忠实于量化研究数据结论,二是普通创业者更能透视创业在当代中国的基本特质。4 位创业者中,1 位女性,3 位男性。从地域上来说,2 位来自西北,1 位来自西南,1 位来自东部,都有跨省活动的经历。他们在创业路上的探索少则 3 年,多则 13 年。这 4 人中,只有 1 位出自经商文化浓厚且有家庭熏陶的东部浙江省,其他 3 位均出自西部、无经商背景的普通家庭。作为普通人的他们,追求美好生活的努力能够给更多的普通人以鼓励和信心。

表 4-1　　　　　　　　创业者基本信息

姓名	性别	年龄	毕业学校	所学专业	毕业时间	创业初始时间	行业	创业地点
KB	女	27	新疆地级本科高校	历史	2014	2019	人力资源	西安
YJ	男	35	贵州省属本科高校	教育技术	2009	2009	人力资源	贵阳、西安
PL	男	37	贵州省属本科高校	电子商务	2007	2005	大数据	贵阳、北京
LH	男	25	贵州省属本科高校	文学	2016	2013	打印	贵阳

二 各具特色的创业旅程

知识经济时代,创业作为一种选项,逐渐显示其本身内含的创造性和跨界性。对于起点受限的大学生来说,创业成为一种可以自由尝试的选项。这个选项所具有的社会平等意义将随着社会的进步而更具魅力。从创业的概念引进中国高校以来,创业实际上已从改革开放初期农业社

---

① 笔者根据 2019 年 12 月的访谈资料整理而成。所有人名,均代之以字母;年龄计算至 2019 年。

会的以苦干和运气为特征转变为信息社会的以巧干和知识为特征，为受制于身份的普通人提供了新的通向平等的选项。

（一）从打工走向创业：边做边学边悟

KB 生长于新疆腹地的一个地级城市，父母是极为普通的工薪人员。她就读于家庭所在地级城市的一所普通高校的历史专业，2014 年毕业那年，她 22 岁。普通的家庭、普通的学校和普通的专业使她在当地毫无就业优势，带着一种对未知世界的渴求，瞒着父母，她揣着仅有的 100 元现金，投奔在西安某大学读书的好友，开启先打工后创业的生涯之旅。本着"先活下来"的最低欲求，她的第一份工作在房屋中介公司，但工作内容和工作要求与自己所学的历史专业毫不相干。绝望之时她想起自己在学校当过学生会的秘书，做过行政工作，如打电话、帮老师填些表格之类，学了些简单的 Office 办公软件，掌握了行政公文写作技巧，于是到一个停车场开始自己的第二份工作，在行政岗上做一个文员。一个偶尔的写出一份红头通知的机会，发挥了她在学生会学到的公文技能，从而改变了她在公司的形象，成为公司主动给她交社保的两个员工之一。一年半以后，她离开了毫无挑战性和成长空间的停车场，到一家人力资源公司开始自己的第三份工作，从事创业培训。在做创业培训的过程中，她接触了大量的各个层次的学生：中专生、大专生，一本生、二本生及三本生。她发现大部分学生对自己的未来无目标，甚至包括研究生。这是一个普遍现象，毕业后要么找不到工作，要么去贷款公司，要么做微商，还有医美……他们希望经济收入高一点。毕业生不断地在不同的行业中穿梭，每个行业待的时间都很短在他们的职业生涯，很难学到东西。正是在创业培训中跟毕业生群体的长久接触，职场人应该有怎样的思维引发了 KB 的深度思考，她认为学生的职场专业思维极为缺乏。

创业培训主要讲怎么建立一个企业，KB 正是受益于此，企业有自己的运行逻辑源自她在创业培训中的心得。作为一个历史学专业的毕业生，人力资源对于她是完全陌生的，但又充满新奇感。她自学完人力资源六大模块的内容之后，接着学三级和二级，学完之后发觉人力资源只讲管理，没有讲开发，开发方面的内容相对较少。企业及老板牢牢控制着激励和薪酬等手段，很少有人力资源总监可以进入权力层。因此，她发现人力资源领域中的一个短板：职业化教育是一个空白。企业有自己的运行流程和运行逻辑，但大部分学生在学校遵循的是专业逻辑，学校没有给学生提供专业逻辑和企业逻辑之间的转化支持，以致学生毕业后的开始几年极为艰难。

KB最深的感触就是做人很重要，职业化意识就是要先学会做人。专业教育不是职场的关注点，因为员工有专业基础，能够解决专业上的问题。但是当员工面临领导突如其来的责骂，他竟茫然不知所措，不知道自己到底错在哪儿。这些东西高校不会教，也教不了，这恰是人力资源可以做的。KB在职场干了五年，深感职业化教育的重要性。她将这些归结为自己运气好，有人教，有人引导，让自己少走了很多弯路，没有浪费宝贵的时间。正是得益于别人的帮助，她在职场里获得成长，锻炼了解决问题的能力和岗位专业意识，顺利完成了职业化转变。她在做管理咨询的过程中，一边梳理企业的管理体系，一边总结，突然间想到一些东西，有了把这些东西传播出去的冲动。她在西安五年的打拼攒足了人脉，掌握了相当多的企业资源，工作经历和经验积累使她找到了自己的兴奋点，自信可以单独做了。另外，她发现高校也在做职业化教育，有各种方式，如平台、问卷调查、系列视频、直播等，但高校老师即便是上这样的课，也因为他们处于学校体系，根本不懂企业运营方式。她于2019年11月正式离职，进入打磨产品的状态，着手申请公众号和直播平台，把自己的课程以线上方式进行市场推广。

提起创业的原因，她认为自己本身就是一个豁得出去的人。哪怕只有100块钱，也敢瞒着家人从西北腹地跑到西安，三个月后才告诉家人自己已离家外出。作为一个普通的二本文科毕业生，她说人力资源公司给了她广阔的平台，才得以接触到那些不可企及的机会，自己也特别珍惜。她认为关键时候要相信自己的判断，人一定要为自己活，当能够为自己负责的时候，才能为这个社会负责，才能为别人负责，才能去解决一些问题。

（二）在创业与就业中切换：只为向父亲证明自己

生于西安市的YJ高考那年，因为坚持出省读书，父亲的惩罚是拒绝提供一切费用，包括第一次到校报到的路费。2009年，YJ毕业于贵州一所财经类省属二本院校的教育技术学专业。毕业后先在贵阳创业，后因各种原因回到西安，在就业和创业中来回切换。

YJ靠学费贷款和打工解决生活费完成了学业，并与两个同学一起在贵阳创业，主营视频拍摄和制作。几个人凑在一起，凭着一个简单的想法，就开始做。具体的运营、管理、对市场的调研、团队内部的节点和计划等，都属于摸着石头过河，根本就不知道该怎么弄，完全是走一步看一步。对大学生来说，十多年前的创业环境并不那么友好，成立公司的门槛很高。同学三人开了个工作室，YJ对技术不感兴趣，只对市场、营销和管理感兴趣，一个同学懂技术，另一个同学懂内控和财务。三个人白手起家，靠着在学校学的那点技术基础，一点一滴地钻研，聚少成多，好不容易买了一些设备，被人一夜间偷走了。YJ无法再在贵阳待下去，三人团队宣告散伙，一个同学承接了剩下的办公家具，另一个同学也回了自己的家乡。YJ认为东西被偷只是一个诱因，最主要的原因是当时对创业一无所知，没有坚持。

YJ创业失败回到西安，暂时找了一份工作。毕竟离开西安已有好些年，他要借助一个平台了解和熟悉西安，同时有一份收入保障以便寻找新的机会。YJ回到西安的第一份工作仍然与管理有关，是西安一家很有口碑的人力资源公司。进入公司后，他在大学的班干部经历和在贵阳创业的经历让他脱颖而出。不到一年的时间，他成为公司最优秀和最受欢迎的培训师，在培训界极负盛名，成为公司人力资源总监。两年后，凭借积累的经验及业务能力，YJ开始第二次创业。随着利润大增和团队成员对企业运营认知冲突的显现，结果是第二次创业不满三年，YJ再次从自己创建的团队中退出来，重新变回打工仔。本以为第二次创业已经很清楚该怎么做，但同样还会遇到各种各样的问题，而核心问题是创业伙伴的选择。创业需要一个完整的团队，需要在创业前期就把团队的人员，或者是团队内部的人员标签，提前设置好需要哪种性格、哪些知识结构、具备哪些特长能力的，预先准备好创业团队，而不是单靠一个人的力量。这是他在第二次创业过程中获得的一个认知。

经历身心疲惫的第二次创业后，YJ加入了本地的一家小学教育培训公司。在教育培训机构不到一年的时间，凭着好学的能力以及敏锐洞察力，他意识到，新高考改革后的英语和语文中的快速阅读将成为市场上新的热点，普通机构很难有所突破。尽管培训业的财富效应再次让他心动，但在打工与创业之间，他决定还是以打工的方式继续学习风险控制的储备知识。

（三）从辍学者到明星企业家：向着美好生活不断攀缘

2007 年，PL 毕业于贵州省某高校电子商务专业，其创业之路始于大学二年级的兼职，发展于北京，他创办的公司被贵州省政府作为高新产业引回贵阳。

PL 出生于贵州农村，上初中时，因父亲承包工程失败，生活拮据。PL 初中毕业后被迫离家打工，四年后他回到家乡，走进高中文科复读班复读。凭着初中的文科底子、超强的自学和自我约束能力，一年后，他以全校第三的成绩进入贵州省某高校学习。为了节省大学开支，他尝试兼职了几份不同的工作。2005 年，机缘巧合下他赚了几万块钱，并以此为资金开了一家美容院，由于不了解行业信息和管理，以失败告终。为了解决生活费问题，他继续寻找机会。2006 年大三下学期，他拿到贵阳全国通话无漫游费手机卡的代理权并收到一定的回报。在他想扩大规模时，对方却将他的进货款卷跑了，但他并没有放弃，想办法拿到了贵州省的总代理权，毕业时，积累了可观的资金。于是，他到北京发展，以手机卡业务为资金投资团购网。后因全国漫游费下调，手机卡业务萎缩，导致团购网项目难以为继。创业失败导致家庭破裂，他拒绝了一个朋友的邀请，带着年幼的孩子到北京重新创业。在接下来的几年里，PL 由于创业而忽视了孩子的教育。孩子进入高年级后，他不得不将重心转移到孩子身上，由此发现了新的创业契机——提高孩子学习效能的智慧产品。

2016 年，PL 携产品代表北京参加了在贵阳举办的"数博会——云上贵州"国际大赛，他的产品进入五强，获得了贵州籍选手的最高名次，受到了贵州省及贵阳市相关主管领导的关注和邀约，在多次洽谈之后决定回贵州，于 2017 年落地贵安新区。该产品先后获得"云上贵州大数据"商业模式大赛云创奖、中国创新创业大赛二等奖、全国创业教育专场赛十强等荣誉。回归后的 PL 充分享受了政策红利，作为民营企业获得了省级"双创"示范基地，并连续三年获得省里配套扶持资金等优惠政策。大学时获得的原始积累无论是资金上的，还是经验上的，均对他的创业生涯产生了实质性的支撑作用。

作为一家教育类科技企业，PL 每年能给在读大学生提供 200—300 个兼职岗位及实习岗位。正式员工待遇方面，除五险一金以外，相较东部地区，他企业的薪资也是较高的，可以为公司留住一批稳定的人才，确保产品的研发正常开展。公司的股权结构由法人控股、技术股及天使投资人持股构成，并进行了三轮融资，且融资的计划仍在规划中。

PL 作为农家子弟，十余年兜兜转转，在创业路上几起几落。他的奋斗历程尽管曲折，但同时成功也会带来满足感。站在新起点上的 PL 更加自信和乐观。作为受邀回乡创业的明星企业家，PL 敏锐地意识到，贵州的大环境还存在非短时间能克服的诸多障碍。他之前所在的北京，创业者多，想法多，机会多，资金来源广。尽管他在贵阳享受了足够多的政府和政策红利，投融资的环境及门槛对创业者来说，仍然不够友好。另外，人才缺乏，这可能是整个西部或市场经济不发达地区的短板。他执着于教育，帮助学生更好地提升学习效果，或许这就是 PL 作为农家子弟的一份情结。

（四）"孤岛"磨剑：破茧于大学生创新创业计划比赛

LH 是来黔上大学的浙商子弟，2012 年 9 月入校报到时，他看到的是一个巨大建筑工地上的几栋教室和宿舍楼。这是一个刚刚开建的大学城，周边是荒郊野岭，交通困难。校园内宿舍与教学楼遥遥相对，中间要翻过一座山，蹚过一条沟。宿舍三天两头停水，靠消防车送水，学生需提水桶去食堂门口接水。离开富裕浙江的 LH 做梦也没想过会以这种方式开始自己的大学生涯。为了解决学生吃饭问题，LH 与三个室友一拍即合，做外卖。由于当时美团还未进驻贵阳，他们发放传单，招聘其他学生代为跑腿。一段时间后，LH 开始跟商家合作，跟商家要提点。后来因为个人原因放弃了。

由于文学专业经常要打印东西，校园里没有像样的打印店，大二的时候，LH 买了一台打印机放在宿舍自用，同学也经常通过支付费用的方式找他打印。这引起了他对打印的关注，直到 2015 年，他终于开窍：学生往返宿舍和打印店很麻烦，开打印店的成本比较高。他想解决这个问题，设计出了云打印的解决方案，即研发一个打印终端，投放到学生宿舍楼下，通过手机就能直接打印。2015 年 11 月他们以云打印方案参加了学校的创新创业计划比赛，通过了答辩，得到了学校创业空间的一个四五十平方米的门面。他和另外两个同学作为创始人，凑钱购买了一台大型打印机。由于根本不懂技术，打印机没有多久就坏掉了。由于没有经费、不懂管理，他们被迫回归到使用那种几百块钱一台的打印机，以打印机的数量来解决问题。

2015 年 11 月至 2018 年 11 月，认真经营传统打印店，赚到了一笔很可观的收入，并以此为支撑，通过购买设备研究打印机各个品牌的性能。同时，招聘技术和开发人员，自己培养。2018 年 11 月终于完成云打印的相关研发，而后，LH 发现怎么推向市场是个难题。于是，2019 年 4 月，在母校的支持下，他把云打印产品放置到学生宿舍楼下。

就整个创新教育和创业环境而言，LH 认为贵州省的短板是明显的。学校开了一些课程，做双创教育，交了一些作业，做一些商业计划书，路演一下，流程走完就没有后文了。而北京、武汉，学生会得到一些配套，如政府、学校、校友或当地的知名企业，会给学生做一些相关的支持工作。另外，创投、双创导师直接跟进，帮助创业者解决实际创业过程中遇到的问题。

三 创业是个体智慧和意志力的极限挑战

以上 4 个创业者案例呈现的是创业的动态性和历时性，勾连着创业者学校和家庭的经线，读书生涯与创业生涯之间没有明显边界的时间纬线。KB 的成长之路在于突破地域限制，勇敢地进军大城市寻找一个未知的自己。YJ 则致力于对父亲的反叛，要一个自在的和自由的自己。PL 因为父亲承包工程失败，初中毕业时被迫外出打工四年，再重返高中复读班获得了接受大学教育的机会。LH 是第一批入驻在建大学城"孤岛"的新生，他凭着浙商子弟的嗅觉打开了创业之门。4 个创业者中，有两个是纯粹的文科生，另外两个是理科生。他们或代表中等城市的普通学生，或代表大都市的最基层的市民，或代表农村中的最广大青年，或代表熟谙商业文化的弄潮儿。他们的经历表明，创业没有专业上的区隔，也没有严格的阶层边界，有的只是共同的执着和对人生的不断思考，以及在历练过程中寻找市场与人生的最佳结合点。创业者从大学教育中获得的最重要的信息是思考方式、保持对世界的持久好奇以及为社会之至善做出自己的努力。

他们是地方院校中最普通的个体，也是芸芸众生的基本模样。他们的创业是一个长期的、多方面合力的结果，既有突出的个体化特征，也离不开大时代翻滚的潮涌。创业者或主动跃入其中，或被动裹挟其中。创业并不非生而为之，看似无意，却不乏"蓄意"。创业者在叙述他们生涯故事的时候，有一些频率很高的表达，如"我想……""我觉得……""我感觉……"这些表达往往出现在他们生涯中的某些关键时刻，指向他们人生的转折点。这种表达带有明显的自我考问和自我反思，也许正是这种自我启示式的灵魂独白，将普通人最终引上他们认定并为之奋斗的创业之路。创业生涯叙事内含的生活价值观，包括生存与向善、敏锐与从容、坚毅与克己。创业成为他们的生活方式，这种方式正在被更多的人接受，且呈现出明显的个体化特征。创业是一种社会事实，是社会需要在个体身上的一种驱动力。同时，创业也是一种极具个性特性的智力和责任的外化，追求的是创新和独特，天然以利润为导向。正是对利润的追求，创业者在满足个人对美好生活向往的同时，为社会做出自己的贡献。

第二节 创业关联性事件

4个创业者除展现出强烈的个体化特征之外，KB提到了"职业化"及与之有关的早期政府主导的"创业培训"及后来高校"加开"的创业教育、YJ再三强调"创业的严肃性"、PL几乎是无意识地反复提及"创业资金"、LH无可奈何地抱怨"创业环境"，这些关键事件连在一起，共同揭示了"创业冰山"的底层构造。对于家庭出身，他们往往是一笔带过，第二章创业者基本信息已揭示出创业者的家庭情况。家庭出身隐含在叙事当中，既是起点，也是无法回避的心理负荷。"靠自己"构成创业者自我叙事的正当性和内生力，对于大学生来说，创业个体化、创业机缘、创业培训、创新创业教育、创业贷款及创业环境等，是大学生创业绕不过去的一道道门坎，这些面向的深度描述和分析能够给大学生创业者及关心大学生创业者的人士提供行动前的思考及未来优化的线索。

一 追求自己的活法

大学生创业者的普通人特征表明了他们的草根属性，给人们展示了强烈的个人魅力：信心、行动、坚持与专注。① KB 在学生会处理过行政事务，学会了在未来某个时刻救自己于困境中的基本技能；YJ 是班长，在与各方打交道的过程中，使沟通能力和人际关系的经营能力得到锤炼；PL 初中毕业后有过 4 年的打工磨砺，从大二起就开始兼职历练；LH 因其来自浙江而自带商业细胞，从一个荒野般的新建大学城中识别机会。他们呈现出的不是一般心理学意义上的个性特征，而是社会学意义上的个体化，创业是创业者社会属性的表征，而非心理属性的外露，是个体与社会结构的互动。创业者所处的大环境是中国经济体制市场化改革的深化阶段——对外开放和对内放权给了个体动能释放的空间和舞台。创业者所追求的是在不确定中把握自己的命运，始终关注社会与自己命运之间的联动和吻合，"为社会提供产品，让社会变得更好"是潜存于创业者心中的信条。

创业研究较多地聚焦于创业者的个性特征，其对大学生创新创业行为的影响更为显著，② 但是个性特征的内涵千差万别。有人将其分为个人背景、心理特征、能力特征。个人背景包括年龄、教育、工作经验、家庭和性别；心理特征分为成就需要、内控倾向、风险偏好、自信；能力特征包括创新能力、经营能力、管理能力和交际能力。③ 有学者将创业者个性特征限定为性别、年龄和学历。④ 另有学者视之为大学生的性别、个人成就需要、风险倾向等。⑤ 还有学者将个性特征定义为个体因素，包括性别、是否为独生子女、户籍所在地、是否为本省生源、院校类型、所学专业等。⑥ 内涵杂芜的个性特征既似是而非，同时交叉了心理因素和社会因素，并不能有效地解释创业行为中的个体意义，因为心

---

① 陈忠卫主编：《知行统一路——大学生创业案例与创新创业教育研究（2015—2016）》，经济管理出版社 2017 年版，第 13 页。

② 周叶、王青青：《大学生创新创业行为的影响因素与培育路径》，《创新与创业教育》2020 年第 5 期。

③ 张建华、陈柏峰：《创业家个性特征分》，《经济论坛》2007 年第 16 期。

④ 姚晓芳、杨文江：《创业者特性对创业活动的影响研究——基于"2007 城市创业观察"对合肥市的分析》，《科技进步与对策》2008 年第 6 期。

⑤ 陈丹、王文科：《大学生创业意向影响因素研究》，《山东大学学报》（哲学社会科学版）2012 年第 6 期。

⑥ 赵建国等：《大学生创业影响因素及扶持政策研究》，经济科学出版社 2017 年版，第 77—78 页。

理学意义的个性特征将个体从社会情境中孤立出来,成为真空中的人。其风险在于忽视了创业行为的复杂社会机制和文化因素,容易让个体产生误判,也容易将创业简单化而置个体于危险中。

个体化是对趋同社会的一种反叛,是对封闭性和确定性社会的一种挑战。就世界范围来看,个体化与国家原则密切相关。① 中国经济体制改革的目的是国富民强,在催生经济行为个体化的同时,也重塑了中国及世界的面貌,这个世界每天都以新的形态出现在世人面前,"世界变得太快"是对世事无常的最形象的诠释。2011 年,鲍曼在《个体化》的序言中写道:现代社会的特征就是把社会成员铸造成个体,社会和个体双方均处于变动不居中。他认为个体化在于把人的"身份"从"既定的东西"转变成一项"责任",要求行动者承担执行这项任务的责任,并对其行为的后果负责,用一种"自决"取代了社会地位的"被决"。但他同时认为人的个体化具有宿命色彩,存在破坏公共性的危机,人们还得面对寻求公共决策的全新能力,以应对公共利益退化的风险,② 拯救人类自身于不确定性中。沈奕斐在《个体家庭 ifamily：中国城市现代化进程中的个体、家庭与国家》一书的序言中写道:个体化理论为我们洞察人类社会生活打开了一个新的窗口,可能有助于我们看到以往被既有概念、理论甚至意识形态所遮蔽的社会现实,有机会根据新发现的社会现实去检验、修正与发展社会科学理论。③

我们正在进入以泛在的移动互联网、小而强的传感器、人工智能和机器学习为标志的工业 4.0 时代,数字化技术推动下的日常生活的个性化定制在深刻地改变社会生产方式,年青一代生活方式的灵活性不断增加,④ 数据技术的发展使信息社会的"去中心化"更进一步,人们享受灵活性和自由度的同时,不可避免地要承担方向感缺失的责任代

---

① [德] 乌尔里希·贝克、伊丽莎白·贝克-格恩斯海姆：《个体化》,李荣山等译,北京大学出版社 2011 年版,第 4—9 页。
② [德] 乌尔里希·贝克、伊丽莎白·贝克-格恩斯海姆：《个体化》,李荣山等译,北京大学出版社 2011 年版,第 22—26 页。
③ 沈奕斐：《个体家庭 ifamily：中国城市现代化进程中的个体、家庭与国家》,上海三联书店 2013 年版,序一。
④ 杨进：《工业 4.0 对工作世界的影响和教育变革的呼唤》,《教育研究》2020 年第 2 期。

价。大学生对生活目标的追求呈现出多元化选择，从以往的机构就业向自主就业及创业转变，这既是社会个体化的必然归宿，也是个体不可回避的自我责任。"先活下来"是 KB 踏入陌生西安后的第一要务、在创业与就业之间几番穿梭的 YJ、猛打猛冲的 PL 及步步为营的 LH，这些草根创业者给我们呈现的是自己的内在责任及"为自己而活"的时代意义。尽管个体化的强制性不可抗拒，毕竟还是给个体打开了自由选择和自我赋能的通道。正是因为个体动能的释放，才有了今天生机蓬勃的社会主义市场经济和人民幸福生活的获得感及中华民族的复兴。

二 家庭禀赋与创业

388 个创业者样本中，2/3 来自农村。叙事分析中的 KB、YJ 来自城市中的普通家庭。PL 及后文提到的 CS、GZ 等均来自农村，他们都是读大学期间或毕业以后开始创业的。他们是被动创业，还是主动创业，似乎难以分清界限。农村赋予他们生命质感的同时，也让他们作为家庭中的第一个大学生承担起家族对他们的绵长期待。他们作为兄长，早早地就把弟妹带在身边，或支持他们读书，或给在城市打工的弟妹提供些许庇护。创业对他们来说，确实是最急迫的、也是他们认为自己能控制的最好选项之一。唯有出生于江浙的 LH，主动选择创业。

无论是量化分析，还是个案探查，家庭禀赋对创业者的影响不存在一致性模式，因具体情况而定，但仍然有规律可循。越来越多的农村子弟和城市普通家庭的学生，因为就业竞争的严酷性，以及整个经济形势的压力，倾向于奋斗一把。不可否认的是，由于新冠疫情的影响和国际经济环境的恶化，创业势头受到一定程度的抑制，学生"考研"（研究生）、"考公"（公务员）和"考编"（事业编制）在 2022 年更为凸显，这进一步折射了普通家庭带给学生的生存性焦虑。一方面是父母希望大学生有一个稳定的工作岗位，另一方面是整个就业环境的萎缩，大学生没有太多的选项，此种焦虑在 2023 年的毕业季达到顶峰。《中共中央国务院关于促进民营经济发展壮大的意见》于 2023 年 7 月 14 日应势而出，这对于创业环境的改善无疑是及时雨。

三　市场化与创业

（一）创业机缘：由学生的个人灵感到学校的有组织培育

机缘似乎有点"唯心"的意味，类似哲学语境中的偶然性，但偶然性却寓于必然性中。国家正在将创业变成一个必然事实，但对个人来说，真实的生活中常常是偶然性远远大于必然性。个体命运如何与国家发展合轨，对当代的大学生既是机遇，也是挑战。2020年3月出台的《中共中央　国务院关于构建更加完善的要素市场化配置体制机制的意见》对"建设统一开放、竞争有序市场体系"提出了要解决"要素配置范围有限、要素流动存在体制机制障碍"等问题，这对于创业者来说，无疑又增添新动力。中国经济经受住了中美贸易摩擦和新冠疫情的双重冲击，在全球经济仍然疲软的情况下，2020年7月出口额创历史第二高水平，第二季度出口占世界出口额的20%，大大高于2019年同期13.1%的水平，最先全面恢复生产。[①] 宏观经济数据的改善提振了全民信心，预示就业机会和创业机会的复苏。就全球来说，新冠疫情引发的公司倒闭潮对于中国出口导向的某些行业的企业构成灾难性打击，尤其是中低端消费型产业。启动经济内循环，开拓国内消费市场成为当前及以后相当时间的"自力更生"。可以说，站在当前的时间节点上来看，宏观层面的创业机缘远远好过以往。但是对于个体而言，创业并不是人人俱欢颜的一种普适性日常行为，只有审视个体所处的微观生活层面，才能看到机会闪现的可能条件。

LQ是西安市人才中心从北京引进的某知名企业的在地负责人，该企业在北京、天津、河北、东北等地均有布点。LQ本人在北京工作多年，接触了大量的大学生，有实习生，也有就业者和创业者。访谈中，他认为国家的"双创政策"导向非常清晰、明了，在国家推动下，各个高校成立了类似于创新创业学院这样的机构，试图对学生创业给予早期干预。但是，LQ认为大学生创业的劣势明显大于优势，因为创业不是单纯的学习事务，而是复杂的社会行为，必须要有行业社会经验。比如刚毕业的学生也要有社会经验，有一定的行业经验，甚至是某个地方

[①] ［日］竹森俊平：《中国最先恢复全面生产》，http：//news. sina. com. cn/c/2020年-09-11/doc-iivhuipp3685698. shtml，2022年3月5日。

的熟悉程度。即便是央企，也是在成功—失败—成功—失败的循环中发展成长起来，尤其是年轻企业的高死亡率让人咋舌。LQ 不建议大学生直接创业，他认为要先活下来，解决资源问题，找个公司打工，好好历练自己，公司就是资源，通过公司平台可以接触很多圈子。在生存有保障的前提下，才可以尝试创业。LQ 提到团队中一个合伙人 ZY，他是国家级"互联网+"大赛的评委，也是某个分委员会的秘书长，负责对几个省的大赛组织工作进行指导，同时参与国赛的组织，如对接承办单位、选择评委等。鉴于 ZY 在"互联网+"活动组织中的影响力，很多高校聘请他为创业大赛的校外指导老师，因为能够遴选出来的项目，无论是在国家层面还是在学校层面，都属于凤毛麟角。ZY 基于他丰富的经验，给学校的建议在整体上根据国家发展大势的前提下，突出地方优势和地方特色，争取在大赛中获得理想的结果。

"互联网+"大赛项目目前已成为高校最高级别的奖项，尤其是获得国家级银奖和金奖的项目引起了更多人以及投资公司的关注。西安一所高校于 2019 年获得了该校历史上的最高名次——国家银奖，学校重奖了获奖团队，并期望该团队在 2020 年的比赛中再有新的斩获。一个研究生成员介绍了他们的参赛过程，这是一个以导师为核心，围绕导师的科研课题，由本国研究生和外国留学生组成的团队，主攻废旧轮胎和废餐饮油的再利用，做成一种再生剂，用于工程建设。产品经过多次实验后，证明了其实用价值和经济价值，但并未真正投入市场。参赛项目以这个产品为基础，设计了一整套的虚拟商业运作流程，经过了差不多半年的时间，完成参赛项目的包装。最辛苦的时候，学生就住在办公室，每天加班到一两点，连吃十几天的外卖，主要工作是整理参加大创赛的材料，同时还要做成全英文的版本，最终以 PPT 的方式呈现。研究生表示本科阶段几乎不涉及这方面的内容，读研时能参加这样的活动极为难得，学校给予的奖励也值得做，但自己并没有创业的打算。作为该奖项的灵魂人物，L 老师认为因为参赛者都准备得非常充分，比赛结果跟临场发挥有一定关系，发挥得好，效果会好一点。获奖项目实体化之路绝非易事。那些真正进国赛拿金奖的项目，基本上都是公司化运营了若干年，非常成熟。仅仅是一个想法，或者只是一个创意，不可能够走到那么远，能拿到金奖的，都是资本在运行。也就是说创业者已经毕业几年了，按照比赛的要求，这批人返回来报名，相当于是由他们的公司来做这个项目，仍以他们毕业的学校名义，毕业生回校参赛是扩大知名度和吸引投资公司融资。2019年国家金奖获得的学校，像浙江大学、浙江工业大学、清华大学，他们的公司运营已经非常完善，最短的可能两年，最长的5年左右，有一定的技术累积。在读生或教师项目能拿到银奖已是最高荣誉了。关于自己的获奖项目，L老师的观点是要么直接卖掉，要么找人合作，自己教学和科研任务重，精力不够，不可能亲自经营。对于学生做出来的项目，LQ也认为卖掉是一种比较理想的选择，由成熟公司来运作，可以降低学生的风险。对于学生来说，有扎实的知识基础和成熟的项目，并不意味着他就可以创业，创业远在项目和知识之外。"互联网+"大赛在高校的落地生根，正在发生远超政策预期的变化，某种程度成为"生产"高附加值创业机缘的策源地。

（二）创业培训：从无序的校外到逐渐规范的校内

对创业者提供必要的培训是国家政策，政府和社会组织一直在为创业者提供支持服务。中国成体系、出现较早的创业培训是与国际劳工组织合作的 SYB（Start Your Business）项目，于1998年开始试点。为促进城市下岗失业人员再就业，劳动保障部与国际劳工组织于2001年联合组织实施了中国城市就业促进试点项目。[①] 在一系列试点预期得到验证的基础下，该项目于2003年正式引入中国。2004年，劳动与社会保障部、教育部在河北大学联合开展全国首次高校创业培训 SYB（即"创办你的企业"）课程试点启动仪式暨首期师资进修班，标志 SYB 项目正式进入高校。[②] SYB 实施一段时间后，有研究发现，38.5%的学员反映培训过程中目标比较模糊，整个课程体系安排不清晰，28%的学员反映培训目标不明确。多数培训机构的师资不具有专业性，大中专院校里的教师因缺乏创业实践而多为"纸上谈兵"，政府相关职能部门和群团组织成员既不具有经济类或管理类知识背景，也缺乏教育培训及企业实践经验，影响了培养效果。创业培训的教学安排不够合理，培训效果

[①] 刘康：《中国城市就业促进试点项目2003年度工作报告》，《中国培训》2004年第5期。

[②] 王树丰：《创业培训SYB课程走入高校》，《中国大学生就业》2004年第21期。

缺乏客观评估。[①] 之前的创业培训主要是针对社会人士和高职院校的学生，从 2012 年起，根据教育部《普通本科学校创业教育教学基本要求（试行）》（教高〔2012〕4 号），普通本科院校将创业教育和创业培训逐步纳入日常教学体系中。关于大学生创业培训的机构设置，政府层面，原来的劳动保障部门、现在的人力资源和社会保障部门的下设机构人才中心和就业处分别有相应的工作职责；高校设置了大学生就业创业中心，或独立，或归属学生工作部门，或归属教务工作部门，或归属产学研中心；社会组织则成立了专门的培训机构。早期的大学生创业培训由政府统一组织，随着教育部将创业教育纳入高等教育的教学计划中，创业培训也由政府移交到高校手中。

就市级创业工作管理而言，创业工作的大头在市人才中心就业服务中心及职业能力建设处，就业服务中心的工作内容有创业孵化基地，创业服务平台，创业导师认定，创业明星评选、小额担保贷款、大学生创业补贴、大学生创业贷款等；职业能力建设处负责大学毕业生的创业培训等。市人才中心以前负责 SYB 在校大学生创业培训，这几年的 SYB 不是很适合实体，已经不做了；省人社部门还在组织，最近似乎也不做了。因为之前大学生创业贷款必须要有 SYB 培训合格证，现在已优化和简化，这个需求大大降低。另外，教育部已把创业计入教学大纲和学分，大学生创业培训慢慢地纳入高校内部。如果学校有需求，市人才中心仍然可以给他们提供创业导师师资。市人才中心的一个重要工作就是每两年办一次创业大赛，以比赛促进服务，营造创业氛围。大赛的目的是选出优秀的有潜力上报国家人社部门，参加国家比赛，参赛项目的一个重要来源就是高校。大赛的另一个目的是给予资助，希望他们能够落户本地。但中西部的吸引力还是挺无奈的，创业氛围和土壤不是特别丰厚，参赛项目同质性高，整体上受制于区域的产业结构和地方文化。高校技术含量高的项目才有竞争力，但这种情况太少，越是这样的项目越留不住，本地的吸引力包括政策和税收力度都不如沿海地区。以前的创业培训跟高校几乎没有任何联系，学生在校外接受 SYB 培训。SYB 最初是针对生活无着落的人，大学生真正想创业的并不多，他们想要的就

[①] 李伟清：《SYB 创业培训现状分析及对策研究》，《科技信息》2013 年第 1 期。

是那张 SYB 培训合格证。创业培训回归高校后，人才中心会主动去高校服务，但高校几乎很少主动联系他们。相比政府，高校的资源丰富且行动更加灵活和多样。大学生创业培训早就应该由高校自己来组织。虽然政府提倡全民创业，但就实际接触来看，创业并不适合每一个人，创业的人需要一个漫长的过程，个人见识、个人的终身发展规划、环境影响、他人指导等太复杂。人才中心很努力地做在校大学生创业工作，但是如何落地以及如何留住项目，已经远远超出这个部门的能力，就经验而言，能够创造就业机会，带来市场前景的项目最终还是流向了市场完善、产业链完整、经营成本低的地方。

创业培训曾经出现过一些问题。根据《中华人民共和国就业促进法》和各省份《就业促进条例》，待业人员需要在三个月以内到街道或相关部门进行就业或创业登记，表明他有这个意愿，意愿是前提条件，还要有一定的能力，然后才是身份条件问题。前两条比较虚，没有刚性的约束，但实际中却不可少。培训机构为了赚钱，常常变相处理培训人员，有时甚至是虚构培训人员信息，套取国家培训经费。创业培训依据的是 SYB 材料，现在明显跟不上时代的发展，但自己没有更好的培训材料。

西安有多所优质大学，每年都有大批毕业生，具有前景的项目不计其数，但人才却留不下来。主要问题在于工资低，熟练工人少，产业不配套。尽管人社系统的工作人员一直在努力，但效果总是令人不满意。高校在学生创业培训这一块，几乎无所作为。人社部门只管学生毕业后的事，毕业前是高校的事，其学生的基本能力和素质让人叹息。创业包括创业意识和创业能力，至少高校要解决学生的创业意识问题，创业能力可以交给人社部门来解决。

最近几年高校增加了大学生创业辅导或者培训，YJ 给部分高校做过一些大学生创业的培训。实质上参加的学生大多是为了拿那个大学生创业培训的结业证，很多人要办贷款，必须要有那个结业证才能办。培训过程中缺乏统一管理和统一标准要求，各培训机构设置的培训课程五花八门，实际水准差距也很大，不能完全满足大学生的创业需求。好一点的机构能够请到真正的创业人员参与其中，更多的是一些零散的老师，或者是培训行业中的"走单"老师（相对自由的培训者），他只单独对某些课程负责，并不承担实质性的培训效果责任。对于大学生创业的指导作用非常有限，甚至影响了大学生自主创业。

具有 SYB 讲师资格和经历的 KB 对以前的混乱状况记忆犹新。由于以前存在虚构培训名单，不实际开班；或培训工作量缩水，拍照，交资料，引起市政府的高度关注，并加强了监管。整改后，不仅要分段打长、拍照且随时视频点名。或者上下午签到、拍照，上级部门会随时抽检。尤其是改成系统报名后，政府部门的管理相对轻松且规范。大学生创业培训的时间为 19 天，以前由政府组织，时间大都安排在期末考试结束后，学生意见很大，因为影响他们放假回家。后来，高校自己开设创业教育课程，时间安排比较弹性。个别学校做得比较好，要求学生必须有创业意愿，甚至是有创业想法，还要通过面试，才可以选这个课。把创业课变成精品课，学生才能真正受益。

（三）创业贷款：初创小微企业的水中月

创业需要资金，有的自足，有的在创业过程中逐步积累，有的壮大后迎来政府的锦上添花或投资人的青睐，免去很多麻烦。但多数人创业本身就是为了解决经济不足的问题，为支持大学生创业，各级政府出台了很多优惠政策，涉及融资、开业、税收、创业培训、创业指导等诸多方面。以贵州省为例，省政府于 2012 年出台《关于大力扶持微型企业发展的意见》，核心内容是"3 个 15 万元"，[①] 构成了本省大学生创业贷款政策的基本框架；2016 年，出台《扶持微型企业发展实施方案》，由过去的创业扶持（扶持初创者）转变为成长扶持（正常经营三个月以上的在办企业，不包含已享受过"3 个 15 万元"扶持政策的企业），取消无在办企业的条件；不再对投资者的户籍作出限制和要求，只要带动 3 人及以上人员就业（含投资者），外省户籍人员创办的微型企业也可享受扶持；改"实际货币投资 10 万元"为"实际投资达到 10 万元以上"（货币出资应具有银行存款证明，以固定资产、知识产权等出资的由具有法定资质的会计师事务所出具实际投资的相关证明）；由"带

[①] 《贵州省出台"3 个 15 万元"扶持政策发展微型企业》，http：//www.gov.cn/gzdt/2012-02/06/content_2059025.htm，2022 年 3 月 5 日。

动 5 人（含创业者本人）就业"变为"带动 3 人（含投资者）"就业;① 进一步明晰了税收贡献激励。相关银行以此为据出台了自己的操作性政策。对于无任何基础的大学生创业者来说，初期资金或关键时期资金的获得显得弥足珍贵，在某种程度上决定小微企业的生死。

1. 贷款条件超出大学生创业者的实际情况

实际上，银行为了规避风险，对创业贷款设置了各种地方性限制，这些限制性条件，只有当事人进入实际操作进程才可能知道。2019 年 12 月底，起步于校园创业的 CS 遇到了极为严重的资金"瓶颈"。他在了解 GZB 贷款政策后去银行柜台咨询贷款问题，客户经理解释需要"本市户籍"和"全款房子"做抵押。CS 公司的一个股东是本市户籍，但他们名下没有全款房子。

国家政策不需要抵押，只是一个总纲，落实到地方后，千差万别。各大行都需要抵押，要求有资产证明。按照银行的要求，创业的大学生很难贷到钱。如果政府担保，可以不需要房产抵押。银行出于风险考虑要抵押，是他们规避风险的本能，但对于国家支持小微企业的政策落实来说，从南到北，从东到西，差异非常明显。CS 根据自己的经历认为政府讲的支持小微企业发展，支持民营企业发展，实际上是支持优秀的小微企业和优秀的民营企业。大学生享受政策优惠的期限为五年，初创企业对他们来说，风险大，不一定有回报，几乎没有银行愿意投。

2. 政策与操作之间的断层让贷款无法"出笼"

GZ 公司成立之初寻求过贷款。2017 年上半年，他根据贵州省创业资金扶持政策到 GYB 办理了 10 万元的小微企业补助，想再贷一个政策支持的 15 万元的免息贷款。但由于政策落实的差异，导致 GZ 跑断了腿也没有找到可贷款的银行。国家政策规定小微企业每个季度免税 30 万元，类似 GZ 的公司每个季度均未超过 30 万元，属于零税收者。他们申请贷款时，银行要求公司提供缴税证明和银行流水。面对银行的要求，GZ 很是无奈，如果能提供税收证明，相当于已成为一般纳税人，

---

① 《贵州："三个十万元"扶持微型企业发展》，http://www.gov.cn/xinwen/2016-11/19/content_5134639.htm，2022 年 3 月 5 日。

如果已达到交税程度，又何必去贷款呢？他不是运营停滞，而是需要资金周转。作为小微企业，享有政府的免税政策，可需要贷款时无法提交税收证明，这个难解的矛盾困住了 GZ 及 GZ 这样的创业者，困境之源在于国家政策和银行操作之间的断裂。至于银行流水，对于小微企业来说，成立之初，既无规范，也无远景，多以现金交易，对公账户存而不用，等需要贷款时才发现，银行流水证明成了一道迈不过去的坎。GZ 认为自己公司的营运相对而言比较规范，因为公司的客户主要是学校及政府部门，经常要参加招投标，必须给员工交社保，但贷款并不涉及社保。

3. 创业贷款曲径可通

西安有"985"高校 3 所，普通高校 63 所，在校大学生 120 余万人，各类科研机构近 500 个。庞大的在校学生构筑了西安潜在的创业大军，也成为各方力量的掘金之源。西安于 2009 年启动"创业型城市"建设，当时预计 2010 年年底，筹集小额贷款担保基金总量达到 2.1 亿元，高校毕业生创业基金 5000 万元，全力支持高校毕业生自主创业，包括对大学生进行创业培训。[①] 2010 年出台《关于进一步推进大学生自主创业贷款工作的通知》（市政办发〔2010〕235 号）对大学生创业的阶段性及相应的政策进行了界定；2011 年出台了方向性的《西安市大学生创业贷款实施办法》（市人社发〔2011〕63 号）。贷款分为小额担保贷款、创业贷款和劳动密集型企业贷款。大学生从事个体经营，参照小额担保贷款，金额为 2 万元；创业企业，贷款额度不超过 50 万元；劳动密集型企业，贷款额度不超过 200 万元。这些政策成为西安市后续同类政策的基本框架，后续政策主要是增加对与创业相关的各主体的奖助免等内容。

为了支持大学生自主创业，陕西省和西安市政府出台了一系列扶持政策。YJ 同时经历了由机构垄断创业培训到高校自主培训的阶段。在人社部门不再统管、将创业培训"还给"高校之后，机构及时跟高校对接，跟高校合作定期定点举办"大学生创新创业比赛"之类的活动，

[①] 《关于印发西安市创建创业型城市工作实施方案的通知》，http://www.xa.gov.cn/gk/zcfg/szbf/5d4933caf99d6572b76b3180.html，2020 年 6 月 8 日。

借机把好的项目筛选出来，把项目和团队一起收购，相当于给项目团队找风投，类似于天使投，把团队变成了机构的员工，以团队的名义把贷款办下来。实际上就是学生自己不创业，机构连人带项目一起收编。对学生来说，能获得一部分即时性收益，但对项目本身来说，很难走得长远，这与整个创业生态的良性发展其实是相背离的，机构、政府与高校在大学生创业这一块没有形成完整的、具有可持续性的链条。大学生创业需要一个完整的规划，需要特定而持续的指导和帮助，如果说好的项目产生于高校，其发展壮大的主要环节则在政府及机构的通力合作。

（四）创业环境：道长路远

创业环境如何，最有发言权的人是创业者，他们置身其中，冷暖自知。前述调查中，创业者非常认同"现在是创业的最好时机"、"尊重创业者"和"不嘲笑创业失败者"，在认知层面，创业环境友好体现，但创业者的创业实践揭示了抽象数字背后的现实中的真实创业环境。研究中提到的几个创业者处于创业的不同行业和不同阶段。他们感受最深的几个"痛点"表现在以下几方面：一是社会资源及经验的不可或缺，二是文本政策与实践政策之间的断裂，三是政府部门主管与基层工作人员对创业政策理解及执行上的差异。

1. 还乡明星感叹西部路难行

作为创新项目，PL 在北京创业数年，于 2016 年回乡参加大数据产业博览会创业大赛，其扎实的项目基础和可观的发展前景被省政府及省城领导多次邀请，约他落户高新区，并为其提供场地及购买住房便利。从北京回来的 PL 对企业所在地的配套设施深感无奈。原以为靠近大学城能够在员工聘用上获得便利，实际上学生毕业后差不多都去了市区，市区的生活、教育、交通等整体上均远优于新区。另外，新区创业园的公寓楼数量有限，无法安置员工。环顾家乡的创业环境，PL 认为政府确实还有些工作需要加强。首先，政府部门运行的规范问题，如果方向明确，流程清晰，即便人员变动，也不至于造成常规工作断裂。其次，人才环境，一个公司要做强做大，靠的是顶层的人，但是缺少基层和中层实施及操作层面的人。西部培养的大学生在往外流失，职能部门需要思考如何把优秀的人才留住。再次，让本土企业活起来，在本土企业中培养标杆，一个标杆企业可以带动一个产业链，产业链的完整性就可以把人留下来，就业的问题也就解决了。一个城市或者一个区域的发展，必然要有一些好的企业，好的企业代表一种业务模式和未来发展空间，以及对员工的吸引力，只有这样，才能够以点带面，让整个就业环境变得更好一点。最后，企业自己要硬。PL发现新区内不争气的企业太多了，特别是前两年有些企业拿到政府的钱就跑路了，导致政府不敢再投钱，使真正需要扶持的企业得不到资金。

2. 创业新人屡屡碰壁

CS认为新区靠创业来吸引人才和发展经济，有领导职务的人，他们确实很为创业者考虑。如大学生管委会的党委副书记，包括大数据办的副主任，还有新区管委会副主任等，他们主管的工作，很扎实，有时候主动给创业者提建议和指导，从他们的角度来看，可行性很高。先不说对创业者是否有用，但他们从自己的角度主动为创业考虑，已难能可贵。相比高校某些人的空话和套话，政府这边的领导要务实得多，但涉及具体，实际操作起来就变得非常困难，尤其是很多时候政策宣讲和政策执行不统一。

LH负责公司外联，满世界跑融资。他认为到贵州资本市场有限，政府在好的项目上也舍得花钱。他举了一个例子，2019年12月政府举办了大学生创业比赛，他获得了8万元的奖金，但比赛之后再没有后续事情。LH认为类似这样的比赛不应由政府来组织，而是应交给有投资能力的企业，让更多的本土大企业或投资机构参与，根据项目的市场空间评分，对有潜力的项目进行投资和股权配置，政府在这个基础上再真正投钱给予扶持，并对企业提出明确的落地要求，不是简单打个分就完事了，这样的评选才有意义。LH认为如果政府对创业者有一个规范而成熟的扶持框架，市场更多地参与项目甄别，创业氛围就会慢慢起来。本土的大企业本身就是一个巨大的供方和需方，他可以扶持跟自己业务相关的项目，企业链条彼此勾连，这种联系政府可以常态化地从中穿针引线。一个企业的成长需要多渠道的帮助。LH还提到政府计划扶持10家企业的评选活动，要求年营业额500万元以上的企业可以参加，最终评出来的是新区引进的外来企业。LH认为这种评选很难激励本土企业，相反给本土创业企业带来强烈的挫折感，"输在起跑线上"。

（五）创业孵化器/众创空间：形不符实

YJ 认为创业孵化园设置的门槛不低，对大多数有创业意向的人来说，申请起来并不容易。西安各区的创业孵化基地里面的企业很多，已经不能再称之为创业型企业，他们已有一定成熟度和一定规模，但他们不愿意从基地里面出来。因为在外面重新租办公场地，整体费用会偏高，在里面可能享受更多的、较低的运营成本，政策倾斜方面可能也会有一定的优势。这样就导致孵化园长期被占据，新的有创业想法的人，或重新寻找创业机会的人，很难获得相应的资源。这在孵化园是一个比较普遍的现象。

四 高校创新创业教育与创业

本部分呈现两个人群视角中的创新创业教育，一是管理者，二是创业的学生，全部文字均是根据访谈资料和现场考察整理而成的。管理者来自 GNU 和 XJU 两所高校，GNU 是一个建校近 80 年的地方普通师范类高校，XJU 是一所顶级的以工科见长的教育部直属双一流高校。如果说 GNU 只是一个与创业教育相关的部门独角戏，代表的是地方高校的初级版本，XJU 则是创业教育的立体组合拳，代表的是顶尖高校的升级版本。相比而言，GNU 显示的是创业教育中的芸芸众生，XJU 则位列金字塔之巅。创业学生以亲身经历陈述了地方高校创业教育的痛点以及他们的无可奈何。

（一）GNU 的创新创业教育

GNU 的创新创业学院成立于 2015 年国家提倡"大众创业、万众创新"的大背景，省教育厅向各高校传达省政府关于加强创新创业教育的要求；另一背景是教育部对该校进行本科审核评估后，提出的第一条整改意见就是学生的实践教育存在问题。基于这两个条件，才出现创新创业学院这个虚体机构，由教务处、实验/实践教学中心、校办公室和组织部、人事处等部门构成。双创学院的院长兼任教务处副处长，分管实践教学科，负责本科教学计划内的实验、实训、实习，基地建设、实践教育检查、认证等，属于专业认证的实践教学部分。学院有四个职能：一是开设课程、培养和遴选创业教育导师。二是建立面向全校各个学科专业的共享型、开放型实践教育平台、互联网+教育创业教育平台及区域文化创意平台。三是锤炼学生参加各级各类学科竞赛的本领。四是在全校范围内开展创新创业教育，营造创业氛围，做"双创"的孵化。学校出台了《深化创新创业教育改革的实施方案》，对涉及的学校部门各有分工。

创新创业学院成立后，于 2017 年下半年以学校的名义下发了《素质拓展与创新创业学分认定管理办法》，在本科人才培养方案中，增加了 4 个素质拓展和创新创业必修学分，从 2016 级开始执行。这个文件是按照中等偏下的水平制定的，希望多数学生都能拿到。列了八个可选的方向，每个方向计 2 个学分：如参加教师的研究课题发表核心论文；各级各类学科竞赛获得的奖项；计算机、英语等级考试证书、驾驶执照等；创业小组在校内外开办小企业经营一年以上等；参加高水平的学术报告，写有心得体会等。学生必须拿到这 4 个学分才能毕业。从总体情况来看，理科学院执行得好很多，如材建学院、化材学院及生科学院的学生在老师的带领下参加各级各类的科研项目，发表核心学术论文就比较可观；文科学院明显要差些。每年都有大学生科研训练计划项目，申报的学生较多，但学校设置的数量有限。还出台了一个资助学生申请专利的文件，资助额为申请费的 95%。另外一个文件就是修订了学校《大学创业创新计划项目管理办法》。根据教育部的要求，列出了学科竞赛的项目清单，全国大学生的英语演讲比赛、大学生互联网加创新创业大赛、师范生的教学技能竞赛，工科的混凝土设计比赛，机械设计创新大赛，外国语学院也把他们的翻译、口译这些加进去，生科院实验技能比赛，物理的学术竞赛等，都在这个清单里，共 30 多个。2018 年教务处出台的教学奖励文件提到，教师指导学生参加学科竞争获奖的奖励，奖金超过 1 万元。对学生获奖的奖励，由华为公司出资，如材建学院的、机电学院的、生科院学生参加 2019 年的节能减排大赛，获得国家二等奖的，各自奖励了 5000 元。除了学分，这些奖金对学生还是有吸引力的。对大学生创业竞赛的支持，只要是经过评审后立项的，各自给予 2 万元的支持，如果创业的话，连续 5 年内，给予的支持能达到 5 万—8 万元。

除此以外，还有之前就已存在的学科竞赛的辅导，新技术的介绍等，都对学生开放。创新创业教育基地有一些学生的科技团队，基本上是跨学科的自由组合。基地有很多设备设施，如虚拟现实的课件制作实验室、数字设计实验室，3D 打印实验室、合格机械设计实验室、无人机实验室、机器人实验室、互联网+教育实验室等，新增了劳动实训室，有木艺、皮艺、陶艺等。但是，由于双创学院成立的时间短，学校还来不及做课程建设，师资跟不上，教师的水平和眼界都成问题。学校的创新创业教育基地，很多老师都不敢来，真正原因是老师缺乏相应的指导能力，要靠学生自己。双创学院加强与省外一流高校和双一流高校的联系，把专家请进来，也把学生送出去。有些学生确实对新技术很感兴趣，整天喜欢摆弄机器人、编程什么的。但也出现了另外一些现象，如有几个电子设计竞赛拿到全国的二等奖的学生，机械设计能力很强，制作、加工金属器件的能力及编程的能力很强，但教学计划内的其他基础课却不及格，英语四、六级没过，得不到推免研究生，非常可惜。

双创教育除了这些常规的，还会动员学院的老师带领学生组成科研小组，做科研项目开发；和校外的企业合作，由校外的企业带一部分学生来参与企业活动。氛围营造这方面，邀请一些互联网+大赛国赛的评委、高科技企业的 CEO 等到学校来给学生做报告、做交流，但学生参与愿望并不高，参与程度不够。经费是一个最大的困难，虽然教育部对学校的创业经费每年都在增加，但对项目开支来说，却是杯水车薪。

双创学院主管着三个比较大的项目，第一个是大创项目（大学生创业），第二个大科项目（大学生科研），第三个是学科竞赛项目，基本上是以这个三项目来推进双创学院的工作，但全部学生人数只有 1000 人左右，而全校的学生人数是 2 万多。每年，大创六十多项，大科各个学院都有，大概是七八十项。大创，要参加校级、省级和国家级竞赛，前几年是 110 人左右，做下来效果很差，学生完不成自己预定的目标，指标完不成。为了节约经费，后来就进行了精选，立项的时候淘汰没有实力的项目，控制在六七十项。大科在 80 项左右，每一个项目 3—5 个同学。每年举办的学科竞赛有 50 多项。但是，没法跟省外那些"双一流"高校相比，做的都不上档次。双创学院这边如果发现有好的能转化为实体的项目，就推荐给大学科创园去孵化。

（二）XJU 的创业教育

XJU 将创新精神和科学精神写进了人才培养定位和学科评估要求中，是始于 1988 年的"大学生挑战杯"最早发起者之一，学校当年启动了 TF 杯的科创竞赛，是全国比较早的开展创新创业竞赛的学校。在 2006 年、2007 年、2008 年、2013 年的全国机器人竞赛中，学校拿到了事业组冠军。近些年的学生航空队蝉联了世界总冠军。国家关于高校创新人才培养的学科评估纳入了这些竞赛项目，榜单年有更新，学校将各个学院的创新创业纳入了学科评估指导中，国际赛事被视为国际化的一个重要指标。分数折算上，挑战杯的特等奖和互联网+的金奖这两项的分值很高，相当于 1/20 个院士的分值，这两项竞赛是人才培养的考核指标，除此之外，还有教学成果奖、优秀课、教材、省优博、互联网+论坛等，这些都是年终考核学院的重要指标。学科评估和年终考核评估像两根编织针，将创新创业教育织进学校和学院的整体教育教学事务网络中。

XJU 校创业教育的架构成立于 2017 年的虚体机构创新创业学院，教务处处长兼任院长，就创中心（就业创业中心，或就业处）、学生处、团委及实践教育中心、研究生院等负责人兼副院长，下设一个办公室，做协调工作，支撑学校开展创新创业工作，是学校多部门之间的联动。具体工作层面，团委、实践教学中心和就创中心（就业创业指导服务中心）是主要实体单位。团委负责校内项目的海选及国家级挑战杯比赛和科技类非学科竞争；实践教学中心负责"互联网+"省级、国家级比赛及学科竞赛以及创业课程；就创中心负责基地建设、创业孵化，学生注册后，帮助申请政策上的支持及对接校外资源。

1. 团委

学校对团委的工作要求是培养青年领袖，使他们具有创新创业能力、沟通交流能力，能够担当社会责任。团委结合学校的学科评估工作，执行培养学生科学精神和人文精神的任务，负责启蒙和培育。主要做三件事：一是以各种比赛营造氛围，培养学生的创新意识；二是对入选项目进行质量提升，培养学生的创业意识和实践能力；三是成果展示。团委建立了校（团委科技部）、院（书院团工委、学院科技部）和班（科技委员）三级垂直体系，从校团委直达班级，所有的学生随时处于被动员状态，横向则配之以社团、校实验教学中心等，这些平台是产生 idea 和项目组的初始地。

营造氛围方面主要是组织各种竞赛及社团，其中有 28 个科技类社团（其中具有代表性的为航母队和机器人队和ACM队），30个跟企业联合的创新创业社团。团委在2016—2020年获得的所有荣誉均能服务于2020年的学科评估。比赛组织上，以动员或者比例分配的方式进行。

为了尽可能解决临时"凑项目"的问题和让更多学生得到真正成长，团委以激发学生学术秩序和服务学生专业学习为主，走的是文化引领、平台与载体相组合的专业化路线。作为学校名片之一的始于1988年的TF杯在组织上不断优化，团委联合科研院所、研究生院、教务处、学生处等部门一起组织。2018年参加规模达到4000人，以进入实验室跟教师做项目的方式，基本上覆盖全部大三学生，为期一整年。因为他们的专业知识已有一定基础。每年的TF杯相当于把大三的学生全部演练一遍，指导老师中有教授、副教授、讲师，还有15位辅导员，院士也会亲自带队指导。如果仅仅只是应对挑战杯，不可能取得好的成绩。正是一直不间断的TF杯的培育，1989—2019年，学校共捧得了9次优胜杯，其中近6年捧了5次杯。科技类社团实行学生自主管理，锻炼学生独当一面。近四年来获得的学科竞赛和科技竞赛方面的国家级奖项，电气学部贡献了69项，航天学院44项，很好地支持了学校的学科评估指标。

创业主要依托于TF杯比赛，对学生的团队进行孵化。2018年有455支团队，2019年有700多支团队。每年能孵化5—10家优秀的学生创业团队，其中有些都是融资超过千万元的，负责人都是在校学生。近几年来持续存在一年以上的比较优秀的学生企业，一共有25家，估值近30亿元。团委这边通过比赛识别出来的项目很难得到社会和市场的认可，须经由校领导联系校友部，由校友部对接知名校友回校支持。学校成立了一只基金，联络各个地方的创投基金支持学生。联系校友和地方创投基金支持学生相当于启蒙阶段，在这个基础上，进一步激励学生做相关的工作，慢慢地培育学生的创业精神和创业氛围。根据学校统计，真正创业的学生来自不那么贫困的家庭，或者说更优渥的学生；家庭很贫困的学生会选择就业。XJU的学生中，贫困或者说家庭不优渥的学生占大多数，学校以培养学生的创新创业精神为主，让他们有一个创业的意识，了解创业的风险，让他们在毕业之后不会轻易去创业，想好了再去创业，以保证自己的基本生活安全。

XJU 以理工科见长，科技类社团给学生提供了创意、创新与创业优势。社团组建的基础是学校的双院制（负责专业学习的学院和负责育人的书院），双院制源于教育部出台的一站式社区服务倡导。书院的组建打乱专业建制，不同专业的学生住在同一个宿舍，加强跨专业学生之间的交流与沟通。2019 年的 700 多个社团中，有 7000 多名学生，其中有很多大一的学生。学生一方面有加分驱动，另一方面想实践和验证自己的想法是否经得住考验。文科学生和理工学生组队参加竞赛或者进入实验室，以此激发学生的学术旨趣及开发学生职业发展想象力和贴切的生涯规划。自有品牌 TF 杯大规模的全校性创新创业海选既为学校参加全国性的挑战杯和互联网+竞赛培育了大量的优质选手，也推动了学校整体的创新创业氛围。

2. 实践教学中心

实践教学中心从教务处的原实践教学科分离出来，和工程实训中心结合，增加创新创业教育职能，成为一个独立的管理实体，兼有教学功能，中心还负责学校教育部实验教学示范中心的建设和日常管理。中心拥有 1.4 万平方米的建筑面积，涵盖基础工程教育训练的精工、电工和测控实习场地等；同时支撑学生，从项目的自主实践一直到参加竞赛活动。中心负责第 1 课堂所有的日常实验、实习、毕业设计、开放实验等全部实践环节的组织管理以外，还包括经费考核。在成为教育部实验教学示范中心之后，实践教学这块日渐失去了自己的特色，只能跟着教育部的节奏走，根据其要求来建设实验教学示范中心。国家级实验教学中心有 12 个，并列全国第 52 名；有 30 多个省级和 50 多个校级实验教学中心，还有 100 多个院级实验教学中心。实验教学经费的支出为 207 万元/年，本科生 96% 的实验和实践环节都是在实验教学平台上完成的。除学生的实验实践外，中心还组织竞赛活动及学生创业。2015 年以来，创业的学生有 100 多位，有的还非常出名，受到了国家领导人接见。

2014 年学校发现各个实验中心的开放性和共享性严重不足，从那时起开始构建起一个八大学科交叉的平台，像机电一体、智能电器、智能微网、能源化工等学科交叉的创新实验。原来的做法是以某一个学院为主，力图打破单一学科，向多学科、跨学科去交叉融合，做到科研和教学的相互支撑，同时把企业引进来，促进校企合作。这个平台以项目竞赛为纽带，企业深度参与。这已经大大地突破了第1课堂，顺延到了第2课堂，竞赛和创业之类的事逐渐多起来。关于学生创业一事，以前多数老师都很排斥，因为本校毕业生的供需比是1∶6以上，学生就业好，不需要创业。国家强力要求学校做创业教育的初始阶段，大家都反应不过来，认为让学生创业去解决就业问题不现实。在跟清华大学沟通与学习的过程中，认识到创事业也叫创业，思路就活泛了。XJU得益于雄厚的"硬科技"优势，力主基于课程的创业训练，即以技术推动创业的"硬科转"（科技成果转化为创业实体），而非模式创业。借助扎实的实践教学及巨额经费打造的实践教学的创新实践平台，学校走的是科研反哺教学、推进创新创业教育之路。项目生存有三种路径：第一种是学生项目，2017年的一个互联网+大赛机器人项目，是学生一步一步研发出来的，得到了红杉投资，已估值1亿元。第二种就是教师的科研项目驱动，2019年获得的两枚互联网+大赛的金奖就是教师项目转化而成的。第三种是师生共同做的。创业教育就是这样一个过程，科技转化也在其中。创新创业实验室是跟市科技局共建的，学校并不期望他们给钱，而是想要政策，要好的政策环境。像江浙那边政府的政策，学校的专业链，再加上企业的产业链，共同作用才能推动人才培养。

创业除了周围环境好，还需要个人自身强，一定要有技术壁垒和门槛，创业学生多数是技术型的。从创事业这个角度来看，学校很注重通过创新创业教育培养学生的综合素质，根基还是在于学科培养。在分析创新创业需要哪些素养的基础上，实践中心将其变成新标准和新体系，纳入课程质量评价标准，统筹实验教学团队，成为创新创业的抓手，对实践教学进行重构，进而深刻影响课堂教学，如像基于OBE的临床医学的PPL，实践与理论结合的CPL等，能够将课程教学的某个知识点系统化，学生在做的过程中可能产出新成果，再深入一步就可以推动创业。学校正着手机构改革，把创新创业学院原来不具有的几块工作进行补充，一是把科研院的成果转化放进来。二是强化政府的作用，引进更多的资源。三是对接一些投资公司，达到"政产学资"的高度契合。学生创业最大的困难在于学校没法给学生提供资金，引入资方则可以解决这一问题。资方可以第一时间对学生的项目或创意做筛选，同时还可以帮助学校共同打磨人才培养模式。

就全国高校的创新创业教育而言，不同的源头有不同的关注点。出身团委的，以比赛为主；出身就业创业指导中心的，以职业生涯规划和就业导向为主；出身教学口的，则以第一课堂为主。以第一课堂为主，是深化高等教育改革的必然趋势，"新农科""新工科"等是基于新时代提出的新要求，这些势必倒逼课堂教学改革。根据学校的要求，每个专业今后都要和全国最好的企业合作，像360、百度、华为等。这些企业给学生提供了很多机会，包括实习、实践和课题等。学生通过专业学习，再加上校企合作的训练环节，这种模式既为新技术在学校的传播提供非常好的通道，也解决了学生的创新创业路径。比较有代表性的是华为精英班，将来自不同专业的学生，如机械的、电器的、信息的、计算机的、微电子的、管理等组合到一起，实行企业和学校双导师制，每个学生每个团队都有自己的研究课题，既学到了知识，也能够满足企业的用人需求。华为来选人时，好多学生把出国暑假、学校给的公费出国的机会都放弃，参加华为"选秀"。华为精英班的学生除一小部分保研外，其余的全部进了华为公司。正常情况下，学生进入公司从一级晋级到二三级需要两三年的时间，而精英班的学生三个月就能晋级，快速成为公司的骨干力量。这种校企合作共同培养人才的华为模式得到了其他知名企业的推崇，纷纷建议其他高校也参照实施。

3. 就业创业指导服务中心（以下简称"就创中心"）

就创中心原名就业指导中心负责大赛的前期培训。由于就业压力越来越大，创业工作有了一些扩展，面向更多的在校学生，2015年，就创中心被多个单位挂牌"众创空间"。经过几年的摸索，就创中心的创业工作正慢慢进入正轨，因为创新创业对学生来讲是件好事，主要是提升他们的创业精神。XJU创业的学生大多家庭一般，毕业后想尽快改变命运或现状。

就创中心开设了"大学生职业规划"和"大学生创业训练和实践"两门课程，校本部和新校区各一个班，往年只面对本科生，从2019年起，研究生也可选修。这些课程的教师都是校内兼职的，要么是辅导员，要么是学院主管学生工作的副书记。教育部就业指导中心提供师资培训，学校很多老师拿到了创业指导师资格证书，可以开设相关课程。每个学院有副书记负责的就业工作领导小组，设置了职业发展工作室。

就业工作围绕"五个引领":就业、领军学者/企业家、选调生、出国(国际组织)及创业等,职业发展指导也着力于这五个方面。毕竟创业是个小众,但这个理念要给学生灌输进去。创业这块工作可大可小,投入精力多就能多做些事,投入少就顾不过来,为了应对渐增的工作压力,中心设立了创业实践主管岗位,实行专人管理。本科生的创业项目不但继续做,还要增加,同时把研究生的创业项目也加上去,在经费上给予同样的支持。2018年学校获得了国家级和省级创业教育示范中心,省里给了一定的奖励,支持师资培训和学生培训及创业教育活动等,尤其是创业团队的孵化。为了解决资金问题,2019年中心募集到的社会捐助资金,用于资助和奖励参加创业大赛的学生。前些年,接受过创业训练的学生毕业后创业的几乎没有,仍是在找工作。2018年、2019年这两年,有7个学生自己创业并获得了融资。学生创业的势头在向好,在校期间的训练发挥了作用。

(三)创业学生亲历的创新创业教育

GZ于2013年入学GCU,2014年入伍两年,退役回校后入读大学二年级,于2016年11月正式组织团队申报学校大学生创业管理办公室(大创办)发布的创新创业计划大赛项目,分为创新项目和创业实践项目。2017年3月GZ的计划书被立为校级项目,后又被推荐为省级重点项目,获得了2万元资助,并注册了公司。对于立项项目的考核,创新项目要求发一篇CSSCI论文,创业实践项目要求提供年度财务报表和公司业绩,这一门槛导致项目最终只能不了了之。项目的实施过程,基本上处于放任状态。

2017年10月,GZ先后两次参加学校创业园入园项目遴选答辩,第二次答辩时,评委说他的项目盈利点不强,限制入园,但又看在比较成熟的份上,给他分配了一间办公室。学校要求创业园必须每天有人定时坐班,但他们还要上课,且无力请兼职,导致他们处于两难境地。另外,对于创业扶持政策及流程,学生也一无所知,只能请代办公司帮忙处理,也造成了资金的浪费。

通过建立学校SYB、KYB、创业俱乐部,开设了创新创业课,但讲的内容和实际创业差距太远。对于一些基础的问题,如扶持资金的使用、小微企业如何申请补助、公司内部股权架构等,并没有给学生解释清楚。沙龙和讲座没有分门别类，特别缺针对性课程，如学生亟须的税务政策、跟政府合作与申请项目等。

　　近些年来，随着改革的深入，学校为创业者提供了创业孵化园，解决了学生最初的创业场地问题。但是，从学生的角度来说，企业起步阶段，最缺资源，希望大创办能够给学生企业提供、介绍相应的一些业务，或者有意识地向外推介，帮助学生打开市场。2019年下半年，GZ毕业后，把公司搬到了新区创业园，是百度云创中心的一个孵化场地。百度给他们介绍了很多潜在的客户群体，组织孵化园旗下的企业相互交流，帮助新进企业开拓客源。GZ认为大学创业园，尤其是大创办也应该有类似功能，为学生提供类似的服务。例如，做得比较好的GCMM原来是微信公众号，得到了招就处的帮助，他的流量铺起来以后，运营了好几个高校的微信公众号及戏剧新媒体等。

　　全国每年活下来的企业只有3%，创业学生处在最底层，怎么活下来，非常困难。由于基本知识的缺乏，GZ公司经营之初依赖外包公司，且经营初期多为轻资产项目，全部采用现金交易，导致资金未入公司账目，为以后转型做重资产经营贷款带来了困难。这跟初期缺乏实质性指导有关。

　　团队建设一方面是指公司股权结构，另一方面是指员工团队。大学生创业公司基于成长性、开拓性和不确定性，成员走马灯似的，很难固定下来，团队建设成为大学生初创公司的一大难题，也是继公司经营之后的另一关键问题。GZ作为创业公司的负责人，他深感创业太不容易，起步之初做足够的准备和得到足够的指导至关重要。

　　GCU于2017年获得国家级科技园，给创业学生免网费、电费、门面费等，但学生担忧的是挂牌的国家级科技园如何维系下去。对创业团队来说，评判一个公司做得好不好，最直接的标准就是有没有盈利以及如何生存下去。创业最关键的因素在于引导，大创办要对学校有一个方向性的规划，学校有哪些优势、哪些强项，鼓励支持哪些类别和哪些行业，要对学生有一个整体性的洞察。大创办不单是管理和服务，还应该有指导和监督及相应的退出机制。学校创业园没有竞争氛围，企业难以成长。

第三节 大学生创业的天时地利人和

无论是已创业的,还是即将创业的大学生,从一般认知的角度都承认这是一个最好的创业时代。国家的激励政策前所未有;创业者的身影在校园里穿梭,成为同龄人熟悉的"神秘人";资本加持的佼佼者的聚光灯效应不时地激荡出财富传奇,这一切宣示着创业的好时代。

一 高校毕业生就业工作演变为就业创业工作

"创业"二字首先出现在《教育部关于做好 2010 年普通高等学校毕业生就业工作的通知》文件中,具体表述为"加强创业教育,完善创业政策,力争高校毕业生自主创业取得突破性进展";[1]《教育部关于做好 2011 年全国普通高等学校毕业生就业工作的通知》的表述为"优化创业环境,力争实现高校毕业生自主创业人数进一步增长";[2]《教育部关于做好 2012 年全国普通高等学校毕业生就业工作的通知》的表述为"全面推进大学生创新创业工作,力争实现创业人数进一步增加";[3]《国务院办公厅关于做好 2013 年全国普通高等学校毕业生就业工作的通知》的表述为"鼓励高校毕业生自主创业"。[4] 从 2014 年起,常见的关于"全国普通高等学校毕业生就业工作"的通知正式改名为"全国普通高等学校毕业生就业创业工作",创业与就业并列出现的文件名称中,创业在学校毕业工作中成为与就业同等重要的内容。[5] 文件名称的改变意味着在此之前,国家只是提倡高校开展大学生创业工作;在此之后,则成为一项硬性任务,要求高校必须重视和推进创业工作。2014 年的表述为"实施大学生创业引领计划",2015 年的表述为"全

---

[1]《教育部关于做好 2010 年普通高等学校毕业生就业工作的通知(教学〔2009〕15 号)》,https://wenku.baidu.com/view/59230f2ddfccda38376baf1ffc4ffe473368fd1c.html,2022 年 3 月 5 日。

[2] http://www.moe.gov.cn/srcsite/A15/s3265/201011/t20101115_111911.html,2022 年 3 月 5 日。

[3] http://www.moe.gov.cn/srcsite/A15/s3265/201111/t20111110_126852.html,2022 年 3 月 5 日。

[4] http://www.gov.cn/zwgk/2013-05/16/content_2404378.htm,2022 年 3 月 5 日。

[5] http://www.gov.cn/zhengce/content/2014-05/13/content_8802.htm,2022 年 3 月 5 日。

面推进创新创业教育和自主创业工作和加强就业创业工作组织领导";① 2016 年表述为"着力加强创新创业教育和自主创业工作和进一步加强就业创业工作组织领导";② 2017 年的表述为"深入推进创新创业教育和自主创业工作";③ 2018 年的表述为"促进以创业带动就业";④ 2019 年的表述为"推动双创升级,着力促进高校毕业生自主创业";⑤ 因新冠疫情的冲击,2020 年的表述为"会同有关部门落实大学生创业优惠政策,加强创业平台建设,举办中国'互联网+'大学生创新创业大赛,鼓励和支持更多毕业生自主创业"。⑥ 2021 年的表述为"积极拓展政策性岗位和市场化岗位;加大'双创'支持力度,会同有关部门落实大学生创业优惠政策;继续举办中国国际'互联网+'大学生创新创业大赛;组织开展'高校毕业生创业服务专项活动'"。⑦

近十年来,政府对高校创业工作层层加码的背后是每年毕业生人数的直线上升,就业压力空间加大。中国经济增长速度从 2012 年开始结束近 20 年 10%的高速增长,进入增速换挡期;国际经济格局同时在经历深刻变化,压缩了中国外需型经济空间。基于信息技术的新兴产业既挤压了传统就业渠道,又对人才提出了新的挑战。从 2015 年起,基于解决毕业生就业问题的关于普通高校毕业生就业创业工作文件明确提出要"推动高等教育更好适应经济社会发展需要"。始于 2018 年的中美贸易摩擦和 2020 年的新冠疫情则给中国经济发展路径调整提供了外源性动力。正是在这样的背景中,在政府各种考核指标的强力推动下,高校由原来的重视单纯的毕业生就业工作逐渐演变为就业创业工作并重,在单一的专业教育中植入创新创业教育,从对创业工作及创业教育的排斥到自主性增加,原本与社会保持距离的"象牙塔"高校正在朝着

---

① http://www.gov.cn/xinwen/2014-12/10/content_2789226.htm, 2022 年 3 月 5 日。
② http://www.moe.gov.cn/srcsite/A15/s3265/201512/t20151208_223786.html, 2022 年 3 月 5 日。
③ http://www.gov.cn/xinwen/2016-12/08/content_5144629.htm, 2022 年 3 月 5 日。
④ http://www.moe.gov.cn/srcsite/A15/s3265/201712/t20171207_320842.html, 2022 年 3 月 5 日。
⑤ http://www.gov.cn/xinwen/2018-12/05/content_5346066.htm, 2022 年 3 月 5 日。
⑥ http://www.gov.cn/xinwen/2019 年-10/31/content_5447275.htm, 2022 年 3 月 5 日。
⑦ http://www.gov.cn/zhengce/zhengceku/2020 年-12/01/content_5566303.htm., 2022 年 3 月 5 日。

"更好适应经济社会发展需要"的方向转变。高校气氛的转变为大学生创业提供了宽松和包容的心理环境。

表 4-2　　　　2009—2023 年高校毕业生人数　　　　单位：万人

年份	高校毕业生人数
2010	631
2011	660
2012	680
2013	699
2014	727
2015	749
2016	765
2017	795
2018	820
2019	834
2020	874
2021	909
2022	1076
2023	1158

资料来源：笔者根据网络公开数据整理。

二　大学生创业政策演变

大学生创业政策有两个路径，一个是教育系统内部，另一个是教育系统外部。教育系统内部主要是高等教育渐进式改革，如增设创新创业教育相关课程、学分、弹性学制，举办各级创新创业类比赛，搭建创业及创业服务平台等。教育系统的运行机制是教育部每年下发的政策要求，线索清晰且各高校步调大体一致。教育系统外部则是多线条的，涉及工商、税务、融资等，主体是各级政府的相应职能部门，大学生创业政策归在"小微企业"和"大众创业、万众创新"的整体框架中。国家层面只有原则性规定，地方性政策千差万别，取决于其财政基础，恰恰是这些看似"无心"的差异实际上又变成了加大创业区隔的前置性条件。

2014年的毕业生就业创业工作文件从框架上确立了"创业指导、创业培训、工商登记、融资服务、税收优惠、场地扶持等服务和政策优惠",以后则是在此基础上增加新元素或强调已有的规定。2015年提出"在高校开设创新创业教育专门课程并纳入学分管理及建立弹性学制";2016年提出高校"要充分运用市场机制,引导社会资金和金融资本支持大学生创业活动";2017年提出"建立健全国家、省级、高校大学生创业服务网络平台,为大学生提供政策解读、项目对接和培训实训等指导服务";2018年提出"各地各高校要加快发展众创空间,……多渠道筹措资金,综合运用政府支持、学校自筹以及信贷、创投、社会公益、无偿许可专利等方式扶持大学生自主创业。建立健全国家、省级、高校大学生创业服务平台,……为大学生创业提供信息咨询、管理运营、项目对接、知识产权保护等方面的指导服务";2019年提出"鼓励专业教师、实验室老师全程指导大学生创新创业";2020年的重点是落实大学生创业优惠政策,加强创业平台建设。

2014年正是时任总理的李克强首次提出"大众创业、万众创新"的时间,之后各级政府出台了一系列政策,涵盖创业就业机制、财政金融环境、中小企业管理(民间资本)、科教创新机制、政策统筹协调五大板块。[①] 创业就业机制包括商事制度、审批制度改革等公共服务,教育培训和人才流动,示范基地与孵化模式、众创空间、信息平台等平台建设。财政金融环境包括财政支持、税收优惠、金融支持等。中小企业管理(民间资本)包括优化政策环境、规范与扶持科技型中小企业、金融支持等。科教创新机制包括科技评价改革、加速科技成果转化等。相比前面几项的加速推进,政策统筹协调最为薄弱。[②]

1998—2018年,大学生创新创业政策呈现出侧重于使用能力建设型、激励型政策工具,权威型政策工具使用较少;政策文本的出台数量在波动中逐渐趋于稳定;政策演进呈现出与经济发展方式具有高度契合性。缺陷在于部门性文件多,联合发文数量少,缺乏连续性;帮扶主体

---

① 李东红、徐金宝主编:《中国创新创业发展报告》,中国财富出版社2017年版,第2页。

② 李东红、徐金宝主编:《中国创新创业发展报告》,中国财富出版社2017年版,第3—25页。

单一，缺乏时效性；停留在定性描述层面，缺乏量化考核。① 这正好印证了大学生创业者对创业政策基层运行状况的感叹："看着很美，现实很无奈。"中国高校毕业生创业质量不高，存在较高创业风险；政府的政策扶持对创业的就业数量和创业持续时间没有明显的调节作用，一系列政策在实施过程中与创业者的真实需求不完全对应，对生存型（被动型）创业方面的政策支持较缺乏；被动创业者在交易结构方面的创新策略更能正向调节创业与就业数量、企业持续经营时间的作用关系，而主动型（机会型）创业则不能发挥明显的调节作用。②

三　创业者的阶层特征

中国持续多年的高等教育扩张催生了庞大的毕业群体。有研究利用中国综合社会调查 2005 年、2006 年和 2008 年调查数据及全国高校毕业生抽样调查 2003 年、2005 年、2007 年、2009 年、2011 年和 2013 年度调查数据，对高等教育扩张后的代际流动进行分析，得出以下结论：社会下层的代际绝对流动有所增加，但没有充足证据表明教育扩张显著增加了代际流动，社会阶层不平等仍然持续；教育扩张的平等化效应不显著，没有显著改善已经存在的教育机会不均等；高等教育文凭的贬值效应显现；为了维持地位优势或实现向上流动，不同社会阶层存在不同的流动策略选择，优势阶层更加多元化，弱势阶层倾向于选择理工专业或更高学历（如研究生）来提升更高的社会经济地位回报。③ 高等教育减缓了不平等，却固化了阶层区隔。④ 表 2-15 显示 73.5%的创业者为农村户籍，表 2-22 显示 65.2%的创业者为家庭中的第一代大学生。这些数据表明在新的历史条件下，创业正在成为弱势阶层学生获得高等教育文凭后的第二次"农门转运"，是他们获得本体性安全的核心动能。在非特定选择的访谈对象中，除 LH 来自经济发达的浙江外，其他均是

---

① 谭玉等：《大学生创新创业政策的变迁和支持研究——基于 59 篇大学生创新创业政策文本的分析》，《现代教育技术》2019 年第 5 期。

② 卢亮等：《高校毕业生创业类型与就业的实证关系研究——来自创业环境与创新策略的影响》，《中国人事科学》2019 年第 8 期。

③ 杨中超：《教育扩张对代际流动的影响研究》，中国社会科学出版社 2017 年版，第 127—131 页。

④ Ann-Marie Mathmaker, Nicola Ingrametal, *Higher Education, Social Class and Social Mobility*, London: Springer Nature, 2016, pp.150-153.

土生土长的西部人，KB 和 YJ 属于城市普通人家，PL、GZ、CS 等来自农村。这些来自弱势阶层的创业者无疑处于创业结构的最底层，他们在社会情境中所经历的创业实践有助于我们反思创业的基础结构和政策的普适性与激励性。

四 社会情境中的创业

任何社会事实，均根植于一定的社会情境。同样，创业作为社会事实，也不能离开特定的社会情境，从创业生涯叙事来看，政策及政策执行起到了至关重要的作用。赵建国等以辽宁省为研究对象，对包括税费减免政策、贷款担保政策、贴息及财政补助政策、指导、培训与服务等社会保障在内的大学生创业扶持政策进行了分析。他发现近年来，高校毕业生创业扶持政策呈下降趋势，且下降速率很快，现行资金扶持、税收减免、创业贴息和贷款政策、创业教育发展等具体政策执行上存在很大效率损失。赵建国等认为效率损失的原因可能有扶持资金力度不强、经验不足、创业平台与载体小、部分行为准入门槛、化解创业风险的政策不到位等。[①] 在樊纲等学者关于全国市场化程度的排名中，辽宁省居第 12 位，陕西排序第 19 位，贵州省排序第 27 位。辽宁省关于大学生创业扶持政策的效率损失现象同样存在于陕西和贵州，后两者更甚。有研究表明创业资本和创业机会对早期创业行为有着显著的正向影响；创新创业政策通过增强创业资本和创业机会对早期创业行为的正向影响发挥了重要的调节作用。[②] 相应地，国家发展阶段、创新创业相关基础设施建设情况和创新创业文化也对早期创业行为发挥了重要影响。[③]

第四节 大学生创业生涯模型与习惯性创业

相比创业时间不长的 KB、LH、GZ 及 CS 等创业新手，历时十余年的 YJ 和 PL 属于典型的习惯性创业者。Macmillian 最早提出习惯性创业

[①] 赵建国等：《大学生创业影响因素及扶持政策研究》，经济科学出版社 2017 年版，第 101—102 页。

[②] 胡蔚涛：《创新创业研究热点和知识基础——基于 CSSCI 2015—2019 年数据分析》，《高教论坛》2021 年第 1 期。

[③] 曲婉、冯海红：《创新创业政策对早期创业行为的作用机制研究》，《科研管理》2018 年第 10 期。

这一术语,① 习惯性创业对应的是创业生涯范畴,对于理解中国情境中的大学生创业具有独特的理论价值和实践价值。

一 创业生涯模型

根据创业者生涯分析,得到大学生创业生涯模型(见图4-1)。

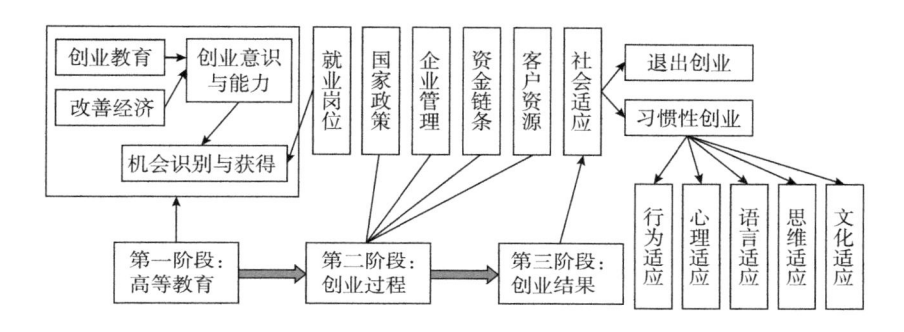

图4-1 大学生创业生涯模型

图4-1展示的是大学生创业生涯模型,总体上符合大学生创业的生涯序列:首先是高等教育阶段,除一般性教育外,创业教育与学生的家庭禀赋一起作用于学生的创业意识和创业能力,尤其是近年来教育部大力推动的创新创业大赛正在成为培养创业机会的"温床",帮助一部分学生在校期间就能开始创业;而另一部分学生则在毕业后于就业岗位中获得创业机会。创业者对高等教育的叙述着重于与创业相关的知识准备、支持体系及能力锻炼,他们吐槽最多的是学校华而不实的花架子和一天到晚的各种检查。第二是真正的创业阶段,不管是在校学生,还是毕业生,一旦进入创业情境,他们面对的是完全不同于高校相对单纯的学术环境,社会运行的复杂性和人性的复杂性让他们应接不暇。就大学生创办的小微企业来说,国家政策、企业管理、资金链条、客户资源等无一不是企业的生死节点,外加2020年新冠疫情之类的不可控风险,普通创业者无异于没有任何保护措施的"裸泳者"。这个过程中的社会适应状况直接决定创业结果,即第三个阶段,是退出创业,还是成为习

---

① Macmillian I. C., "To Really Learn about Entrepreneurship, Let's Study Habitual Entrepreneurs", *Journal of Business Venturing*, Vol. 1, No. 3, 1986, pp. 241-243.

惯性创业者。

借鉴谢治菊对生态移民社会适应所做出的界定，本书研究将创业者的社会适应亦界定为行为适应、心理适应、语言适应、思维适应与文化适应。[1] 行为适应是指有别于普通的个人行为或其他社会性行为，创业行为是一种高度个体化、市场化的经济行为，既无法简单模仿他人，也不能脱离具体的社会情境，创业者的意图明确指向经济状况的改善。心理适应是指在创业过程中，不确定性是创业者永远的敌人，缺乏安全感是创业者的生活常态，创业者需要在不确定性中寻找安全航线，确保创业不出现难以承受的后果。语言适应是指创业有特定的沟通符号和表征系统，如政策语言、程序语言及商业运行语言等，在一定程度上形塑了创业思维。思维适应是指创业的新颖性和批判性，是人类认知的高阶思维品质，极具个体特质和稀缺性。文化适应是指在全球化和逆全球化并存的国际局势与国内国际双循环的经济格局中，创业者既要面对复杂的社会经济宏观环境，更要与微观的尚处于转型中的机构文化互动。

创业者行为适应、心理适应、语言适应、思维适应与文化适应相互之间的互动决定其社会适应的结果。社会适应寓于创业过程之中，在创业过程中得到正强化或负强化，其中，创业者的个体化特性显示出强大的惯性力量，决定其是否进入习惯性创业生涯模式。每一个创业生涯叙事者都能将读者带入强烈而真实的情境中，新手带给我们的是他们的困境、迷惑、不甘和执着；习惯性创业者给我们的是驾轻就熟的从容和俯瞰山谷的胸有成竹。

二 习惯性创业

在市场经济发达的国家和地区，习惯性创业是一种较为普遍的现象，且得到了广泛的重视。习惯性创业者拥有的企业数量经验各不相同，或自创，或继承或收购。[2] 习惯性创业对创业活动贡献巨大。在欧洲，18%—30%的企业属于习惯性创业；在美国，其贡献约为1/8。Plehn—Dujowich（2010）提出了一种习惯性创业的理论，其中创业者

---

[1] 谢治菊：《人类认知五层级与生态移民社会适应探讨——基于HP村的实证调查》，《吉首大学学报》（社会科学版）2018年第3期。

[2] D. Ucbasaran, et al., "Habitual, Entrepreneurs", *Entrepreneurship*, Vol. 4, No. 4, 2008, pp. 309-450.

职业取向有三种：一是维持其业务运营；二是关闭该公司进入劳动力市场打工谋生；三是关闭该公司重新创业并投入连续创业成本。在均衡状态下，能力高超的创业者关闭了低质量的企业，成为习惯性创业者，不断往复直到找到高质量的企业为止；低能力的创业者关闭低质量的企业以进入劳动力市场，而且永远不会成为习惯性创业者。通过降低工资或减少习惯性创业成本，或增加启动资金，习惯性创业加大了对创业活动的贡献及促进新公司的形成，这其中创业者的个体特征及创业经验与公司的生存和他自身的生存密切相关；[1] 习惯性创业者比新手对创业活动有更高的热情。[2]

关于习惯性创业的研究，原长弘等通过2005—2015年来发表在国内外顶级和权威学术期刊上的文献分析后指出，尚需从习惯性创业特征研究、习惯性创业过程研究、习惯性创业结果研究三个方面加强。[3] 相比而言，习惯性创业特征和习惯性创业结果属于观察的显性层次，而习惯性创业过程正如作者所言是一个难以透视的"黑箱"。根据创业生涯叙事，图4-1大学生创业生涯模型显示，在企业启动后，创业者对变动不居的政府政策的正确解读与及时掌握、对企业的专业性管理、对运行资金的流动性控制及对具有生存意义的客户资源的保障，这些均与创业者及企业的存活周期与存活质量高度相关。无论是毕业后从打工生涯入手的KB，还是毕业后一头扎入创业的YJ，以及在学期间就开始创业的PL、LH及GZ，他们都会或迟或早地与创业过程中的现实世界迎头相撞，他们毫无例外的是"裸泳者"。庞大的大学生创业者有多少能成为习惯性创业者？这既有赖于良好的创业生态，更有赖于大学能为他们提供什么样的智识准备和创业条件。大学生的再创业能力受创业文化、教育与培训、金融支持、研发转移和商务环境等因素影响较大，政府政策和社会文化环境在促进大学生经营管理和创业决策能力方面发挥着不可替代的积极作用；团队构成、内部管理方式与文化建设、商业模式、

---

[1] Plehn-Dujowich, J., "A Theory of Serial Entrepreneurship", *Small Business Economy*, Vol. 35, 2010, pp. 377-398.

[2] Sara Thorgren, et al., "Passion and Habitual Entrepreneurship: International Small Business", *Journal Researching Entrepreneurship*, Vol. 33. Issue 2, 2013, pp. 216-227.

[3] 原长弘等：《习惯性创业研究最新进展述评》，《科学学与科学技术管理》2017年第3期。

合作交流平台与专业能力培训的支持与帮助也有助于大学生创业行为的持续和良性循环。①

三　创业平台

王海军等（2017）通过大学生创业路径、创业方式、创业途径、创业模式等文献分析发现，学科专业、学历层次、角色状态、创业动机、创业特质等独特型变量可以直接影响创业路径选择，也可以通过中介型变量（创业地域和创业平台）对创业路径选择产生影响；资源培育方式、市场切入点、创业组织形态、创业融资渠道、创业经营模式等共通型变量可以直接影响创业路径选择，也可以通过中介型变量（创业地域和创业平台）对创业路径选择产生影响。② KB、YJ、PL、LH、GZ、CS 等依托不同的地域及平台，或早或迟地跨入创业生涯中，带着各自的独特属性，在看似大同小异的市场中弄潮练手。地域与平台始终是创业者的"命门"，在某种程度上可以说地域或平台决定创业之成败。"平台"之说是创业者的口头禅，或自建平台、或依托平台、或与他人共建平台。平台犹如"外骨骼"，既助力创业者更好地拓展，又能给创业者提供某种程度的安全保护。

第五节　同途分异的创业体验

创业者生涯叙事勾画了一张有关创业的最细微的毛细血管网络，揭示了最大多数普通创业者的酸甜苦辣及对未来的预期。《人大学生创业故事》③ 一书汇集了 16 位成功创业者的故事，创业者的入学时间位于1984—2013 年，他们得时代之先机，居首都之地利，汇集了最优质的人脉。时过境迁，他们的故事仍然有振兴人心的魅力，却很难被普通创业者所模仿。天时、地利与人和共同构成大学生创业的"土壤"，这土

---

① 董人菘：《政策支持和自我怜悯对大学生再创业能力的影响》，《昆明理工大学学报》（社会科学版）2020 年第 2 期。
② 王海军等：《基于文献述评的大学生创业路径概念模型研究》，《教育学术月刊》2017 年第 2 期。
③ 中国人民大学创业学院编著：《人大学生创业故事》，中国人民大学出版社 2017 年版。

壤亟待改良和优化。①

人们对创业的预期看法有很大差异，往往只看到明面上风光的一面，潜在的风险强调不够，或有意被忽视。国际上将创业定义为投资行为，但一般人常常根据手上的项目或环境来评估是否创业。创业不是游戏，一旦失败会给人带来创伤，尤其是刚毕业的学生，很难东山再起。很多人第一次创业的资金可能是借的，或者是父母出的，一旦项目做不好，或经营不善，他们面临的压力就会很大。大多数父母对创业的认可度很低，他们更愿意自己的孩子找一份安稳的工作。所以一旦失败，第二次创业想再次获得资金，就会特别困难。

很多人的创业纯粹是一种生活体验，已经不能称为是创业者的创业精神。除此之外，创业本身只是一个选项，并不是所有人都适合创业。要成为一个创业者，需要特定的性格、特定的思维、特定的知识结构。很多创业者不具备这样的思维，就是因为某些特定的环境就闯进来了，在过程中才会慢慢意识到原来这东西跟想的不一样。真正的创业应该是那种咬定青山不放的精神，哪怕这个行业或者这个方向做不下去，但还是会寻找新的创业机会，一直在创业这条路上往下走。不管成败，创业在个体人生中扮演了一个很好的教练，帮助这些新人，思维的、行为的和知识的新人，成为非常优秀的人才，使他们在考虑问题的角度、视野和心理承受能力及全局的战略思考方面有一个大的提升。YJ 的思考里包含了自己创业、就业、再创业之间的诸多感悟和经历中的痛点与遗憾，尤其是对管理的领悟已触及服务业的内核，服务业的盈利点不在于你有多独门的绝活，服务业太容易被人复制和超越，唯有管理，管理才是创业者的绝活，形式可山寨，创业者的智慧却无法剽窃。

创业者的自身定位很重要，很多人创业时是盲目的，可能基于某个特定的事项，或者某个突发性的事件获得的一部分利益，以为自己有能够发展的空间；甚至有些是因为个人喜好，组建个小团队就开始创业。其实很多人并不是把创业当成一种持之以恒的目标，而是带有一种投机的心理或跟风，如国家倡导的大环境，或其他人鼓动，或家里经济情况

---

① 陈忠卫主编：《知行统一路——大学生创业案例与创新创业教育研究（2015—2016）》，经济管理出版社 2016 年版，第 166—168 页。

好，想尝试一下，权当增加自己的生活阅历等；思想上就已定下能做就能，做不了就退，上班或干别的。做了一段时间以后发现好像不怎么行，就不了了之。创业加入的人群很多，替换的周期也很快，比互联网的迭代周期还快。

第五章

创新创业教育个案考察

无论是量化研究，还是创业生涯叙事，大众创业时代的大学生创业者中多数人创业的目的在于解决经济困难。他们虽然对就读学校和就读专业未持特定倾向，但都提到了大学的整个环境和创新创业教育支持创业的重要价值。创业教育全国一盘棋，鉴于普通高校生源本省化的趋势，本章从两个层面进行个案考察，一是以贵州整体区域为个案，二是以贵州某个高校为个案，系统考察高校创业教育的开展状况，了解创业教育的真实样貌，为创业教育的适切性提供参考。

第一节 贵州省推进创新创业环境

2002年，贵州师范大学成立了本省第一个大学生创业教育基地——贵州师范大学福特基金贫困大学生创业教育基地。在福特基金的支持下，贵州师范大学以创业教育基地为实践平台，对贫困大学生进行指导。2009年，贵州大学与贵阳国家高新区、贵阳市科技局、贵阳市商业银行兴筑支行签署《扶持大学生科技创业项目合作协议》《大学生创业贷款扶持合作协议》，主要在创业指导、资金扶持、金融合作三个方面给予学生帮助和指导；贵州财经大学不仅开展了大学生创业计划大赛，还对大学生职业生涯进行了比较系统的规划和设计，让学生了解当前的就业形势，转变择业观念，在创业过程中提高自身的价值。2014年，贵州省人力资源社会保障厅等九部门联合发布的《贵州省"万名大学生创业计划"实施方案》，实施方案在其目标任务中明确指出，"进一步健全和完善政府激励创业、社会支持创业、大学生勇于创业的新机制，不断增强大学生的创业意识和创业能力，大力营造'创业贵州'良好氛围，促进大学生创业规模和创业比例双提升"。①

与此同时，贵州省各高校还开启了"火炬青年创业互助社区"创业计划，它通过构建"创想+梦工厂"众创空间平台，来助推大学生创新创业项目。② 2015 年，贵州高校第一家众创空间——"博雅众创空间"在贵阳学院正式挂牌启动，是贵州省第三家省级大学科技园系统、全面地推进大学生创新创业工作的重要举措。③ 2016 年贵州师范大学作为全国首批深化创业教育改革示范高校，成立了创新创业学院（知行学院）。2018 年贵州师范学院也成立了创新创业学院，积极推动创业教育的进一步发展，它通过鼓励、引导和支持大学生自主创业、自主择业，着力培养具有创新型、懂理论、重实践、有担当的高素质人才。近年来，贵州高校学生积极参与创新创业实践活动和创业大赛。贵州大学的"In One 创客空间"创新型孵化器已聚集 40 余支创客团队，并形成了"西部输电线路地质灾害影响评价 GIS 系统""南方电网覆冰监测系统一级主站 GIS 数据库建设"等一批大数据创客项目。

2019 年，贵州省创新能力全国排名第 16 位，较上年上升了 2 位；知识创造和创新环境综合指标分别较上年上升了 3 位和 8 位；但知识获取、企业创新和创新绩效综合指标排名较上年均下降了 1 位。近年来贵州省创新能力有所提升，与大数据产业布局及生态文明试验区建设等政策引导有关；发明专利申请及企业技术改造方面的投入、重视程度仍有缺口。④ 创业孵化方面，2018 年的投融资较 2017 年减少 16.2%；知识产权数较 2017 年减少 17.6%，有效发明专利增长率为-35.1%；吸纳的就业人数较 2017 年减少 41.2%；创业孵化机构共举办创新创业活动

---

① 《贵州省"万名大学生创业计划"实施方案》，https：//www.ncss.cn/tbch/glzcdxscx-cywjhb/gss/gz/291161.shtml，2022 年 3 月 5 日。

② 《火炬青年创业互助社区成立，贵州创客有了新基地》，http：//district.ce.cn/newarea/roll/201504/10/t20150410_5074325，2022 年 3 月 5 日。

③ 《贵州首个高校"众创空间"启动》，http：//edu.people.com.cn/n/2015/0403/c1053-26798169，html，2022 年 3 月 5 日。

④ 中国科技发展战略研究小组、中国科学院大学中国创新创业管理研究中心：《中国区域创新能力评价报告（2019）》，科学技术文献出版社 2019 年版，第 148—152 页。

1179 场，较 2017 年减少 16.6%，共开展创业教育培训 1587 场，较 2017 年减少 13.1%。[①]

第二节 贵州高校创新创业教育整体考察

选取贵州大学、贵州师范大学和贵州医科大学等省内八所具有代表性的高校，进行问卷调查（详见附录），结合访谈及其网页上的公开信息，获取贵州省、地州市政府出台的有关促进高校创业教育政策内容和贵州高校创业教育现状及高校学生创业意向的调查数据。在文献研究及问卷调查的基础上，采用横向和纵向比较、典型案例分析等，了解区域创业教育与区域互动的基本状况。

一 创新创业教育现状

（一）创业教育组织模式

贵州高校在创业教育实践过程中，各高校通过不同的方式，探索创业教育的组织模式和运行机制，形成了领导小组模式、管理学院模式、创新创业学院模式以及训练中心与社团模式等具有不同特色的教育模式。

1. 领导小组模式

贵州高校创业教育组织模式以创业教育工作领导小组居多，例如，贵州中医药大学、贵州财经大学、贵州医科大学和铜仁学院等高校都采用该组织模式开展创业教育。2011 年，凯里学院为推进创业教育工作，成立了大学生创业教育指导委员会。2013 年，成立了"凯里学院大学生创业教育和自主创业工作领导小组"，学校由书记、院长担任组长，分管校领导为副组长，教务处、党政办、学生处、团委、科研处、信息网络中心、计财处以及各分院主要负责人为成员。工作领导小组下设创业教育办公室（教务处），负责大学生创业教育工作；创业服务与项目指导办公室（学生处），负责学生创业活动开展及创业项目场地和日常运营指导；创业实践管理办公室（团委），负责大学生创业竞赛活动的

---

① 科学技术部火炬高技术产业开发中心、首都科技发展战略研究院编：《中国创业孵化发展报告（2019）》，科学技术文献出版社 2019 年版，第 193—195 页。

组织、创业实践活动的开展和指导；创业项目成果转化办公室（科研处），负责大学生创业项目的专利认定、技术支持、成果转化等工作。2018 年，遵义医科大学成立了创业教育工作领导小组，它具体由学校教务处组织牵头，建立了招生就业处、实验教学管理中心、团委、学生工作处、科研处、研究生院等职能部门和各教学院系协同合作、齐抓共管创业教育管理机制。与此同时，学校制定了《遵义医学院大学生创业教育实施方案》《遵义医学院大学生创业教育工作培养方案》《遵义医学院大学生创新创业训练计划项目管理办法》《遵义医学院第二课堂学分管理办法（试行）》《遵义医学院实验室开放管理办法》等文件，为大学生创业教育工作提供制度保障。

2. 管理学院模式

贵州大学采取的创业教育组织模式有别于其他高校。2015 年，贵州大学管理学院举办大学生创新创业推进会，宣布成立"大学生创新创业研究中心"和"大学生创新创业孵化基地"，并启动大学生创新创业专项基金。同时，贵州大学在 2016 年下半学年率先在贵州省开设"创业管理"这门新课程，将"创业管理"系统地、正式地引入贵州大学课程体系中，系统化教授学生关于创业的理论和实践知识。据管理学院市场营销系主任、"创业管理"课程负责人介绍，该课程将会帮助学生分析是否能创业、构思企业构成、分析创业风险、市场分析以及如何获取资金等，实现大学生有效就业，提前规划职业生涯。该课程也将由有创业培训师等相关资质的教师进行教学。与此同时，学院还将邀请各行各业企业家、政府相关部门工作人员为学生授课，与学生交流创业经验、分享创业故事。贵州大学结合该校"三学期制"，以实现通识教育、大类课程教学与宽口径的专业教育有机结合为目标，学校在培养方案中设置了"创新创业课程及实践"模块，加强大学生实践能力的培养，对大学生的创新思维、创新方法和创新能力进行训练，学生需要在"创新创业课程及实践"模块获取不少于 3 学分才能够顺利毕业。此外，学生还可以通过参加学校各个学院组织的学科竞赛或通过参加创新创业训练等各类活动获得该模块的学分，学校也鼓励各学院的教师开设关于大学生创新创业意识、创新思维、创业能力培养的通识拓展选修课程，通过各种途径进一步完善"创新创业课程及实践"模块。

3. 创新创业学院模式

贵州师范大学作为全国首批深化创业教育改革的示范高校之一。一直以来，学校非常重视创业教育教学工作。2016年，贵州师范大学成立创新创业学院（知行学院）。学院设一办三科，具体为基础实验（实训）教学科、创业教育（教学）科、创新项目培育科三个业务科室和一个综合协调办公室，共同协作开展好各项创新创业工作。2017年，进一步成立了"贵州师范大学创业教育研究中心"，加强学校创业教育教学工作的统筹，将创业教育改革列入学校"十三五"发展规划，努力推进创新创业人才培养体系建设，逐步形成具有学校自身特色的"课程、实验（实训）、竞赛、培育、研究、孵化"六位一体的创业教育模式，使创业教育理念融入人才培养全过程。2017年，成为首批全国深化创新创业教育改革示范高校，同年12月成为全国实践育人创新创业示范基地。2018年，贵州师范学院成立创新创业学院，学院设立了综合服务办公室、创新教育中心、创业实践中心和创业教育研究中心四个职能部门。作为贵州省首批全国深化创新创业教育改革示范高校，贵州师范学院先后获贵州省科技厅批准建立贵州师范学院（省级）大学科技园、思源（国家级）众创空间，获贵州省教育厅批准建设"双一流"平台1个、大学生创新训练中心2个。学校还是贵州省教育厅"卓越工程师培养计划"首批试点高校之一，并拥有1个省级工程实践教育中心、1个省级科普示范基地和1个省级劳模创新工作室，多次在国际、国内大学生创新创业和学科赛事中取得优异成绩。

4. 训练中心与社团模式

铜仁学院成立和建设了多个创新创业训练中心，主要通过创新创业训练中心开展创业教育。目前，铜仁学院创新创业训练中心由大学科技园、3D环幕多功能路演厅、财务金融实验室、商务谈判实验室、大学生发展中心、地信系统开发实验室、经管综合实训中心（在建）以及旅游酒店实验实训中心（在建）八个部分组成，是该校为进一步推动在校大学生创新创业实践教育工作，培养具有创新意识、创新思维、创业能力和创业精神的创业型人才，为实践创业体验而成立的一个大学生创新创业综合实训场所。遵义医科大学则采用社团模式开展创业教育。该校通过建立学生社团——大学生创业行动队，该团队先后参与了市教育局组织的"同城掌上搜"创业实践大赛,农夫山泉饮用水品牌营销以及遵义国际商贸城,林达美食城推广、筹办学校首届大学生"创意、创新、创业"大赛等创业实践活动。2020年,遵义医科大学大学生创业行动队在贵州省第六届"互联网+"大学生创新创业大赛中再创佳绩,共有《基于特异性探针偶联磁珠及数字PCR的肿瘤实时检测产品的开发》、《胶质芽孢杆菌胞外多糖在蛋禽养殖中的应用》和《"告别污染,保障安全"——一种玻片批量染色架技术的应用》等9个项目获奖。目前该团队已入驻贵阳,正在开发贵阳及全国市场。

(二)创业教育课程体系建设

创业教育课程体系既是高校创业教育的形式,也是高校创业教育的平台和依托。经过十余年发展,贵州高校创业教育课程已经得到基本普及,无论是高校创业教育体系建设、内容设置、课程设置、教学手段以及考核方式,还是学校对创业教育的重视程度、教师认同度和学生参与度等都取得了长足发展。

1. 人才培养方案独立设置模块化创新创业课程

为体现对创业教育的重视程度,贵州高校通过将创新创业课程纳入学校的人才培养方案,同时明确对创业教育的学分要求。例如,贵州师范大学在2013年人才培养方案的基本原则中明确提出:按照学业、就业、创业"三业贯通,以出口引导入口"的人才培养原则,创新创业理论与实践课程要求在掌握相关知识的前提下,特别强调培养学生的批判精神和创新意识。为此,学校在人才培养方案中独立设置了4学分创新创业课程模块。在此基础上,2017年7月学校出台了《贵州师范大学本科生素质拓展与创新创业学分认定及管理暂行办法》(校发〔2017〕63号),并在2016级本科生中开始执行。遵义医科大学开设创业教育必修课《创业基础》,共36学时,2个学分。同时,开设《创新精神与实践》《数学的思维方式与创新》《大学生创业基础》《创新、发明与专利实务》《创新中国》《创新创业》《创业企业战略与机会选择》《创客来了》8门创业教育网络选修课。贵州医科大学在2016年本科专业人才培养方案中,紧紧围绕学校人才培养目标,全校所有专业都设置大学生创新创业内容课程,共6个学分,其中,必修课程4个学分,选修课程2个学分。与此同时,学校建立了创新创业学分认定及转换制度。依照大学生创新创业项目管理办法，通过结题验收的大学生创新创业项目获得"创新创业活动"相应学分，最高可折抵校级人文素质选修课 6 学分。学校实施 3—8 年弹性学制，允许学生休学创业，为大学生休学创业提供制度保障。贵州工程应用技术学院紧紧围绕"面向全体学生，面向全体教师，结合专业教育与文化素质拓展，将创业教育融入人才培养全过程"创业教育核心内涵，出台了培养方案制订的指导意见，修订了人才培养方案。新开设了《专业导论》《大学生职业生涯规划》和《就业指导与创业教育》必修课程。同时制定在线课程学习认定办法，引入《大学生创业基础》《创业管理实践》《创业创新执行力》等 7 门优质在线课程，选课规模达到 5000 余人次。另外，结合学校实际，开发了校本创新创业课程《基于创业视角的资源植物开发和利用》等课程。

2. 构建门类、种类多样化的创业教育课程

贵州师范大学依托学校教学资源和教师资源的优势，学校近三年共开设：《创新思维训练》《大学生就业与创业基础》《创新创业启蒙》等创新创业类面授课程共计 18 门，其中 2018 年度共开设 13 门；开设《创业基础》《大学生创新基础》《创新工程实践》等创新创业在线慕课多达 25 门，其中 2018 年度开设 12 门。贵州理工学院在创业教育教学改革过程中，学校构建了创新创业课程体系。通过大力建设网络课程，拓展第一课堂教育途径，仅 2017 年春夏学期学校共开设选修 37 门，其中含"创新""创业"名称课 13 门，截至 2020 年 12 月选课学生数为 9485 人，占在校生人数的 91%，其中《创业管理——易学实用的创业真知》修读学生数最多，为 2419 人，占修读人数的 34%。通过这一课堂渠道，学校 100% 的学生接受了创新创业知识的教育。贵州财经大学依托专业知识开发创业课程，鼓励专业教师开设专业类创业教育的选修课程，从而强化创业教育在全校的影响力。目前已有《互联网金融》《轻松管理》《团队管理》等 100 多门相关课程资源。

3. 采用项目、实训载体建设创新创业课程体系

2017 年，贵州师范大学遴选了《旅游人才创业教育课程团队》《大学生创新创业课程团队》《3D 打印技术创新教育课程团队》三个课程类项目作为校级课程团队立项建设项目（教务字〔2017〕19 号）并资

助经费。2018 年遴选了"创意思考与实践课程体系的建设"、贵州师范大学创新创业类课程体系建设的探索与构建——以艺术设计创新类课程为例、创客教育课程体系评估研究、创新创业课程体系建设研究、贵州人文精神与贵州大学生创业教育课程体系研究、网络新媒体视域下"贵州非物质文化遗产"课程体系教学共享平台的探索与建设七个课程类项目立项为校级创新创业类研究项目（校双创字〔2018〕6 号）并资助经费，以项目为载体，建设了《旅游人才创业教育》《3D 打印技术创新教育课程团队》《大学生创新创业课程团队》《装饰图案创新设计》《创意思考与实践》五门校级创新创业类线下精品课程；建设了《创新思维训练》《大学生就业与创业选择》二门线上创新创业类精品课程。铜仁学院通过建立以大学生创新创业实训中心为主体的校级创新创业实训基地，为已经接受系统的创新创业课程教育的学生提供专业化、个性化的创业指导，并为项目启动提供适当实训场所。购置 ERP 模拟经营软件、VBSE 创业综合实训、企业模拟经营沙盘、财会金融软件、先天特质沙盘、项目管理沙盘等信息化操作的实训平台。

（三）以考核、竞赛等方式构建协同育人课程系统

贵州工程应用技术学院通过实施课程考核方式改革。学校制定实施《贵州工程应用技术学院课程考核方式改革实施办法》（贵工程院教〔2014〕22 号）。创新创业课程考核实行"F+S"（Formative Assessment+Summative Assessment）"F"即教学中布置的各项综合性作业和实践任务；"S"即期末综合考核。[1] 贵阳学院注重创业教育过程性评价，弱化标准考核。学校依据学生的出勤、课堂表现、随堂测试以及期末考试等环节，设定不同权重，加强过程性评价；采用市场调查、实验、小论文、小组课业、课外实践、调研报告等形式实施学业考核，成为学生创业教育学业评价新常态。贵州财经大学则采取了"以教促赛、以赛促学"的创新创业教育方式，不断激发大学生的创业潜能。学校创新创业课程培养了学生创新意识和创新创业能力，有效帮助学生突破思维定式，引导并培育学生学科竞赛团队。2017—2020 年，学生获得省级

---

[1] 吴广：《画法几何及土木工程制图的教学改革探讨》，《贵州工程应用技术学院学报》2015 年第 4 期。

以上奖励 314 项,获奖学生 2000 余人。其中在第三届全国大学生"互联网+"创新创业大赛中获铜奖 1 项,省级赛中获一等奖 1 项、三等奖 1 项、优秀奖 2 项;在第七届全国大学生电子商务"创新、创意及创业"挑战赛全国总决赛中获特等奖 1 项、一等奖 1 项、二等奖 2 项;在全国大学生数学建模比赛中获二等奖 1 项;在全国大学生节能减排竞赛中获二等奖 1 项;在第六届全国大学生金相技能大赛中获一等奖 1 项、二等奖 2 项;在全国大学生广告设计大赛贵州赛区中获一等奖 2 项、二等奖 4 项;在贵州省第二届青少年 3D 打印创新设计大赛中获一等奖 3 项、二等奖 4 项;在贵州省大学生机器人大赛中获一等奖 1 项、二等奖 2 项、三等奖 4 项。贵州民族大学面向全体学生开设创业就业指导类必修课程《大学生职业发展与就业创业指导》,2 个学分,并开设《创业管理实战》《创新思维训练》《有效沟通技巧》等 8 门公共选修课程,均纳入学分管理。学校不断整合创新创业指导中心、教务处、团委、工程实训中心、体育创新中心、各学院实验室、校外企业等各方优势资源,构建独具特色的创业教育协同育人课程系统。

(四)创业教育教学模式

从总体来看,在遵行教育部的总体要求下,各个学校呈现出多元化的取向,充分体现了各自学校的文化与学科特色。

1. 创业教育理论教学模式

贵州理工学院基于学校的发展定位,将创业教育纳入人才培养的全过程,作为深化教育教学改革、推动 OBE 工程教育模式实施提高人才培养质量的动力引擎。学校在创业教育教学中逐渐形成了"注重教育全面向,融入教育全过程,引导教师全参与"的"三全育人机制"。学校形成"双学分制""双院制"以及让 100%的学生接受创新创业知识教育、100%的学生经历创新创业训练的"双百分百"的"三双育人机制"。学校通过大力推进混合教学模式改革,注重提升学生自主学习能力,注重将专业教育与创业教育融合,在课程中引入"双学分课程",培育一批"双学分课程"。例如,《单片机原理与应用》等 22 门双学分课程实现了学校专业教育与创业教育的有效融合。兴义民族师范学院在学校创业教育专家指导委员会的指导下,成立创业教育工作办公室。学校通过修订人才培养方案,通过课外开展社团活动、专题实践、创新创业实践训练、科学研究训练以及学科竞赛等活动，将课程知识的传授方式与第二课堂活动内容设计有机结合，开展创业教育。贵州工程应用技术学院为促进学生个性化成长，加强学生创业教育学业指导，2014年起实施创业教育学业导师制，为每位学生配备学业导师，并加强创业教育学业导师的考核。为每位学生制定《大学生创新创业成长手册》，让手册伴随学生四年成长，为学生创业教育提供个性化指导，为有意愿、有潜质的学生制订创新创业能力培养计划。

2. 创业教育实训教学模式

国家级大学科技园（一园三区）是贵州唯一拥有两个国家级孵化平台的大学科技园，是贵州高校中唯一的全国小微企业创业创新示范基地，"思雅众创空间"是国家级众创空间。学校经过多年发展，积累了丰富的优质实验（实训）基地资源基本能够覆盖相关专业学生。例如，学校与中科院国家天文台共同建立"FAST 早期科学数据中心"和"国家天文台——贵州师范大学天文研究与教育中心"。2016 年，学校 FAST 脉冲星搜索超算平台等 17 项技术借用此平台项目转化落地。与此同时，学校结合学科专业实际，建设了一大批校外实践教育基地。例如，贵州师范大学—佛顶山科研教学实习基地、贵州师范大学—兴义市第八中学、遵义市南白中学基础教育协同创新基地、贵州师范大学—中国水环境集团校外实践基地等。贵州理工学院通过众筹项目，大力推进各类创业教育实践教学平台建设，建成了土木工程专业虚拟仿真实验室、BIM 虚拟仿真实验室、化工操作虚拟仿真实验室、有线元虚拟仿真动态模拟实验室。以此为基础，学校结合创业教育需求，建设了健康智造众创空间（国家级创新创业平台）、贵州理工学院工程训练中心（省级实验教学示范中心）、嵌入式系统创新创业训练中心（省级大学生创新创业训练中心）等校级创新创业训练平台，学院建立了 BIM 创业实验室、App 创业中心、"e 创客"空间，与企业共建了"蜂巢咖啡"创客空间、"耀创客"空间等院级创新创业平台。

在建设满足大学生创业教育训练要求实践教学平台、创新创业平台基础上，贵州理工学院以项目为抓手，广泛开展大学生创新创业训练。遵义师范学院已建成专业实验室和实训场所 123 个，共计 30034 平方米，基本覆盖相关专业学生。与江苏省太仓市丰武光电有限公司、江苏长乐纤维科技有限公司、贵州百花医药股份有限公司等省内外数十个行业企业单位以及一百余所基础教育学校签署共建实践教学基地协议,积极开展大学生创业教育实习实训工作。

3. 创业教育融合教学模式

贵州医科大学不断改进教学方法和教学手段,通过完善"四种模式",开展创业教育融合教学模式。分别为以教学、模拟、实践"三位一体"的创业教育模式,以基于网络平台、全开放的实验教学新模式,以科研反哺教学模式和以卓越人才培养模式。同时打造"五大平台",完善实训实践体系。即实验教学示范中心平台、本科生科研训练平台、学科竞赛平台、社会实践活动平台以及创业园孵化平台。以此不断完善优秀项目推介和孵化机制,及时将优秀创业项目引入创业园孵化,将项目变成创业成果。贵州财经大学依托学校学科优势和国家级实验教学示范中心、国家级虚拟仿真实验中心,具体围绕大学生"创新创业基础教育、创新创业仿真教育、创新创业实战教育"三个层面递次推进,以培养学生创新创业能力为突破口,积极推动相关教育教学改革,初步建立了课程教学质量管理闭环,形成了一套独具特色的创新创业教学体系。

其中创新创业基础教育内容主要涵盖创新类、创业类以及创新创业类理论与实践课程,创新创业类课程涵盖创新思维训练、3D 技术、广告调查与创意、多媒体广告创意、KAB 创业基础、SYB 创业课程、创业管理、项目投资管理等十多门创新创业类课程。创新创业仿真教育通过创业模拟实训、创业竞赛及创新创业训练计划等内容,通过仿真或类仿真的方式,学生通过无风险的反复演练,可初步掌握创业实际操作能力和沟通表达、逻辑推理、战略决策、财务融资等创业基础能力,养成创业意识与思维活力。创新创业实战教育通过创业孵化园、创业实训公司为学生创业实战和专业实习提供训练平台,有效地提升其综合创业能力;另外,通过创客空间、跨界众创咖啡,打造以商业、文化创意为主要方向的跨界服务交流平台,鼓励创客在创造中寻求快乐,实现由创新到创业的蜕变。

(五)创业教育师资配置情况

创业教育的特点决定了高校教师既要拥有广博的创业教育理论知

识，又要具有一定的创业实践经验基础。因此，创业教育教师既是开展创业教育活动的重要主体，也是决定高校创业教育水平的关键要素。贵州高校创业教育特别重视教师队伍建设，努力从创业教育师资队伍的数量、结构、导师专家库以及能力提升等方面进行探索。

1. 保证创业教育师资有一定数量

为了保证创业教育顺利开展，贵州财经大学通过举办"KAB创业师资内训班"、参加人社部门SYB讲师培训班等系列培训活动，已经培养出一支素质高、结构合理、具备创业实战能力的师资队伍。截至2020年，学校拥有校外创新创业导师50余人，校内创业教育教师达到78人。贵州理工学院通过校地合作，建立了一支由产业领域、行业能手以及创新创业典范组成的213人庞大创新创业导师队伍，有效地弥补了学校教师创业实践不足的短板。通过校外创新创业导师共同参与学校的创业教育理论与实践教育，有效地推动了贵州各个高校的创业教育的有效性、针对性和开放性。遵义师范学院有《创业基础》课程专兼职教师45人，校外创业导师32人，创业教育教师队伍建设初具规模。为提高教师教学能力与指导水平，学校不断派遣毕业生就业工作专兼职人员外出学习培训，已有创业咨询师12人、SIYB创业讲师29人、高级职业指导师9人、全国就业指导专职人员（初级）8人、心理咨询师5人；聘请专家进校开展课程教学技巧专题培训，参训500余人次。在优秀创业团队的带动下，遵义师范学院越来越多的学生参与到创新创业中，创新实践能力得到了进一步提高。贵州工程应用技术学院目前拥有创新创业导师共165人。其中拥有KAB讲师、SYB讲师、创业咨询师90人。经常性开展多种形式的创业教育师资培训，提升教师创业教育能力。组织开展SIYB师资培训，《创业基础》翻转课堂师资培训，电子商务人才师资培训，并积极选派教师参加优质学科竞赛观摩和培训。为提升教师的实践应用创新能力，陆续选送教师到企事业单位进行实践锻炼，目前已选送54人。

2. 优化创业教育师资结构

遵义医学院有9名教师取得了SYB创业培训师、3名教师取得了KAB创业培训师、2名教师取得了高校创业指导师证书，以及创业基础课程骨干教师培训教师若干名，拥有创新创业专职教师5名，兼职教师

49名。贵州财经大学通过举办"KAB创业师资内训班"、参加人社部门SYB讲师培训班等，已经培养出一支素质高、结构合理、具备创业实战能力的师资队伍。

3. 建立创业教育导师专家库

贵州师范大学通过整合校内外资源，建设了创业教育导师库。聘请知名企业家、创业成功者、企业家和风险投资人等各行业优秀人才共80余位担任校外创业教育导师。2020年，有20名校内外专家入选全国万名优秀创新创业导师人才库；230名校内外导师入选贵州省首批大学生创新创业导师；120名校内外导师入选贵安新区创新创业导师专家库，学校创业教育导师专家库已经初具规模。贵州财经大学为更好地指导学生创业实践，在校内创业师资队伍基础上，学校创新创业项目整合校外资源，建立了由企业家、政府官员和专家学者组成的校外创业导师团队，并正在与贵安新区、贵阳市人社部门联系共享创业导师资源库。与此同时，贵州财经大学充分挖掘校内外高层次人才资源，结合专业教育建立一个创业名师专家库。学校选聘了一支由学校高层次人才、知名校友企业家、创业成功人士以及金融投资专家等各类群体组成的创新创业名师专家库。学校通过名师专家库进行创业教育教学和培训，提高创业教育的广度和深度，促进产学研合作层次不断提升。大力提倡名师专家库教师在科技创新、成果转化、项目咨询中能够带动学生团队开展项目课程研究，创造经济效益。

4. 提升创业教育指导教师能力

贵州师范大学分别在创新创业学院、经济与管理学院、数学科学学院、大数据与计算机科学学院、国际旅游文化学院、外国语等学院遴选8名创新创业骨干教师到台湾朝阳科技大学开展为期2个月的研修。与此同时，学校组织教师分别参加全国高校双创实践教学师资培训、第七期创业咨询师国家职业资格专场认证、创客教育师资培训班、创业教育教学、"高校双创教育机器人技术创新与成果转化"研修班、全国虚拟现实人才培养课程（第一期）、全国高校双创沙盘实践教学师资培训、贵州省创新创业骨干教师培训等省内外培训与观摩。此外，学校在"贵州师范大学专业技术职务任职资格推荐（评审）办法"（校发〔2016〕56）就明确规定，申报教授职务任职资格的专任教师，必须独立指导或以第一指导教师身份指导学生参加校级以上创新创业活动或学科竞赛活动，学生获得三等奖以上奖项、指导教师获得相应书面表彰。申报副教授、讲师职务任职也规定了创新创业工作相关的工作经历和绩效考核。2017 年学校目标绩效考核指标强化了创业教育在学校中层班子和中层干部年度目标绩效考核工作的权重，进行考核量化。铜仁学院围绕创新创业指导服务中心建设了一支成熟的、富有活力以及专业的创新创业导师团队。自 2016 年下半年起，学校两年内分四期陆续派遣有创新创业工作热情的教师参与国家人社部"创业咨询师"培训，五年内不定期派遣相关教师外出参与"创业沙盘培训师""创业实训指导师""KAB 项目讲师"等专题培训，并且通过外出参与大学生创新创业竞赛、举办创新创业教育活动沙龙以及在学校组织创新创业相关交流研讨会议等形式增强导师团队投入创业教育的意识和能力。

（六）创业教育保障机制

创业教育保障机制是基于高校创业教育系统内部各要素之间相互联系、相互作用和相互制约的方式而构建起来的组织机构、管理规范和工作方式等。建立创业教育保障机制是高校深化教育体制改革的内在要求，也是推进创业教育的关键环节，还是高校创业教育改革顺利实施的重要支撑。[①]

1. 考核机制

贵阳学院在创业教育考核内容和方式上，主要采用过程性评价方式为主要学习评价手段。[②] 遵义医科大学制定了《遵义医学院第二课堂学分管理办法（试行）》，将课外文体活动、科技创新、社会实践与志愿服务等纳入第二课堂学分认定范围，并要求学生在校期间至少完成 12 个学分。与此同时，学校全面推动学生学业评价体系改革，积极倡导形成性评价与终结性评价相结合的考核方式，注重考核内容向综合性转变，成绩评定向全面性转变，引导课程教学体系和教学内容变革，突出大学生知识、能力、素质的综合性培养。铜仁学院将创业导师团队教

---

① 何耀文：《新时代中职学生创业教育的探索与实践》，硕士学位论文，广西师范大学，2019 年。

② 毛有碧、刘燕：《新建地方本科院校创新创业教育路径探索——以贵阳学院为例》，《贵阳学院学报》（社会科学版）2017 年第 5 期。

学纳入教学绩效管理工作中。同时，学校进一步建立健全了教师与学生的创新创业成果转化和利益分配机制，学校通过支持教师将其最新的科技成果转化为创业项目，积极支持教师的创新创业活动。此外，学校也专门建立了对学校各部门、二级学院、全体教师创业教育成果的评价考核机制、考评指标体系和考评办法，定期对创业教育工作进行考核评价，积极鼓励教师开展创新创业活动。

2. 资金保障

贵州师范大学利用中央支持地方高校发展专项资金600万元，支持创新创业学院（知行学院）开展创业教育教学活动，在2017年学校公共经费预算和中央支持地方高校专项资金中也计划划拨相当比例的经费为该项工作提供保障。同时，大学科技园积极争取政府部门支持，从国家科技部、省科技厅、贵州省经济和信息化委员会、省教育厅、贵安新区、贵阳市科技局、云岩区科技局、白云区科技局等为学校的创新创业工作获得1000余万元专项资金。[①] 遵义师范学院通过设立教师创业教育教学能力提升专项资助资金，积极支持开展创业教育教学研究、课程及教材建设、教学成果奖励、教学团队建设等项目。由于学校每年为创业教育改革配套专项资金，支持教师创业教育教学，鼓励学生创新创业活动，资助学生创新创业项目。为此，遵义师范学院的创新创业活动开展得较为积极。

3. 调整学籍制度

贵州医科大学通过建立创新创业学分制并将其纳入学生培养方案，优化了对学生创新和创业学分的认可。在学校学业奖学金评定，教学业绩评估和研究生录取方面优先考虑在创新和企业家精神方面取得杰出成绩的学生。学校采取灵活的学分管理系统支持学生暂停学习并开展创新创业活动。通过完善人才培养质量保证机制，进行创业教育的监督、评估、反馈和改善，有效地促进了学校创新创业教育的开展。贵州师范大学制定并出台《本科生素质拓展与创新创业学分认定及管理暂行办法》、《大学生知识产权资助申请及奖励办法（试行）》、修订《大学

---

① 毛有碧、刘燕：《新建地方本科院校创新创业教育路径探索——以贵阳学院为例》，《贵阳学院学报》（社会科学版）2017年第5期。

生创新创业训练计划管理办法（修订）》和《大学生科研训练计划管理办法（修订）》，积极创造内部条件、修订学籍管理制度，构建了学校创新创业教育长效机制。与此同时，学校通过提高创新创业教师指导学生创新创业能力和教育教学水平，有效融合专业教育与创业教育。铜仁学院支持学生休学创业，实施学分制管理和弹性学制。通过健全创业教育的监督、评价、反馈、改进等质量保障机制，完善创业教育和实训实践的系列规章制度。

4. 营造环境氛围

贵州医科大学通过建立学校创客空间网站，为学生提供信息服务，营造浓厚的创新创业文化气氛。贵州师范大学长期开展创新创业讲座、沙龙、研讨会、艺术节等，2017年承办贵州省教育厅建行杯贵州省第三届"互联网+"大学生创新创业大赛启动会议暨高校大学生创新创业类优秀作品展，承办贵州省科技厅创新创业大赛复赛工作、贵安新区"政务大数据与创新创业服务"主题论坛，开展创新创业讲座12期，承办贵州省2018年"互联网+"大学生创新创业大赛教师培训会，举行学校的第四届中国"互联网+"大学生创新创业大赛专题培训等，营造出良好的创新创业文化氛围。

5. 实施质量管理

贵州财经大学主要通过各种比赛，三下乡、扶贫、志愿服务、勤工助学等社会实践，企业家论坛、创业沙龙、创客咖啡、创业俱乐部活动加强创新创业第二课堂建设。[①] 此外，学校通过采取集中与分散相结合的创新创业教学质量管理模式。教务处主要负责创新创业教学的运行管理与质量监控；创新创业办承担创新创业教学建设，并协助教务处进行质量管理；创新创业办及各分院负责组织具体课程教学；创新创业教研室协同学校各系和各教研室承担创新创业课程设计与开设；教学督导负责对创新创业教学进行外部监控评价，已构建起一套较完善的创新创业教学管理体系。

二 高校创业教育能力分析

从前面的分析中可以看出，贵州各高校已开展创业教育，从组织机

---

① 刘永立：《经管类专业创业教育体系构建》，《合作经济与科技》2013年第1期。

构、课程、教学、师资到质量管理，机制上趋势完善。总体上既有相似性，也有各自的特色，一是体现在学校的学科专业差异，二是体现在具体实践者的个人差异。尽管访谈研究获得了大致信息，但高校创业教育能力如何仍是未知数。鉴于高校创业教育能力关系到创业教育的实际开展，以及学生在多大程度上能够从学校获得相应的支持，有必要对高校创业教育能力进行评价性研究。

（一）高校创业教育能力评价CIPP模型

1967年，美国学者斯塔弗尔比姆（Stufflebeam，D. L.）率先提出了CIPP评价模型，该模型由四项评价活动的首个字母组成，分别为背景评价、输入评价、过程评价以及成果评价四个方面。[1] 由于这四种评价可以为决策者提供不同方面的决策信息，CIPP模型亦称决策导向型评价模型。CIPP模型最初是应用于教育教学评价，后来逐渐推广到其他领域。

如图5-1所示，构建了基于CIPP的高校创业教育能力评价理论模型。高校创业教育能力评价的CIPP理论模型要件主要包括三个层次，分别为中心圆圈的"高校创业教育能力"，次层圆圈的"高校创业教育的能力构成"以及外层圆圈的"CIPP评价要素"。[2] 在此基础上形成的总结性评价可以为后续评价奠定基础，以实现追踪和评价结果，从而突出对高校创业教育能力的形成性评价和改进功能，而非单纯地追求总结性评价和证明功能。

（二）高校创业教育能力评价指标体系

1. 高校创业教育环境基础能力评价指标

CIPP模型（见图5-1）中的"环境基础能力"指标下涉5个等指标，本研究中的高校是同一区域，故只选取"知识基础"和"技术基础"等指标衡量高校创业教育环境基础能力。通过"高校所在城市创新创业活跃程度"指标对"区域环境"进行衡量。贵州高校通过高校教师"CNKI高校创业教育论文发表数"和"CNKI高校创业教育论文

---

[1] 葛莉：《基于CIPP的高校创业教育能力评价与提升策略研究》，博士学位论文，大连理工大学，2014年。

[2] 葛莉：《基于CIPP的高校创业教育能力评价与提升策略研究》，博士学位论文，大连理工大学，2014年。

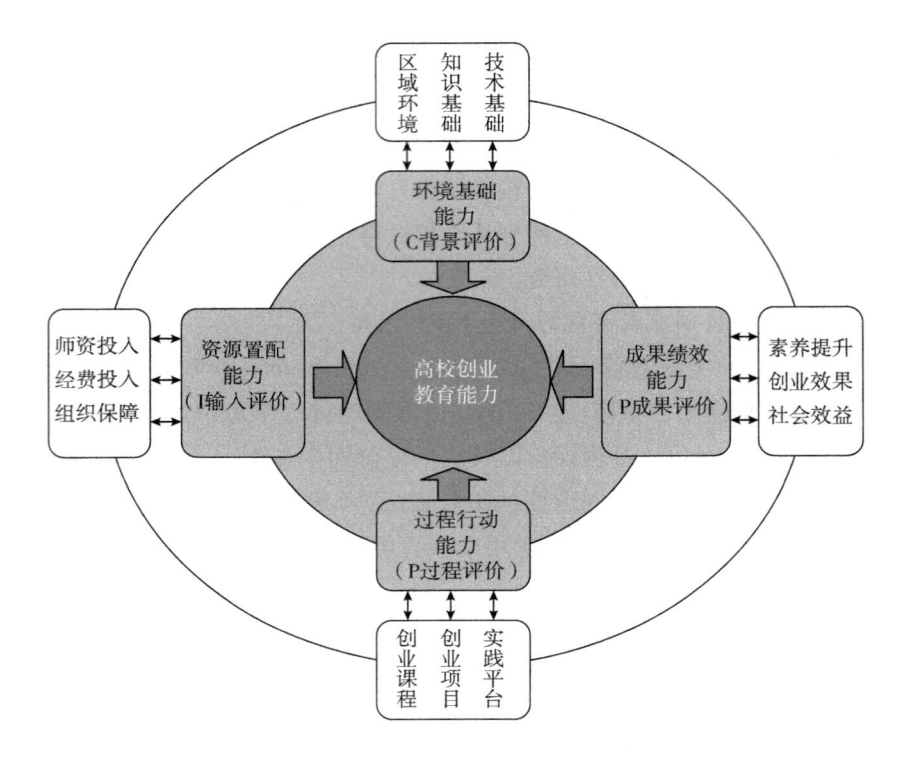

图 5-1 基于 CIPP 的高校创业教育能力评价理论模型

被引数"两个指标对"知识基础"进行衡量。这两个指标都是衡量高校科研创新能力的重要体现。通过"发明专利授权量"和"技术转让签订合同数"两个指标对"技术基础"进行衡量。

2. 高校创业教育资源配置能力评价指标

本书研究主要选取"师资投入""经费投入""组织保障"等指标衡量高校创业教育资源配置能力。通过选取"高校创业教育授课教师数""高级职称高校创业教育授课教师比例""高学历高校创业教育授课教师比例"等指标，从总体上把握高校创业教育师资的规模和结构。选取"国家级创新创业计划项目财政拨款数"和"国家级创新创业计划项目高校拨款数"两个指标作为高校创业教育"经费投入"的考察指标。选取高校"创新创业咨询指导服务中心数"作为高校创业教育组织保障测量的重要依据。

3. 高校创业教育过程行动能力评价指标

本书研究主要选取"创业课程""创业项目""实践平台"等指标衡量高校创业教育过程行动能力。通过选取"高校创业教育课程开设数"指标衡量高校对创业教育的重视程度和创新创业知识传播能力，同时选取"高校创业教育讲座/沙龙多样性"指标作为衡量高校创新创业课程的重要辅助。选取"国家级创新创业计划项目立项数"指标考察高校开展创新创业模拟活动的能力与效果；选取"国家级创新创业计划项目大学生参加数"指标考察高校大学生参与创新创业模拟活动的积极性、主动性和能动性。选取"科技园、创新创业园、孵化器数"指标衡量高校创新创业知识转移、科技孵化和产学研协同创新能力。

4. 高校创业教育成果绩效能力评价指标

本书研究主要选取"素养提升""创业效果""社会效益"等指标衡量高校创业教育成果绩效能力。通过选取可量化的"高校'挑战杯'大学生创新创业计划竞赛国赛获奖数量"与"省'互联网+'大学生创新创业大赛获奖数量折合分数"指标衡量大学生创新创业技能训练、项目研发的成绩与实效；选取"大学生创新创业个性心理特征的提升"指标衡量高校大学生创新创业个性心理品质的提升程度。选取"大学科技园在孵企业数"指标衡量大学生创新创业应用的参与程度与高校科技孵化的潜力；选取"大学科技园累计毕业企业数"指标衡量大学生创新创业应用的实现程度与高校科技孵化的实力。选取"创新创业率、就业率之比"指标衡量高校创业教育的过程和创业活动对缓解就业压力、建设创新型国家的导向；选取"杰出创新创业校友数"衡量高校培育创新创业型精英人才的能力，并突出创新创业榜样的示范和引领作用。

（三）高校创业教育能力评价指标体系构建

本书研究基于CIPP的高校创业教育能力评价理论模型，构建了基于CIPP的高校创业教育能力评价指标体系，具体如表5-1所示。

（四）各高校创业教育能力分析

根据贵州高校开设创业教育情况以及考虑研究样本代表性，主要选取贵州大学、贵州师范大学、贵州医科大学、贵州财经大学、贵州民族

表 5-1　基于 CIPP 的高校创业教育能力评价指标体系

主指标	分指标	指标
背景评价（C）创新创业环境基础能力	知识基础	子指标 1：CNKI 高校创业教育论文发表数（篇）
		子指标 2：CNKI 高校创业教育论文被引数（次）
	技术基础	子指标 3：发明专利授权量（项）
		子指标 4：技术转让签订合同数（项）
输入评价（I）创新创业资源配置能力	师资投入	子指标 5：高校创业教育授课教师数（人）
		子指标 6：高级职称高校创业教育授课教师比例（%）
		子指标 7：高学历高校创业教育授课教师比例（%）
	经费投入	子指标 8：国家级创新创业计划项目财政拨款数（元）
		子指标 9：国家级创新创业计划项目高校拨款数（元）
	组织保障	子指标 10：创新创业咨询指导服务中心数（个）
过程评价（P）创新创业过程行动能力	创业课程	子指标 11：高校创业教育课程开设数（门）
		子指标 12：高校创业教育讲座/沙龙多样性（类）
	创业项目	子指标 13：国家级创新创业计划项目立项数（项）
		子指标 14：国家级创新创业计划项目大学生参加数（人）
	实践平台	子指标 15：科技园、创新创业园、孵化器数（个）
成果评价（P）创新创业成果绩效能力	素养提升	子指标 16：高校"挑战杯"大学生创新创业计划竞赛国赛获奖数量与省"互联网+"大学生创新创业大赛获奖数量折合分数（分）
		子指标 17：大学生创新创业个性心理特征的提升（分）
	创业效果	子指标 18：大学科技园在孵企业数（个）
		子指标 19：大学科技园累计毕业企业数（个）
	社会效益	子指标 20：创新创业率、就业率之比（%）
		子指标 21：杰出创新创业校友数（人）

大学、贵州中医药大学、贵州师范学院、贵阳学院、贵州工程应用技术学院、兴义民族师范学院和贵州大学（明德学院）11 所高校作为研究样本。研究过程中主要采用因子分析方法对各高校创业教育能力进行实证研究。

1. 高校创业教育能力评价样本来源

本书研究主要选取贵州大学、贵州师范大学和贵州医科大学等

11所高校在贵州高等院校中具有广泛的代表性和典型性,在创业教育改革与发展中呈现出良好态势和发展潜力。贵州大学作为贵州省内唯一的综合性大学,是国家世界一流学科建设高校,也是第二批国家级深化创业教育改革示范高校。贵州师范大学是首批国家级深化创业教育改革示范高校,并于2016年正式成立创新创业学院(知行学院)。贵州财经大学是一所以经济学、管理学为主,法学、哲学、文学、教育学、艺术学、理学和工学等多学科协调发展财经类大学,也是贵州省委、省政府重点建设的贵州省经济管理人才培养基地,第二批国家级深化创业教育改革示范高校。贵州医科大学作为贵州省唯一具有完整的本科—硕士—博士培养体系的医学高等院校,自2013年以来逐步建立了贵州省"三大"创新创业示范基地。贵州民族大学拥有2个区域一流师资团队,5个省级教学创新团队,1个省级科技创新人才团队。贵州中医药大学在历届全国"挑战杯"赛事中屡创佳绩,涌现出全国首批"小平科技创新团队——针灸推拿机制研究及产品研发创新团队"等为代表的一大批优秀青年才俊和创新创业团队。贵州师范学院先后获省科技厅批准建立大学科技园(省级)、思源(省级)众创空间,以及获省教育厅批准建设大学生创新训练中心1个,并单独成立创新创业学院。贵阳学院注重改善实验条件和培育各类创新创业平台为学生基本技能训练提供保障。[①] 贵州工程应用技术学院构建"12345"创业教育体系。通过建立一个学院——创新创业学院;搭建"两创"平台:众创空间(学校层次)+创客空间(各学院层次);实施三项制度:实施学生在校期间至少参加一项创新创业项目制度、学分积累和转换制度以及学业导师制。贯穿四个阶段:即按照学制设计大学四年不间断的创业教育。大学一年级:侧重创新创业知识教育;大学二年级:侧重创新创业技能培训;大学三年级:侧重创新创业实践;大学四年级:侧重创业训练及项目孵化。坚持五个融入:课程体系融入创新创业,专业课程融入创新创业,通识课程融入创新创业,教学过程融入创新创业,第二课堂融入创新创业。兴义民族师范学院在"十三五"时期,每年立项建设10—20

---

① 毛有碧、刘燕:《新建地方本科院校创新创业教育路径探索——以贵阳学院为例》,《贵阳学院学报》(社会科学版)2017年第5期。

门创业教育专门课程和融合创业教育内容、方法的基础课程、专业课程；每年立项建设1个专业教育与创业教育深度融合的试点专业，推进培养方案、课程体系、资源建设、管理模式等方面的综合改革，使创业教育贯穿于专业教育的全过程；每年重点支持10—30项重大创新创业竞赛、重点培育10—50个学生创新创业团队；每年评选创业教育先进单位、创业教育先进工作者、创新创业年度学生人物、年度十大学生创新成果、年度十大学生创业项目，并进行表彰奖励。贵州大学（明德学院）认真践行"知识+能力""专业+特长""学院+企业（行业）"产学合作办学模式，着力培养具有创新思维能力的高级技术应用型人才。贵州大学、贵州师范大学和贵州医科大学等11所高校创业教育的培养对象、课程形式与主管机构的基本情况，如表5-2所示。

表5-2　　　　　　　　11所高校创业教育基本情况

高校	培养对象	课程形式	主管机构
贵州大学	本科生、研究生、MBA、EMBA	通识选修课、专业选修课	贵州大学教务处
贵州师范大学	本科生、研究生	公共选修课、专项培训和竞赛辅导	创新创业学院
贵州医科大学	本科生、研究生	公共选修课 专业选修课	创业教育工作领导小组
贵州财经大学	本科生、研究生	公共选修课 专业必修、选修课	教务处、大学生创新创业管理办公室、实验教学部
贵州民族大学	本科生、研究生	公共选修课	大学生创新创业中心
贵州中医药大学	本科生、研究生	公共选修课 专业选修课	大学生创新创业工作领导小组
贵州师范学院	本科生	公共选修课 专业选修课	创新创业学院
贵阳学院	本科生	公共选修课 专业选修课	创新创业中心
贵州工程应用技术学院	本科生	公共必修课、专业选修课、网络线上线下翻转课	教务处
兴义民族师范学院	本科生	必修课、专业选修课	大学生创新创业中心
贵州大学（明德学院）	本科生	公共选修课、专业选修课和培训/慕课	创新创业中心

2. 高校创业教育能力评价数据比较

贵州大学、贵州师范大学和贵州医科大学等 11 所高校创业教育能力评价数据主要通过国家教育部网站、科技部网站、贵州省政府网站、贵州省教育厅网站、各高校网站、新闻媒体报道以及各高校实地调研等渠道获得。高校创业教育能力评价数据采用贵州大学、贵州师范大学和贵州医科大学等 11 所高校创业教育在 2015—2019 年度的累计数据。部分涉及百分比（％）的数值，例如，高级职称高校创业教育授课教师比例和高学历高校创业教育授课教师比例等，则取统计期间年度的最大值。

（1）高校创业教育环境基础能力的评价数据与来源。贵州大学、贵州师范大学和贵州医科大学等 11 所高校创业环境基础能力的评价数据，如表 5-3 所示。

表 5-3　　　　　　高校创业教育环境基础能力评价数据

高校\指标	子指标 1（篇）	子指标 2（次）	子指标 3（项）	子指标 4（项）
贵州大学	94	185	139	6
贵州师范大学	44	67	25	12
贵州医科大学	77	192	113	5
贵州财经大学	16	29	90	9
贵州民族大学	44	286	20	0
贵州中医药大学	8	19	85	32
贵州师范学院	27	40	18	0
贵阳学院	57	101	139	4
贵州工程应用技术学院	48	122	22	0
兴义民族师范学院	37	57	1	0
贵州大学（明德学院）	6	10	14	0

高校创业教育环境基础能力的评价数据与来源说明：子指标 1 是"创业教育论文发表数（篇）"评价数据，通过"中国知网"（CNKI）检索获得。在"中国知网"高级检索栏的关键词处分别输入

"创新"或含"创业",作者单位分别输入贵州大学、贵州师范大学和贵州医科大学等 11 所高校创业教育高校名称(数据检索过程中,贵州医科大学含贵阳医学院数据,贵州中医药大学以贵阳中医学院替代),通过精确检索获取贵州大学、贵州师范大学和贵州医科大学等 11 所高校关于创业教育在 2015—2019 年度发文的累计数据。子指标 2 是"创业教育论文被引数(次)"为在统计"创业教育论文发表数(篇)"的基础上,进一步统计贵州大学、贵州师范大学和贵州医科大学等 11 所高校关于创业教育在 2015—2019 年度发文引用次数的累计数据。子指标 3 是发明专利授权量(项),子指标 4 是技术转让签订合同数(项),此两项指标通过问卷调查和学校自我报告获取。

(2)高校创业教育资源配置能力的评价数据与来源。贵州大学、贵州师范大学和贵州医科大学等 11 所高校创业教育资源配置能力的评价数据,如表 5-4 所示。

表 5-4　　高校创业教育资源配置能力评价数据

高校 \ 指标	子指标 5（%）	子指标 6（%）	子指标 7（元）	子指标 8（元）	子指标 9（元）	子指标 10（个）
贵州大学	30	15.00	32.00	0.00	152.30	3
贵州师范大学	99	30.00	30.00	110.00	120.00	2
贵州医科大学	26	34.60	96.00	62.50	220.00	4
贵州财经大学	10	30.00	30.00	—	150.00	1
贵州民族大学	71	52.00	48.00	27.70	86.15	1
贵州中医药大学	12	25.30	25.30	30.00	120.00	2
贵州师范学院	17	52.94	23.53	34.00	142.00	4
贵阳学院	16	66.70	66.70	25.00	124.40	1
贵州工程应用技术学院	62	45.00	3.20	180.00	180.00	1
兴义民族师范学院	25	38.00	20.00	75.00	75.00	2
贵州大学（明德学院）	42	14.30	4.80	0.00	0.00	1

高校创业教育资源配置能力的评价数据与来源说明:子指标 5 是高校创业教育授课教师数、子指标 6 是高级职称高校创业教育授课教师比

例、子指标 7 是高学历高校创业教育授课教师比例、子指标 8 是国家级创新创业计划项目财政拨款数、子指标 9 是国家级创新创业计划项目高校拨款数、子指标 10 是创新创业咨询指导服务中心数，均通过问卷调查和学校自我报告获取。高级职称高校创业教育授课教师比例和高学历高校创业教育授课教师比例取统计期间年度的最大值。其中贵州财经大学的国家级创新创业计划项目财政拨款数在生均拨款中，金额不确定。贵州大学（明德学院）作为独立本科院校，没有获得国家级创新创业计划项目财政拨款数、国家级创新创业计划项目高校拨款数。

（3）高校创业教育过程行动能力的评价数据与来源。贵州大学、贵州师范大学和贵州医科大学等 11 所高校创业教育过程行动能力的评价数据，如表 5-5 所示。

表 5-5　　　　　高校创业教育过程行动能力评价数据

指标 高校	子指标 11（门）	子指标 12（类）	子指标 13（项）	子指标 14（人）	子指标 15（个）
贵州大学	158	2	189	760	15
贵州师范大学	35	25	156	550	3
贵州医科大学	4	2	129	645	3
贵州财经大学	10	5	40	150	10
贵州民族大学	5	6	102	510	0
贵州中医药大学	4	2	113	586	2
贵州师范学院	12	5	142	554	2
贵阳学院	9	3	114	456	2
贵州工程应用技术学院	9	4	172	661	6
兴义民族师范学院	20	3	173	358	1
贵州大学（明德学院）	5	3	0	0	2

高校创业教育过程行动能力的评价数据与来源说明：子指标 11 是高校创业教育课程开设数、子指标 12 是高校创业教育讲座/沙龙的多样性、子指标 13 是国家级创新创业计划项目立项数、子指标 14 是国家级创新创业计划项目大学生参与人数、子指标 15 是科技园、创新创业园

和孵化器数量，均通过问卷调查和学校自我报告获取。其中"科技园、创业园、孵化器数（个）"评价数据是对贵州大学、贵州师范大学和贵州医科大学等11所高校创业教育的科技园、创业园和孵化器数量分别统计加总所得。

（4）高校创业教育成果绩效能力的评价数据与来源。贵州大学、贵州师范大学和贵州医科大学等11所高校创业教育成果绩效能力的评价数据，如表5-6所示。

表5-6　　　　　高校创业教育成果绩效能力评价数据

高校 \ 指标	子指标16（分）	子指标17（分）	子指标18（个）	子指标19（个）	子指标20（%）	子指标21（人）
贵州大学	317	78	78	26	1.00	12
贵州师范大学	1180	85	12	20	20.00	15
贵州医科大学	622	76	42	2	0.71	7
贵州财经大学	87	74	50	24	2.00	5
贵州民族大学	1007	65	0	0	0.15	22
贵州中医药大学	381	70	25	3	1.50	6
贵州师范学院	170	72	51	14	3.80	10
贵阳学院	26	70	56	40	6.84	8
贵州工程应用技术学院	60	68	14	50	1.20	5
兴义民族师范学院	0	65	1	2	20.00	3
贵州大学（明德学院）	0	78	13	2	8.50	2

高校创业教育成果绩效能力的评价数据与来源说明：子指标18是大学科技园在孵企业数、子指标19是大学科技园累积毕业企业数、子指标20是创新创业率与就业率之比、子指标21是杰出创新创业校友数，均通过问卷调查和学校自我报告获取。子指标17是大学生创新创业个性心理特征的提升，通过问卷调查获取，具体包括设计《贵州高校学生创业教育个性心理特征调查问卷》，该调查问卷包括创新创业、建立关系、沟通信息、领导他人、心理韧性、适应改变、推动成功等个性心理特征，再通过对贵州大学、贵州师范大学和贵州医科大学等

11所高校进行调查获取。子指标16是"高校'挑战杯'大学生创新创业计划竞赛国赛获奖数量"与"省'互联网+'大学生创新创业大赛获奖数量折合分数"通过学校自我报告获取。折合分数计算法：

折合分数＝一等奖×50＋二等奖×20＋三等奖×10＋金奖×10＋银奖×5＋铜奖×1

贵州大学、贵州师范大学和贵州医科大学等11所高校在2015—2019年度国家"挑战杯"大学生创新创业计划竞赛国赛获奖与省"互联网+"大学生创新创业大赛获奖累计数量，如表5-7所示。

表5-7　　2015—2019年度高校创业教育获奖数量统计　（单位：项）

高校 \ 数据	国家"挑战杯"大学生创新创业计划竞赛国赛获奖数量 一等奖	二等奖	三等奖	省"互联网+"大学生创新创业大赛获奖数量 金奖	银奖	铜奖
贵州大学	0	2	14	8	10	7
贵州师范大学	5	24	39	4	3	5
贵州医科大学	3	12	22	0	2	2
贵州财经大学	0	0	7	0	2	7
贵州民族大学	8	15	30	0	1	2
贵州中医药大学	2	8	12	0	0	1
贵州师范学院	1	2	6	1	1	5
贵阳学院	0	0	0	1	3	1
贵州工程应用技术学院	0	1	4	0	0	0
兴义民族师范学院	0	0	0	0	0	0
贵州大学（明德学院）	0	0	0	0	0	0

（五）高校创业教育能力评价因子分析

本书研究采用数理统计软件SPSS22.0对贵州大学、贵州师范大学和贵州医科大学等11所高校创业教育能力评价的数据进行因子分析。

1. 高校创业教育环境基础能力评价因子分析过程与结果

首先，对高校创业教育环境基础能力评价数据进行标准化处理，在此基础上进行统计检验和巴特利特球形检验，从而验证高校创业教育环境基础能力评价数据是否适合进行因子分析及其后续分析。本书研究运用数理统计软件 SPSS22.0 对高校创业教育环境基础能力主指标中的 4 个指标进行因子分析，得到 KMO 和 Bartlett 检验结果，如表 5-8 所示。

表 5-8　贵州高校创业教育环境基础能力评价 KMO 和 Bartlett 检验结果

KMO 值		0.428
Bartlett 球形检验	近似卡方	13.384
	自由度	6
	显著性	0.037

本书研究高校创业教育环境基础能力评价指标的 KMO 统计量为 0.428，Bartlett 球形检验的 P 值为 0.037，一般认为当 KMO 大于 0.400，Bartlett 球形检验的 P 值小于 0.050 时，即可进行因子分析。为此，本书研究运用方差最大正交旋转法对高校创业教育环境基础能力评价指标进行因子分析，如表 5-9 所示。

表 5-9　贵州高校创业教育环境基础能力评价指标特征值和方差贡献率

主成分	特征值	贡献率（%）	累计贡献值（%）
1	2.100	52.491	52.491
2	1.304	32.601	85.091
3	0.449	11.226	96.317
4	0.147	3.683	100.00

本书研究运用方差最大正交旋转法得到的前 2 个因子累积贡献值为 85.091%，超过了 80%，说明高校创业教育环境基础能力评价数据可以提取前 2 个公因子，这 2 个公因子的旋转载荷矩阵情况，如表 5-10 所示。

表 5-10　贵州高校创业教育环境基础能力评价指标因子分析旋转载荷矩阵

创业教育环境基础能力评价指标	因子 1	因子 2
子指标 1	0.932	0.201

续表

创业教育环境基础能力评价指标	因子1	因子2
子指标2	0.866	-0.051
子指标3	0.404	0.857
子指标4	-0.557	0.732

本书研究高校创业教育环境基础能力评价指标可归纳为2个因子。因子1在"CNKI高校创业教育论文发表数"和"CNKI高校创业教育论文被引数"上的系数分别是0.932和0.866。因子2在"发明专利授权量"和"技术转让签订合同数"上的系数分别为0.857和0.732，它们共同反映了创业教育环境基础能力评价总方差32.601%，这2个指标主要反映了创业教育环境基础能力评价的"技术基础"内涵。由此得到公因子解释表，如表5-11所示。

表5-11　贵州高校创业教育环境基础能力评价公因子解释

因子	构成指标
因子1	CNKI高校创业教育论文发表数（篇）
因子1	CNKI高校创业教育论文被引数（次）
因子2	发明专利授权量（项）
因子2	技术转让签订合同数（项）

上述提取出来的2个因子的得分系数矩阵，如表5-12所示。

表5-12　贵州高校创业教育环境基础能力评价因子得分系数矩阵

创业教育环境基础能力评价指标	F_1	F_2
CNKI高校创业教育论文发表数（篇）	0.441	0.126
CNKI高校创业教育论文被引数（次）	0.417	-0.065
发明专利授权量（项）	0.168	0.642
技术转让签订合同数（项）	-0.289	0.576

由此可知，得到上述2个因子与各评价指标之间的线性组合为：

$F_1 = 0.441x_1 + 0.417x_2 + 0.168x_3 - 0.289x_4$

$F_2 = 0.126x_1 - 0.065x_2 + 0.642x_3 + 0.576x_4$

将高校创业教育环境基础能力评价原始评价数据代入上面公式中进行计算，可得到贵州大学、贵州师范大学和贵州医科大学等11所高校创业教育能力评价中各因子得分，根据因子得分系数矩阵可以建立综合评分模型：

$F^1 = 0.52491F_1 + 0.32601F_2$

将各因子得分代入上述综合评价模型即可计算出贵州大学、贵州师范大学和贵州医科大学等11所高校创业教育环境基础能力的评价结果。如表5-13所示。

表5-13　　　贵州高校创业教育环境基础能力评价结果

高校	知识基础因子	技术基础因子	环境基础能力评价结果
贵州大学	140.217	92.513	103.761
贵州师范大学	48.075	24.151	33.109
贵州医科大学	131.5600	72.648	92.741
贵州财经大学	8.259	109.751	40.115
贵州民族大学	142.026	-0.206	74.484
贵州中医药大学	16.483	72.775	32.377
贵州师范学院	31.611	12.358	20.622
贵阳学院	89.4500	92.159	76.998
贵州工程应用技术学院	75.738	12.242	43.747
兴义民族师范学院	40.254	1.599	21.651
贵州大学（明德学院）	9.168	9.094	7.777

通过对高校创业教育环境基础能力评价的因子分析，可以得出创业教育环境基础能力较为突出的高校有贵州大学和贵州医科大学。其中，贵州大学凭借CNKI高校创业教育论文发表数和CNKI高校创业教育论文被引数等知识基础，其创业教育环境基础能力最强；贵州医科大学则因其扎实的创新创业知识基础和优良的技术基础位居第二。

2. 高校创业教育资源配置能力评价因子分析过程与结果

对高校创业教育资源配置能力评价数据进行标准化处理，在此基础上进行统计检验和巴特利特球形检验,从而验证高校创业教育资源配置能力评价数据是否适合进行因子分析及其后续分析。本书研究运用数理统计软件 SPSS22.0 对高校创业教育资源配置能力主指标中的 6 个指标进行因子分析,得到 KMO 和 Bartlett 检验结果,如表 5-14 所示。

表 5-14 贵州高校创业教育资源配置能力评价 KMO 和 Bartlett 检验结果

KMO 值		0.539
Bartlett 球形检验	近似卡方	14.213
	自由度	15
	显著性	0.059

本书研究高校创业教育资源配置能力评价指标的 KMO 统计量为 0.539,Bartlett 球形检验的 P 值为 0.049,一般认为当 KMO 大于 0.400,Bartlett 球形检验的 P 值小于 0.050 时,即可进行因子分析。为此,本书研究运用方差最大正交旋转法对高校创业教育资源配置能力评价指标进行因子分析,如表 5-15 所示。

表 5-15 贵州高校创业教育资源配置能力评价指标特征值和方差贡献率

主成分	特征值	贡献率(%)	累计贡献值(%)
1	2.077	34.624	34.624
2	1.668	27.800	62.423
3	1.060	17.661	80.085
4	0.638	10.630	90.714
5	0.416	6.930	97.645
6	0.141	2.355	100.00

本书研究运用方差最大正交旋转法得到的前 3 个因子累计贡献值为 80.085%,超过了 80%,说明高校创业教育资源配置能力评价数据可以提取前 3 个公因子,这 3 个公因子的旋转载荷矩阵情况,如表 5-16 所示。

表 5-16　贵州高校创业教育资源配置能力评价指标因子分析旋转载荷矩阵

创业教育资源配置能力评价指标	因子 3	因子 4	因子 5
子指标 5	0.848	0.193	0.268
子指标 6	0.855	-0.170	-0.196
子指标 7	0.566	-0.292	0.543
子指标 8	-0.213	0.804	-0.077
子指标 9	0.154	0.923	0.132
子指标 10	-0.017	0.105	0.937

本书研究高校创业教育资源配置能力评价指标可归纳为 3 个因子。因子 1 在"高校创业教育授课教师数""高级职称高校创业教育授课教师比例"和"高学历高校创业教育授课教师比例"上的系数分别是 0.848、0.855 和 0.566，它们反映了创业教育资源配置能力评价总方差 34.624%，由此得到公因子解释，如表 5-17 所示。

表 5-17　贵州高校创业教育资源配置能力评价公因子解释

因子	构成指标
因子 3	高校创业教育授课教师数（人）
	高级职称高校创业教育授课教师比例（%）
	高学历高校创业教育授课教师比例（%）
因子 4	国家级创新创业计划项目财政拨款数（元）
	国家级创新创业计划项目高校拨款数（元）
因子 5	创新创业咨询指导服务中心数（个）

上述提取出来的 3 个因子的得分系数矩阵，如表 5-18 所示。

表 5-18　贵州高校创业教育资源配置能力评价因子得分系数矩阵

创业教育资源配置能力评价指标	F_3	F_4	F_5
高校创业教育授课教师数（人）	0.465	0.163	0.057
高级职称高校创业教育授课教师比例（%）	0.526	-0.030	-0.304
高学历高校创业教育授课教师比例（%）	0.215	-0.171	0.363

续表

创业教育资源配置能力评价指标	F_3	F_4	F_5
国家级创新创业计划项目财政拨款数（元）	-0.170	0.006	0.768
国家级创新创业计划项目高校拨款数（元）	0.134	0.569	0.025
创新创业咨询指导服务中心数（个）	-0.054	0.482	-0.074

由此可知，得到上述3个因子与各评价指标之间的线性组合为：

$F_3 = 0.465x_5 + 0.526x_6 + 0.215x_7 - 0.170x_8 + 0.134x_9 - 0.054x_{10}$

$F_4 = 0.163x_5 - 0.030x_6 - 0.171x_7 + 0.006x_8 + 0.569x_9 + 0.482x_{10}$

$F_5 = 0.057x_5 - 0.304x_6 + 0.363x_7 + 0.768x_8 + 0.025x_9 - 0.074x_{10}$

将高校创业教育资源配置能力评价原始评价数据代入上面公式中进行计算，可得到贵州大学、贵州师范大学和贵州医科大学等11所高校创业教育能力评价中各因子得分，根据因子得分系数矩阵可以建立综合评分模型：

$$F^2 = \sum_{i=1}^{n} \alpha_i x_i = 0.34624 F_3 + 0.278 F_4 + 0.17661 F_5$$

将各因子得分代入上述综合评价模型即可计算出贵州大学、贵州师范大学和贵州医科大学等11所高校创业教育资源配置能力的评价结果，如表5-19所示。

表5-19　　　贵州高校创业教育资源配置能力评价结果

高校	师资投入因子	经费投入因子	组织保障因子	配置能力评价结果
贵州大学	48.966	87.073	12.352	41.221
贵州师范大学	65.537	80.011	94.745	44.996
贵州医科大学	69.569	114.267	79.016	55.915
贵州财经大学	46.926	81.432	6.016	38.947
贵州民族大学	77.468	51.473	29.016	41.193
贵州中医药大学	35.199	66.295	28.069	30.678
贵州师范学院	53.842	80.089	22.783	40.968
贵阳学院	69.2300	60.617	27.083	40.883
贵州工程应用技术学院	46.654	112.191	133.682	47.404
兴义民族师范学院	33.105	43.604	56.4600	23.645
贵州大学（明德学院）	28.0300	6.078	-0.285	11.456

通过对高校创业教育资源配置能力评价的因子分析，可以得出高校创业教育资源配置能力较为突出的高校有贵州医科大学和贵州工程应用技术学院。其中，贵州医科大学创业教育经费投入保障能力最强；贵州工程应用技术学院创业教育组织保障能力最强。

3. 高校创业教育过程行动能力评价因子分析过程与结果

对高校创业教育过程行动能力评价数据进行标准化处理，在此基础上进行统计检验和巴特利特球形检验，从而验证高校创业教育过程行动能力评价数据是否适合进行因子分析及其后续分析。本书研究运用数理统计软件 SPSS22.0 对高校创业教育过程行动能力主指标中的 6 个指标进行因子分析，得到 KMO 和 Bartlett 检验结果，如表 5-20 所示。

表 5-20　贵州高校创业教育过程行动能力评价 KMO 和 Bartlett 检验结果

KMO 值		0.546
Bartlett 球形检验	近似卡方	19.707
	自由度	10
	显著性	0.032

本书研究高校创业教育过程行动能力评价指标的 KMO 统计量为 0.546，Bartlett 球形检验的 P 值为 0.032，一般认为当 KMO 大于 0.400，Bartlett 球形检验的 P 值小于 0.050 时，即可进行因子分析。为此，本书研究运用方差最大正交旋转法对高校创业教育过程行动能力评价指标进行因子分析，如表 5-21 所示。

表 5-21　贵州高校创业教育过程行动能力评价指标特征值和方差贡献率

主成分	特征值	贡献率（%）	累计贡献值（%）
1	2.469	49.382	49.382
2	1.304	26.084	75.467
3	0.905	18.097	93.564
4	0.194	3.880	97.444
5	0.128	2.556	100.00

本书研究运用方差最大正交旋转法得到的前 3 个因子累计贡献值为 93.564%，超过了 80%，说明高校创业教育过程行动能力评价数据可以提取前 3 个公因子，这 3 个公因子的旋转载荷矩阵情况，如表 5-22 所示。

表 5-22 贵州高校创业教育过程行动能力评价指标因子分析旋转载荷矩阵

创业教育过程行动能力评价指标	因子 6	因子 7	因子 8
子指标 11	0.943	0.165	0.109
子指标 12	0.947	0.151	−0.007
子指标 13	0.335	0.891	0.034
子指标 14	0.037	0.958	−0.091
子指标 15	0.063	−0.047	0.996

高校创业教育过程行动能力评价指标可归纳为 3 个因子。因子 7 在"高校创业教育课程开设数"和"高校创业教育讲座/沙龙的多样性"上的系数分别是 0.943 和 0.947，它们反映了创业教育过程行动能力评价总方差 49.382%，由此得到公因子解释，如表 5-23 所示。

表 5-23 贵州高校创业教育过程行动能力评价公因子解释

因子	构成指标
因子 6	高校创业教育课程开设数（门）
	高校创业教育讲座/沙龙的多样性（类）
因子 7	国家级创新创业计划项目立项数（项）
	国家级创新创业计划项目大学生参加数（人）
因子 8	科技园、创新创业园、孵化器数（个）

上述提取出来的 3 个因子的得分系数矩阵，如表 5-24 所示。

表 5-24 贵州高校创业教育过程行动能力评价因子得分系数矩阵

创业教育过程行动能力评价指标	F_6	F_7	F_8
高校创业教育课程开设数（门）	0.525	−0.093	0.013
高校创业教育讲座/沙龙的多样性（类）	0.545	−0.114	−0.106

续表

创业教育过程行动能力评价指标	F_6	F_7	F_8
国家级创新创业计划项目立项数（项）	0.001	0.509	0.077
国家级创新创业计划项目大学生参加数（人）	−0.181	0.608	−0.008
科技园、创新创业园、孵化器数（个）	−0.070	0.048	0.999

由此可知，得到上述3个因子与各评价指标之间的线性组合为：

$F_6 = 0.525x_{11} + 0.545x_{12} + 0.001x_{13} - 0.181x_{14} - 0.070x_{15}$

$F_7 = -0.093x_{11} - 0.114x_{12} + 0.509x_{13} + 0.608x_{14} + 0.048x_{15}$

$F_8 = 0.013x_{11} - 0.106x_{12} + 0.077x_{13} - 0.008x_{14} + 0.999x_{15}$

将高校创业教育过程行动能力评价原始评价数据代入上面公式中进行计算，可得到贵州大学、贵州师范大学和贵州医科大学等11所高校创业教育能力评价中各因子得分，根据因子得分系数矩阵可以建立综合评分模型：

$$F^3 = \sum_{i=1}^{n} \alpha_i x_i = 0.49382 F_6 + 0.26084 F_7 + 0.18097 F_8$$

将各因子得分代入上述综合评价模型即可计算出贵州大学、贵州师范大学和贵州医科大学等11所高校创业教育过程行动能力的评价结果。11所高校创业教育过程行动能力评价各因子得分与高校创业教育过程行动能力评价结果，如表5-25所示。

表5-25　　贵州高校创业教育过程行动能力评价结果

高校	创业课程因子	创业项目因子	实践平台因子	行动能力评价结果因子
贵州大学	510.728	−85.679	−63.819	229.673
贵州师范大学	379.392	−72.119	−28.578	168.424
贵州医科大学	418.571	−83.371	−64.363	184.815
贵州财经大学	100.600	−13.910	−9.535	46.085
贵州民族大学	331.085	−67.043	−46.355	145.919
贵州中医药大学	378.197	−75.765	−58.325	166.884
贵州师范学院	375.780	−74.198	−50.943	166.10000
贵阳学院	307.807	−60.695	−43.148	136.093
贵州工程应用技术学院	449.188	−86.979	−63.093	198.977

续表

高校	创业课程因子	创业项目因子	实践平台因子	行动能力评价结果因子
兴义民族师范学院	285.564	-54.969	-31.154	126.614
贵州大学（明德学院）	-0.567	1.655	3.398	0.241

通过对高校创业教育过程行动能力评价的因子分析，可以得出高校创业教育过程行动能力较为突出的高校有贵州大学、贵州工程应用技术学院和贵州医科大学。其中，贵州大学创业课程设置最为丰富，达到158门，其创业教育过程行动能力最强。

4. 高校创业教育成果绩效能力评价因子分析过程与结果

对高校创业教育成果绩效能力评价数据进行标准化处理，在此基础上进行统计检验和巴特利特球形检验，从而验证高校创业教育成果绩效能力评价数据是否适合进行因子分析及其后续分析。本书研究运用数理统计软件SPSS22.0对高校创业教育成果绩效能力主指标中的6个指标进行因子分析，得到KMO和Bartlett检验结果，如表5-26所示。

表5-26　贵州高校创业教育成果绩效能力评价KMO和Bartlett检验结果

KMO值		0.629
Bartlett球形检验	近似卡方	20.057
	自由度	15
	显著性	0.017

由表5-26可知，本书研究高校创业教育成果绩效能力评价指标的KMO统计量为0.629，Bartlett球形检验的P值为0.017，一般认为当KMO大于0.400，Bartlett球形检验的P值小于0.050时，即可进行因子分析。为此，本书研究运用方差最大正交旋转法对高校创业教育成果绩效能力评价指标进行因子分析，如表5-27所示。

表5-27　贵州高校创业教育成果绩效能力评价指标特征值和方差贡献率

主成分	特征值	贡献率（%）	累计贡献值（%）
1	2.090	34.830	34.830
2	1.538	25.626	60.456
3	1.225	20.414	80.870

续表

主成分	特征值	贡献率（%）	累计贡献值（%）
4	0.766	12.770	93.639
5	0.318	5.303	98.942
6	0.063	1.058	100.00

本书研究运用方差最大正交旋转法得到的前3个因子累计贡献值为80.870%，超过了80%，说明高校创业教育成果绩效能力评价数据可以提取前3个公因子，这3个公因子的旋转载荷矩阵情况，如表5-28所示。

表5-28　贵州高校创业教育成果绩效能力评价指标因子分析旋转载荷矩阵

创业教育成果绩效能力评价指标	因子9	因子10	因子11
子指标16	0.910	-0.252	0.252
子指标17	0.939	-0.011	-0.073
子指标18	-0.047	0.903	0.105
子指标19	-0.236	0.626	0.054
子指标20	0.204	0.261	0.892
子指标21	-0.218	-0.613	0.634

高校创业教育成果绩效能力评价指标可归纳为3个因子。因子9在"国家'挑战杯'大学生创新创业计划竞赛国赛获奖数量"和"大学生创新创业个性心理特征的提升"上的系数分别是0.910和0.939，它们反映了创业教育成果绩效能力评价总方差34.830%，由此得到公因子解释，如表5-29所示。

表5-29　贵州高校创业教育成果绩效能力评价公因子解释

因子	构成指标
因子9	国家"挑战杯"大学生创新创业计划竞赛国赛获奖数量（分）
	大学生创新创业个性心理特征的提升（分）

续表

因子	构成指标
因子 10	大学科技园在孵企业数（个）
	大学科技园累计毕业企业数（个）
因子 11	创新创业率、就业率之比（%）
	杰出创新创业校友数（人）

上述提取出来的 3 个因子的得分系数矩阵，如表 5-30 所示。

表 5-30　贵州高校创业教育成果绩效能力评价因子得分系数矩阵

创业教育成果绩效能力评价指标	F_9	F_{10}	F_{11}
国家"挑战杯"大学生创新创业计划竞赛国赛获奖数量（分）	0.468	-0.074	0.123
大学生创新创业个性心理特征的提升（分）	0.527	0.061	-0.129
大学科技园在孵企业数（个）	0.034	0.538	0.115
大学科技园累计毕业企业数（个）	-0.088	0.357	0.080
创新创业率、就业率之比（%）	0.065	0.198	0.701
杰出创新创业校友数（人）	-0.215	-0.361	0.501

由此可知，得到上述 3 个因子与各评价指标之间的线性组合为：

$$F_9 = 0.468x_{16} + 0.527x_{17} + 0.034x_{18} - 0.088x_{19} + 0.065x_{20} - 0.215x_{21}$$

$$F_{10} = -0.074x_{16} + 0.061x_{17} + 0.538x_{18} + 0.357x_{19} + 0.198x_{20} - 0.361x_{21}$$

$$F_{11} = 0.123x_{16} - 0.129x_{17} + 0.115x_{18} + 0.080x_{19} + 0.701x_{20} + 0.501x_{21}$$

将高校创业教育成果绩效能力评价原始评价数据代入上面公式中进行计算，可得到贵州大学、贵州师范大学和贵州医科大学等 11 所高校创业教育能力评价中各因子得分，根据因子得分系数矩阵可以建立综合评分模型：

$$F^4 = \sum_{i=1}^{n} \alpha_i x_i = 0.34830 F_9 + 0.25626 F_{10} + 0.20414 F_{11}$$

将各因子得分代入上述综合评价模型即可计算出贵州大学、贵州师范大学和贵州医科大学等 11 所高校创业教育成果绩效能力的评价结果。11 所高校创业教育成果绩效能力评价各因子得分与高校创业教育成果绩效能力评价结果，如表 5-31 所示。

表 5-31　贵州高校创业教育成果绩效能力评价结果

高校	素养提升因子	创业效果因子	社会效益因子	成果绩效能力评价结果因子
贵州大学	187.311	28.412	46.692	82.053
贵州师范大学	593.758	-69.994	158.690	221.264
贵州医科大学	330.94115	-20.468	75.697	125.474
贵州财经大学	78.357	32.135	12.732	38.126
贵州民族大学	500.81075	-78.465	126.603	180.170
贵州中医药大学	214.5915	-11.272	45.006	81.041
贵州师范学院	116.103	21.390	26.281	51.285
贵阳学院	46.1666	45.220	12.611	30.242
贵州工程应用技术学院	58.995	23.523	7.564	28.120
兴义民族师范学院	34.768	8.094	7.413	15.697
贵州大学（明德学院）	41.4945	13.427	46.692	27.425

通过对高校创业教育成果绩效能力评价的因子分析，可以得出高校创业教育成果绩效能力较为突出的高校有贵州师范大学、贵州民族大学和贵州医科大学。其中贵州师范大学创业教育成果绩效能力最强，特别是其素养提升能力，达到 593.758。

综上所述，贵州大学、贵州师范大学和贵州医科大学等 11 所高校创业教育成果绩效能力评价的因子分析综合得分，如表 5-32 所示。

三　高校创业教育能力评价

（一）创新创业环境基础能力评价

根据贵州高校创业教育能力评价因子分析，贵州大学、贵州师范大学和贵州医科大学等 11 所高校中创新创业环境基础能力较强的有贵州大学、贵州医科大学、贵阳学院和贵州民族大学。

1. 知识基础

知识基础通过高校教师"CNKI 高校创业教育论文发表数"和"CNKI 高校创业教育论文被引数"2 个指标进行测量，体现的是高校创新创业科研与教学的互动。贵州大学作为省内综合性重点大学，其 2015—

表 5-32 高校创业教育能力评价因子分析综合得分

指标	因子	贵州大学	贵州师范大学	贵州医科大学	贵州财经大学	贵州民族大学	贵州中医药大学	贵州师范学院	贵阳学院	贵州工程应用技术学院	兴义民族师范学院	贵州大学（明德学院）
基础环境能力	知识基础	140.217	48.075	131.560	8.259	142.026	16.483	31.611	89.450	75.738	40.254	9.168
	技术基础	92.513	24.151	72.648	109.751	-0.206	72.775	12.358	92.159	12.242	1.599	9.094
背景评价		103.761	33.109	92.741	40.115	74.484	32.377	20.622	76.998	43.747	21.651	7.777
资源配置能力	师资投入	48.966	65.537	69.569	46.926	77.468	35.199	53.842	69.230	46.654	33.105	28.030
	经费投入	87.073	80.011	114.267	81.432	51.473	66.295	80.089	60.617	112.191	43.604	6.078
	组织保障	12.352	94.745	79.016	6.016	29.016	28.069	22.783	27.083	133.682	56.460	-0.285
输入评价		41.221	44.996	55.915	38.947	41.193	30.678	40.968	40.883	47.404	23.645	11.456
过程行动能力	创业课程	510.728	379.392	418.571	100.600	331.085	378.197	375.780	307.807	449.188	285.564	-0.567
	创业项目	-85.679	-72.119	-83.371	-13.910	-67.043	-75.765	-74.198	-60.695	-86.979	-54.969	1.655
	实践平台	-63.819	-28.578	-64.363	-9.535	-46.355	-58.325	-50.943	-43.148	-63.093	-31.154	3.398
过程评价		229.673	168.424	184.815	46.085	145.919	166.884	166.100	136.093	198.977	126.614	0.241
成果绩效能力	素养提升	187.311	593.758	330.941	78.357	500.811	214.592	116.103	46.167	58.995	34.768	41.495
	创业效果	28.412	-69.994	-20.468	32.135	-78.465	-11.272	21.390	45.220	23.523	8.094	13.427
	社会效益	46.692	158.690	75.697	12.732	126.603	45.006	26.281	12.611	7.564	7.413	46.692
成果评价		82.053	221.264	125.474	38.126	180.170	81.041	51.285	30.242	28.120	15.697	27.425

2019 年度在 CNKI 高校创业教育论文发表数最多，其次是贵州医科大学。贵州民族大学 2015—2019 年度在 CNKI 高校创业教育论文发表数在省内虽然位居第五，但是其在 CNKI 高校创业教育论文被引数最多。例如，贵州民族大学荣莉教授发表的《西南连片特困区的农村扶贫模式创新与思考》单篇引用率达到 29 次；胡彬彬教授发表的《西部地区创业教育对大学生创业意愿的作用机制研究——基于贵州省 5 所高校的实证调研》单篇引用率达到 13 次。上述学校以较为雄厚的学科优势和科研实力为后盾，关注创业课程、创业活动等环节，同时强调创业学科、创业专业和创业科研的渗透作用。

2. 技术基础

技术基础通过高校的"发明专利授权量"和"技术转让签订合同数" 2 个指标进行测量，体现的是高校创业教育背景与过程的统一。贵州大学和贵阳学院两所高校，其 2015—2019 年度的发明专利授权量最多，均达到 139 项；但是两校的技术转让签订合同数都很低，约为 5%。贵州医科大学作为一所行业特色医学高等院校，自 2013 年以来逐步建立了贵州省"三大"创新创业示范基地，其技术转让签订合同数较多，达到 32 项，转让率达到 37.64%。而部分高校，例如，贵州民族大学、贵州师范学院、贵州工程应用技术学院、兴义民族师范学院和贵州大学（明德学院）等高校在 2015—2019 年度的技术转让签订合同数均为零。在访谈过程中，某高校教师认为学校每年的科研投入、成果、专利都较多，主要是用于教师职称评定和晋升方面，但是真正用于成果转化的比较少。

（二）创新创业资源配置能力评价

根据贵州高校创业教育能力评价因子分析，贵州大学、贵州师范大学和贵州医科大学等 11 所高校中创新创业资源配置能力较强的有贵州医科大学、贵州工程应用技术学院、贵州师范大学和贵州大学。

1. 师资投入

师资投入主要通过高校创业教育师资的数量规模、职称结构和学历结构进行测度。贵州师范大学作为首批国家级深化创业教育改革示范高校，并于 2016 年正式成立创新创业学院（知行学院），其创业教育师资力量较强，拥有 99 位专业的创新创业教师，其实是贵州民族大学拥有71位专业的创新创业教师。但是整体上，贵州高校高级职称高校创业教育授课教师比例和高学历高校创业教育授课教师比例仍旧较低。部分学校表示：由于学校创新创业师资储备不足，因此导致短期内师资队伍紧张。同时，部分高校创新创业师资大都是经过短期培训，缺乏创新创业实践经验，不能满足学生创业教育的需要。此外，随着某些高校办学规模日益扩大，高校创新创业师资力量不足的问题逐步凸显出来。尽管高校引进了大量青年教师，但随之也带来一系列问题。例如引进的青年教师大多数是国内重点大学的毕业生，学历虽然较高，但实践训练不足。在新进教师培养培训方面，还局限于教学政策法规、教育学等理论方面的培养培训，而对其创业教育做得不够，致使其创新创业理念不足。中老年教师虽然教育教学水平丰富，但大多缺乏创新创业的经验，因此学校创新创业师资队伍还需要进一步建设。

2. 经费投入

经费投入主要通过高校创业教育源自内部的经费投入与外部的经费注入两项指标。贵州大学、贵州师范大学和贵州医科大学等11所高校获得这两项经费支持均较少。贵州高校均为省属高校，特别是一些地州市高校获得的经费支持更少。例如，兴义民族师范学院在"省州共管、以州为主"的办学模式上还缺乏经验，尚未找到成熟的借鉴对象，尽管黔西南州经济增长较快，但与发达地区相比总量仍相对偏小，因此近三年教育事业费拨款虽然呈增长趋势，生均拨款超过12000元的标准，但与贵州省平均水平相比仍有较大的差距，还不能满足学校创业教育工作进一步发展的需要。同样，六盘水师范学院制订的《六盘水师范学院深化创业教育改革实施方案》中明确规定"学校每年必须划拨专项经费用于创业教育"；《六盘水师范学院向应用型高校转型发展试点工作方案》中明确要求"加强大学生创新创业基地建设"和实施"大学生创新创业项目孵化计划"，每年投入资金50万元，设立学生创业孵化基金，立项支持孵化创业项目[①]。然而，面对逐渐增长的创新创业项目建设、课程资源建设、师资建设，现有经费不能满足日益增加的需

---

① 介晓磊：《转观念强建设破难题 培养高素质应用型人才》，《中国高等教育》2013年第7期。

求，还需要进一步加大投入。

3. 组织保障

组织保障作为推动高校创业教育发展的重要动力，贵州高校创新创业咨询指导服务中心数较少，在2015—2019年度均为个位数。贵州财经大学、贵州民族大学、贵阳学院、贵州工程应用技术学院和贵州大学（明德学院）只有1个。贵州高校创业教育组织模式以创业教育工作领导小组模式居多，例如，贵州中医药大学、贵州财经大学、贵州医科大学和铜仁学院等高校都采用该组织模式开展创业教育。虽然各个高校明确了学校创业教育工作领导小组作为牵头，但相关工作是多个职能部门在组织实施，工作分散，各自为政，统筹不够，创业教育工作体制机制还不够健全。

（三）创新创业过程行动能力评价

根据贵州高校创业教育能力评价因子分析，贵州大学、贵州师范大学和贵州医科大学等11所高校中创新创业过程行动能力较强的有贵州大学、贵州工程应用技术学院、贵州医科大学和贵州师范大学。

1. 创新创业课程

贵州师范大学是首批国家级深化创业教育改革示范高校，其创业教育讲座/沙龙多样性最为丰富，达到25类；而贵州大学作为第二批国家级深化创业教育改革示范高校，其创业教育课程开设数最多，达到158门。其余高校要么受制于师资力量，要么受制于教学条件，高校创业教育课程开设数以及讲座/沙龙多样性均较少。尽管部分高校开设了较为丰富的创新创业课程，但是贵州高校创新创业课程的主要问题体现在课程体系不够健全。目前，贵州高校创新创业课程只有基础类、通识类课程，但是缺乏企业管理、经济与管理、财务会计、法律法规等相关专业性课程，另外创业教育与学科教学、专业教育存在脱节现象。虽然部分高校教师能够把学术前沿发展、最新研究成果和实践经验融入课堂教学，但教学方式方法仍显单一，启发式、讨论式以及参与式教学应用还不够充分。在考查学生运用所学知识分析、解决问题的能力方面，评价方式不够灵活，在非标准答案考试等方面探索不足。

2. 创新创业项目

除贵州大学（明德学院）外，贵州每年都有近100人次的大学生参加国家级创新创业计划项目。部分高校采取"百名教授、博士进企业","科技兴村"和"科技特派员""科技人员服务三区"活动,使学校与企业在科技创新和产业发展中互相促进、取长补短;积极引导教师进入市场,通过卓越计划、校外实践基地建设等途径,进一步推进科研人员到企业兼职或离岗创业,从行业企业找项目,使高校科研满足企业需求,推进成果转化。但也存在高校的"双创"教育和实践主要偏向于培训、电商以及零售等项目,项目"含金量"总体不高,与专业教育的融合度较弱,关联性不强。为此,如何将"双创"教育贯穿于人才培养的全过程,如何在专业教学设计中体现"双创"元素等,仍需加大力度、加快步伐拿出政策和实施办法;另外,省教育厅和学校应当出台相关的激励机制,设立转化风险基金,同时为创业转化失败兜底。

3. 实践平台

除贵州大学、贵州财经大学的高校科技园、创新创业园、孵化器达到或超过 10 个外,调研的贵州医科大学等 9 所高校均较少,由此限制了贵州高校创业教育的开展。调研中发现部分高校还没有能够集中开展创业教育的实践平台,大多数学科专业还没有虚拟仿真实验室、创业实验室和训练中心,校外创新创业实践教育基地还不足。师范类与非师范类实习实训基地比例不够合理,实验项目的开发力度不够,实验室开放程度不高,专职实验教师总量偏少。校内实习实训基地欠缺,有一定质量的校外实践教学基地较少,实习实训效果欠佳。实践教学设计思路不够清晰,系统性不足,学生实践能力的培养途径不多,监控和评价机制不尽完善,人才培养与社会需求之间的良性机制还未完全建立,特别是少数二级学院把产学研合作认为是教师与合作单位之间的科研合作情况,与人才培养关联不大,使产学研合作教育在专业建设中的作用发挥不够明显,社会资源参与专业建设的机制还不够完善。此外,部分高校实验室建设整体水平及其与专业发展的匹配程度不够高,还不能满足应用型人才培养和本科专业发展的需要;校内外实践基地的数量、规模和建设水平都还不能充分满足实习实训的需要;图书馆藏书量距离国家办学标准还有一定差距,同学科专业发展与实际教学需要的匹配程度还有待提高,借阅率还比较低;网络资源与学校发展的需要还有一定的差距。

（四）创新创业成果绩效能力评价

根据贵州高校创业教育能力评价因子分析，贵州大学、贵州师范大学和贵州医科大学等11所高校创新创业成果绩效能力较强的有贵州师范大学、贵州民族大学、贵州医科大学和贵州大学。

1. 素养提升

在高校"'挑战杯'大学生创新创业计划竞赛国赛获奖数量"与省"互联网+"大学生创新创业大赛获奖数量折合分数部分高校的分数较高，例如，贵州师范大学和贵州财经大学；而兴义民族师范学院和贵州大学（明德学院）则为零。截至2019年，高校"'挑战杯'大学生创新创业计划竞赛"已经连续举办11届，尽管贵州高校大学生的参与积极性很高，但是获取的高等级奖项依旧有限；而反映高校学生创业教育素养的高校创新创业、建立关系、沟通信息、领导他人、心理韧性、适应改变、推动成功等个性心理特征整体水平不高。

2. 创新创业效果

2015—2019年度，贵州大学和贵阳学院的大学科技园在孵企业数分别达到78个和56个；而大学科技园累计毕业企业数分别为26个和40个。调研的贵州师范大学等9所高校均较少，特别是贵州民族大学的"大学科技园在孵企业数"和"大学科技园累计毕业企业数"均为零。尽管贵州高校与企事业单位开展产学研合作教育迈出坚实步伐，取得一定成效，但是也存在个别专业的人才培养与地方产业发展需求尚有差距，与行业企业联合开展人才培养、联合开发课程、联合构建实践教学体系还不够全面、不够深入，学生受益面有待扩展，合作教育的渠道有待进一步拓宽、层次有待进一步提升、机制有待进一步完善。目前与学校合作的单位主要有三类：签约合作单位、被动合作单位、深度合作单位。从合作形式看，引企入校、校企共建专业、订单培养、送技入企、实验室模拟教学、大学生创业园等，很多是学校近年来才有所思考的，需要加快迈出实质性步伐。此外，高校大学生项目落地困难。例如对于化工及药学等行业，学生成立公司过程中，地方政府工商、税务等部门依然有行政审批复杂、办事烦琐等现象，建议学校及省教育厅主动向地方政府反映，真正实现学生创业中的"一站式"帮扶。

3. 社会效益

社会效益通过选取"创新创业率、就业率之比"指标和"杰出创新创业校友数"进行衡量。调研的贵州大学、贵州师范大学和贵州医科大学等 11 所高校的创业教育社会效益偏低，部分高校创新创业率、就业率之比不足 1%；杰出创新创业校友数也相对偏少。此外，部分高校在校大学生"双创"教育和实践主要偏向于培训、电商以及零售等技术含量较低的项目，项目"含金量"总体不高，与大学生的专业教育融合度较弱、关联性较低。为此，如何将"双创"教育贯穿于人才培养的全过程，如何在专业教学设计中体现"双创"元素等，仍需加大力度、加快步伐拿出政策和实施办法。本书从基于 CIPP 的贵州高校创业教育能力评价理论模型出发，通过对贵州大学、贵州师范大学和贵州医科大学等 11 所高校进行综合评价，提炼出基于 CIPP 的贵州高校创业教育模式。

四　高校创业教育提升策略

就现实和历史来看，贵州高等教育无疑是处于落后地位。就近些年来看，贵州经济发展迅速，高等教育的滞后性与经济发展的增速形成明显反差，创业教育更是踽踽不前。区域性考察的结果，自然要以区域为单位来综合统筹创业教育。尽管中国教育一盘棋，由于区域差异的不可忽视性，区域的主动性和能动性自然更有利于区域的自主发展。从分析来看，贵州高校创业教育存在的问题是普遍性的，需要从省级层面对创业教育进行通盘考虑。

（一）提升环境基础能力

1. 优化双创政策和机制环境

优惠的双创政策和灵活柔性的双创机制是推动双创教育向纵深发展的源头活水。当前，贵州高校双创政策实效性还不强，惠及大学生创新创业的政策还不够。对此，高校要和贵州省政府加强合作，要充分挖掘并利用省政府的一切可以利用的资源，资金、税费减免等政策要落地，高校学生项目进驻地方孵化器，创业导师指导服务，创业市场机会供给等方面对在校大学生创业者倾斜，引导创业学生融入地方创业集聚区，共同打造服务地方和区域发展的创新创业集聚区。

2. 支持高校创建创新创业学院

鼓励有条件的学校整合校内外资源建立创业学院，开展创业教育教学培训、指导与研究工作，强化学生创业指导服务。要加强学生创业指导服务机构建设，做到"机构、人员、场地、经费"四到位，对自主创业学生实行持续帮扶、全程指导、一站式服务。支持高校自主编制专项培训计划，或与有条件的教育培训机构、行业协会、群团组织、企业联合开发创业培训项目。

3. 优化双创教学和研究环境

目前，贵州高校在提升高校创业教育能力的关键在于把双创教学融入课堂，开辟双创教学主渠道。然而，当前贵州高校创业教育改革力度不够、创业课程与学科专业融合度较低。所以，贵州高校要确立创业教育教学的中心地位，以创业教学为主线，构建以专业学习为基础、覆盖全体学生双创教学体系。[①] 鉴于引入高校的 SIYB 和 KAB 等创业培训项目存在一定程度的老化和滞后，需要对其进行优化和改造。与此同时，贵州高校还需要建立校内外结合、专兼结合、理论和实践结合的创新创业师资队伍，依托学科开展创新创业课题研究，实现创业教育教学、培训、研究和师资建设的整体协同和一体联动，大力提升大学生创新创业知识获取能力和技能水平。

（二）提升过程行动能力

1. 完善高校创新创业课程设置

按照科技发展水平和职业资格标准设计创新创业课程体系，优化创新创业课程结构，厘清创新创业课程间的主次关系、层次关系和衔接关系。优化创新创业课程结构，保证实践课程比例，推进课堂翻转试点。创新高校创新创业课程组织、管理模式和资源配置方式，形成结构优化的课程教学团队。推动省级精品视频公开课程与省级在线课程建设。强调科研与教学的互相促进功能，充分发挥科研反哺教学的作用，科研项目课程资源化。

2. 强化高校创新创业模拟与夯实创业实践平台

贵州省重点建设一批创业教育的示范性学校，鼓励有条件的高校设

---

① 徐占东等：《"双创"情境下高校创新创业教育环境评价研究》，《技术经济与管理研究》2018 年第 4 期。

立创新创业学院（中心）。支持高校建立以学校为主导、学生为主体，企业、金融机构、风险投资机构和创业导师等多方参与的大学生创新创业俱乐部，确保有机构、有人员、有经费、有场地、有制度、有活动。① 各高校要充分发挥大学科技园、众创空间等平台优势，鼓励和支持大学生入园创新创业。落实创业教育建设项目，实施"一校一园一基地"项目，确保各高校有一个以上校内创新创业园和一个以上校外创新创业实践（实训）基地。加快发展企业管理、财务咨询、市场营销、人力资源、法律顾问、知识产权、检验检测、现代物流等第三方专业化服务，不断丰富和完善创业服务体系。

3. 提高大学生参加创新创业行动的普遍性

贵州高校应依托创新创业社团和创业信息网站等，提高大学生参加创新创业行动的普遍性。创业社团是大学生自发组织的创业型人才培养的实践性社团，它不仅是衡量高校创业环境和创业文化的因素，而且是体现高校创业过程行动能力的有效载体。此外，高校应加大创业教育宣传力度，提高大学生参加创新创业行动的普遍性。为此，创新创业信息网站为高校搭建了一个创业信息资源共享的平台，为大学生创业者提供广阔的创业资讯、机会和服务。

（三）提升资源配置能力

1. 加强创业教育师资队伍建设

高校要按照学生人数以及实际教学需要，配足配齐配强创业教育专任教师。建设省级创业教育示范培训基地，举办创新创业任课教师高级研修班。高校要充分发挥教师教学发展中心作用，为教师开展创业教育提供专业化的指导、服务与支持。建设优秀创新创业导师人才库，支持高校选聘知名专家、创业成功者、企业家、风险投资人等各行各业优秀人才到高校兼职或挂职任教，担任专业课、创新创业课授课或指导教师。

2. 加大创业教育经费投入

政府通过设立专项基金，重点支持大学生创新创业训练计划项目。

---

① 《贵州省深化高等学校创新创业教育改革实施方案》，http://www.moe.gov.cn/s78/A08/gjs_left/s3854/cxcyjy_ssfa/201607/t20160714_271883.html，2022 年 3 月 5 日。

按照"省校联动、多元主体、广泛参与、培育精品"的原则,坚持以赛促学、以赛促创,办好"互联网+"大学生创新创业大赛,分类支持开展机械创新、工程训练、电子设计、数学建模、工业设计等大学生竞赛和高职院校技能大赛。开展大学生"创新创业之星"评选活动。高校要对创新创业表现突出、获得项目或奖励的学生在保研、评优和评奖,对指导教师在职称评聘、工作量核算、薪酬分配等方面给予倾斜。建立健全大学生就业创业指导机构和服务体系,做到"机构、人员、场地、经费"四到位,建成一批高等学校示范性就业创业指导服务机构。继续举办大学生创新创业成果博览会、研究生创新成果展暨创新成果洽谈会。

3. 加强创新创业信息服务能力

省教育厅要建立完善贵州省大学生创新创业网络平台,指导高校建立创新创业信息服务平台,为学生实时提供国家政策、市场动向等信息;做好创新创业项目对接、知识产权交易等服务;研发适合学生特点的创新创业培训课程,建设网络培训平台。各地、各有关部门,要针对区域以及行业发展的需要,发布创新创业项目指南,引导高校学生识别创新创业机会、捕捉创业商机。要组织行业协会,定期发布贵州省重点产业人才需求报告和人力资源市场供需情况。

五 高校创业教育政策保障

创新创业教育与高校原本两不相干,[①] 从最初少数重点高校的探索到如今成为高等教育的强制性要求,是国家强力推动的结果。

(一)制度建设

在制度建设方面,以国家制度为基础,一是围绕创业教育修订现行学生管理制度,允许学生优先转入相关专业学习;二是建立创业教育学分兑换机制,学生参与教育活动所获得的学分累积达到一定基数后,可兑换自身创业兴趣领域的深度培训机会,通过灵活选择,实现因材施教;三是建立以"表现换奖励"的激励机制,对于积极参加创业教育各项活动并表现突出的学生,在奖学金认定、优秀学生评比等评奖评优

[①] 朱凯琳、谢妮:《创新创业教育与高等教育:从无涉到深耕》,《教育学术月刊》2017年第11期。

活动和研究生的推免工作中，学校应给予一定的政策倾斜，提高学生参与创新创业活动的积极性。高校创业教育既独立成体系，又贯穿在专业教学体系中，与专业教育紧密结合，互为补充。[1] 在人才培养方案中嵌入创业教育课程，能够从源头上把握创业教育的发展脉络。

（二）组织机构

政府及其相关部门在政策方针制定的同时，应该从市场经济发展需求的考虑出发，为大学生提供优惠的扶持政策，良好的创新创业环境。如充分整合贵州省政府、企业、高校、社会团体等多方资源。政府和高校应按照大学生需求设立创新创业扶持基金，建立创业教育示范基地以及孵化平台，通过财政拨款来支持高校创业孵化机构建设，加大对创业教育的投入，为大学生提供优惠的创业贷款和奖励资金，聘请企业家、专家学者以及创业成功模范，为其提供指导政策咨询、创业培训及相关专家意见，逐步改善高校创业教育的外部环境。

（三）导师指导

高校创业教育既要走出去，也要引进来，高校通过组建"创新创业导师团"，充分发挥来自各行各业导师的专业优势。目前不少高校创业教育导师团经常采用"导师团集体指导，主管导师总负责，其他导师协助"的教育方式，形成了主导师和副导师的格局，但这样的职责分工是不明确的，会造成学生无所适从，也不利于导师发挥优势。[2] 高校教师不仅是知识的传播者；还要教授学生学习方法，建设课程学习体系，引导学生创新性地开展创新创业实践。导师团的导师应根据职责分工，从创新创业的理论、实验、实践等方面指导学生，逐步培养学生创新创业的热情，领悟创新创业的真谛，提高创新创业的技能。

（四）经费投入

首先，在政府层面，贵州省政府要加大对高校创业教育的投资力度，为高校创业教育提供更好的条件。其次，在学校方面，当前贵州省不少高校仍采取相关职能部门管理经费、二级学院使用的制度，不仅行

---

[1] 王蕾：《高校创新创业教育的时代机遇、现实挑战与提升策略探析》，《教育评论》2018年第2期。

[2] 曾骊等：《高校创新创业教育服务"双创"战略需要协同发展》，《教育研究》2017年第1期。

政手续烦琐、责权不分，而且存在二级学院积极性不高等问题。比如实习/见习经费按学生数包干，学科竞赛和其他社会实践活动在预算范围内按需支出，二级学院只有严格履行校内报批程序方可用款。[①] 此外，贵州高校经费来源单一且不足，也在一定程度上影响了创新创业学生实训的广度与效率。

（五）督查指导

建立检查督导机制，把高校创业教育开展情况纳入高校分类考核、绩效分配指标体系，作为衡量办学水平的重要指标。把创业教育相关情况列入教学质量年度报告和毕业生就业质量年度报告，接受社会监督。各高校要高度重视，立足学校实际，及时总结推广经验做法，加大宣传力度，营造良好氛围，确保各项政策措施落到实处。各高校要将本校深化创业教育改革的实施方案报省教育厅备案。

（六）文化建设

贵州高校可以通过开展活动、组织竞赛、邀请国内外著名的创业创新投资学者、专家、成功人士来学校给学生举办讲座，开展以创新创业为主题的读书活动、座谈会，以实验室、众创空间等为创新创业实践基地，以社团、班级为单位开展形式多样的创新创业活动。将创新创业文化元素融入校园文化中，通过开展丰富多彩的创业教育活动，使学生能内化于心外化于行，真正地理解创新创业的内涵，从"要我创业"变为"我要创业"。校园文化与创业文化之间具有互补性，它们都是高校使命的内在要求。在大学生活中的方方面面把创新创业文化融入其中，起到潜移默化的作用，植于心植于脑，变成创新创业的原动力和加油器。创业文化作为创业实践活动的产物，是高校校园文化建设发展的必要补充，两者兼具文化的本质属性。

（七）评估体系

完善的创业教育质量评价体系，对教育工作的有效开展发挥着重要的保障作用，是体现教育改革成效的重要举措，也是督促高校以评促

---

① 彭佑兰：《欠发达地区地方高校创新创业训练体系的建设现状与应对策略》，《兰州教育学院学报》2017 年第 12 期。

改、以评促建,尽快补齐创业教育短板的有效方式。① 因此,探索建立符合贵州高校创业教育特点的专业建设评估制度,开展专业认证及评估,在工程、医学等领域积极探索与国际实质等效的专业认证,鼓励有条件的高校开展学科专业的国际评估,以评估和认证促进学科建设和专业结构优化。到 2020 年,建立完善贵州省创业教育学科专业评估数据平台,运用信息技术手段,采取定量与定性相结合、以数据定量分析为主、以专家定性分析为辅,对贵州省高校开设的创业教育本科专业进行全覆盖评估;加强对评估结果的应用,对评估认证结果较好的院校或专业,在招生计划、生均拨款、专项建设以及本科教学工程项目立项上给予倾斜。

第三节 不确定时代中的 GCU 创新创业教育

GCU 所在的大学城位于新区内,新区成立于 2014 年 1 月,是国务院批复设立的第八个国家级新区,国务院赋予其西部地区重要经济增长极、内陆开放型经济新高地、生态文明示范区三大战略定位,② 有一定的创新创业氛围,集聚一批国家级实验室、国家级工程技术研究中心及双创平台,建成创新创业孵化园、数字经济产业园等一批重要载体,形成一批众创空间、专业孵化器等"双创"载体,引进了百度、阿里等知名专业化平台。

相比省内其他高校,GCU 创新创业教育起步较早。2018 年年底是一个分水岭,在此之前,GCU 的创新创业教育远远走在省内同行前面。平台建设方面,其于 2012 年 3 月通过团中央、国际劳工组织的批准,成为省内高校首家"大学生 KAB 创业教育基地"学校,2013 年获批省唯一的"大学生 KAB 创业俱乐部",2015 年成为省级创业孵化示范基地,2016 年学校创业园获批为省级大学科技园;2017 年获教育部批准在为第二批深化新创业教育改革示范高校;2018 年获批省科技厅"2018 年省级众创空间"。GCU 于 2015 年 5 月在贵州省率先设立了独立

---

① 王蕾:《高校创新创业教育的时代机遇、现实挑战与提升策略探析》,《教育评论》2018 年第 2 期。
② 《万亿茅台换帅,"70 后"厅长接棒》,https://baijiahao.baidu.com/s?id=1660153755963384240&wfr=spider&for=pc,2022 年 3 月 5 日。

的正处级大学生创新创业管理办公室统筹全校创新创业工作，拨付专项资金，用于创业园建设，建立了与专业教育既相融又相对独立的实践教学体系（见图 5-2），以创新创业赛事、创新创业路演等为辅助，强化学生的情境认知和实战体验。截至 2017 年 12 月，在孵学生创业项目 70 余个，直接参与创业实践的学生 500 余人，产值近 4000 万元，带动 1000 余名学生就业。

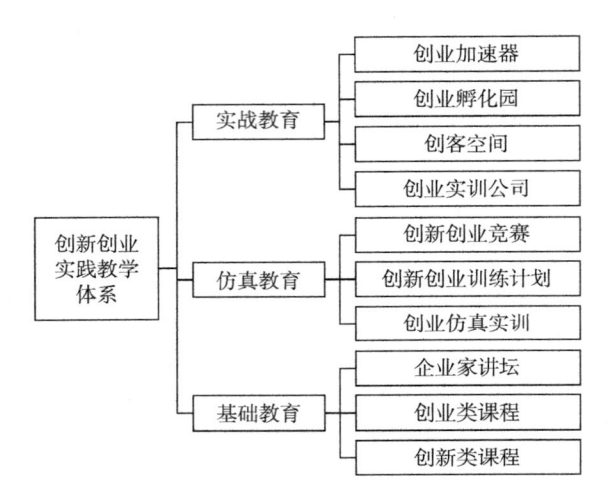

```
                    ┌─ 实战教育 ─┬─ 创业加速器
                    │            ├─ 创业孵化园
                    │            ├─ 创客空间
                    │            └─ 创业实训公司
创新创业            │
实践教学 ───────────┼─ 仿真教育 ─┬─ 创新创业竞赛
体系                │            ├─ 创新创业训练计划
                    │            └─ 创业仿真实训
                    │
                    └─ 基础教育 ─┬─ 企业家讲坛
                                 ├─ 创业类课程
                                 └─ 创新类课程
```

图 5-2　GCU 创新创业实践教学体系

2018 年年底，GCU 重组部分职能机构，组合了大教务处，将原本独立的正处级大学生创业管理中心（以下简称大创中心）降为副处级，并入教务处。机构改革后，大创中心原主任任职其他部门。大创中心作为一个机构失去了独立性被并入教务处，但办公区域仍保持着原来的独立。大创中心仍然是四个编制，正主任由教务处处长兼任；一个副主任，一个科长，一个科员，真正熟悉业务的只有副主任一人，大创中心的功能和工作人员的能动性被大大压缩。为了推动大学生创新创业工作，较早时候学校成立了一个公司来管理创客空间，交由 Y 教授来运行。由于管理上可能存在瑕疵，后来的学校领导关闭了创客公司和大学生经营的所有店铺和门面。在制度建设和激励机制方面，大创中心负责人参照省外大学的思路和已有案例，起草了鼓励和调动教师、学生全面参与创新创业教育的制度文本，因分管教务处工作的校领导认为与本科教学无关而否决；不支持重奖获得省级及以上名次的项目。尽管激励制度没有通过，校长仍同意拨付 100 万元支持大创办组织师生参加 2021 年"互联网+"竞赛活动。

2019 年的校级人事大变动与 2020—2022 年的新冠疫情，对创新创业教育产生了明显的后果，一路领先的 GCU 创新创业教育已被省内其他高校超越。其他高校建立了独立的大创办管理机构和独立的创业学院及独立运行的创客公司，人员配置和经费调度较为自主，这些是高校推动创新创业教育的最基本配置。GCU 创新创业教育的曲折之路在行政本位的高校体系中并不是个案，每一项工作的推动，每一个亮点或特色的闪现，无不凝结着具体岗位上工作人员的见识、智慧、勇气和坚守。反之，因人误事也不在少数。GZ 和 LH 吐槽过自己学校的创新创业教育，与作为个案分析的 GCU 一起，共同揭示了地方普通高校创新创业教育最基层的运行逻辑。创新创业教育远不是汇报材料或总结材料中的几个项目、多少经费等有限数据能够囊括的，它是新时代全民素质教育中的关键内涵，是中国市场经济改革深化和参与国际治理的人才保障基础。GCU 创新创业教育给同类高校提供了下面三方面的思考。

一　高校领导如何公正地承前启后

行政体系中的职位是国家资源，职位既给了个体施展才华的平台，同时也需要个体尊重职位链条中的特定属性，尤其是专业性极强的职位。高校办学自主权一直是学界和行政上较为关注的一个议题。就 GCU 创新创业教育的变迁来看，专业层面工作的兴与废，彰显了高校的"自主权"。

高校制定的创新创业教育文件，其源头来自国家、教育部、省教育厅等上级文件，在这个长长的行政链条上，高校处于最底端。某个阶段 GCU 创新创业教育的变迁，与高校领导者的决策有直接的关系，因此，如何正确理解高校的办学自主权，不仅是高校发展的重要议题，也是高校的融合发展的必要探索。

二　高校如何正面回应市场经济时代学生的切身利益

地方高校的生源基本上本省化，绝大多数学生来自农村和城镇中低收入家庭，他们对改善家庭经济状况和自身生活质量的追求成为创业的本能动机。信息技术的发展使互联网时代的职业充满不确定性，传统职业的消失，新职业的不断涌现，给高校教育教学和人才培养提出了切实的挑战。创业，无论是国家推动，还是个体对未来的预期，都是一种可以尝试、可以选择的路径。创新创业教育就是高校对学生切身利益的正面回应。就考察过的高校来看，真正的"双一流"高校拥有绝对的师资、生源和资源优势，创新创业教育对他们来说，不需要过多关注。但是，地方高校的创新创业教育对学生来说，是教授他们在市场经济社会的最基础的生存意识和生存技能。

三 如何最大程度地激发教师和管理人员的创造性

GCU创新创业教育的变迁表明高校的教师或管理人员一开始具有足够的创造性和对事业的忠诚心，只要他们不被束缚，并得到尊重，他们就能拓展出一片新天地。不可否认的是，高校的评价机制及晋升机制对于激发教师或管理人员的积极性和创造性似乎并不理想，尤其是在西部地区，创新创业教育开展不顺畅。可以说，西部一些高校的僵化与保守既限制了教职工的能动性，也限制了学生发展空间和发展视野。

第六章

政策脉络中的创新创业

从实地调研中我们了解到，与大学生创业有关的政府机构涉及财政、科技、教育、人社及工商等部门。就省级层面而言，与高校联系较为密切的是科技厅、教育厅及人社厅；与创业学生联系密切的则是财政、人社与工商等。由于各地政策差异较大，本章以西安市十余年来的政策梳理为基础，分析大学生创业在政府管理中的生存状态。大学生创新创业政策作为一种制度延续下来，涉及政府、高校和大学生个人的不同行为，政府和高校的理性选择成为影响政策变迁的主要力量；行政主导和大学生的创业需求促进大学生创新创业政策的变迁。[①]

第一节 西安市创新创业政策

2008 年，西安市创新创业政策涵盖大学生自主创业贷款、创新创业教育与培训、建设创新创业基地（孵化基地）、表彰创业明星等内容。2009 年，西安市被人力资源和社会保障部确定为首批国家级创建创业型城市，于 2010 年 3 月 1 日发布了《西安市创建创业型城市工作实施方案》（市政办发〔2009〕177 号），对全市创建创业型城市做了总体部署和安排。也许正是得益于西安第一批被纳入创建国家创业城市的名录中，它保留了较为完整的城市案例痕迹和可供分析的资讯。

---

① 吴立保等：《我国大学生创新创业政策的变迁逻辑与政策建议——基于历史制度主义的分析》，《阅江学刊》2017 年第 3 期。

一 最初的部署

2009年前后，西安地区每年的大学毕业生人数在15万左右，自主创业的主力军是下岗工人和就业困难群众，大学生创业尚处于萌发状况。《西安市创建创业型城市工作实施方案》（市政办发〔2009〕177号）基本上为西安市的创业工作奠定了基调。文件的目的是落实《国务院办公厅转发人力资源和社会保障部等部门关于促进以创业带动就业工作指导意见的通知》（国办发〔2008〕111号）及《人力资源和社会保障部关于推动建立以创业带动就业的创业型城市的通知》（人社部发〔2008〕87号）政策要求；原则是"自主创业，市场导向，社会支持，政府促进"；目标为"力争在两年内全面达到国家级创业型城市标准"。建设周期为2009年1月1日至2010年12月31日。

（一）相关指数

1. 全员创业活动指数

到2010年12月，全市全员创业活动指数达到20%。

2. 创业活动对就业的贡献率

创业培训和指导1.5万人（其中：按照1∶2的比例，创业培训0.5万人，创业指导1万人）；帮助成功创业1万人，创业带动就业6万人，创业带动就业率达到1∶6。

3. 创业活动对企业成长的贡献率

平均每年新增创业企业1.4万户，新增个体工商户5万户以上，创业企业存活率（存活1年以上）达到80%以上。

4. 创业环境满意度

新建创业孵化基地、创业园等10万平方米，创业环境满意度的各项指标达到90%。

5. 其他整体反映城市创业活力、创业效率以及促进创业带动就业工作成效的指标

产生一批有一定社会影响的创业典型。另外，在全市13个区县及五区两基地，178个街道，577个社区中，按照45%的比例，确定6个区县、2个开发区争创"创业型区县"，80个街道争创"创业型街道"，260个社区争创"创业型社区"，利用两年时间使创建比例达到95%以上。

(二) 工作任务

建立组织领导体系；政策支持体系，健全创业培训体系，构建创业服务体系，健全工作考核体系等。

建设期间的具体指标：媒体阶段性专题宣传活动不少于3次，全市性创业主题宣传咨询活动不少于5次，创业先锋评选或创业大赛不少于2次。创业培训人数达到5000人次，开设创业培训课程的机构达到50家。市、区县建立相应的创业指导专业队伍不少于15个。建立创业项目资源库，创业项目不少于1000个。加强基层劳动就业服务机构的创业指导服务力度，为创业者提供创业指导服务10000人次。发布本市适合微小、中小企业发展的主要行业及创业项目指导目录，覆盖行业和项目不少于20个。发展300家经营较为成熟、社会责任感较强的企业、机构作为创业见习基地。计划新增小额担保贷款机构6家，在创建期间提供创业贷款10000人次，全市创建信用社区比例达到50%以上。到2010年底，市小额贷款担保基金总量达到2.1亿元；筹集5000万元作为高校毕业生创业基金。各区县均要建立创业基地，面积不少于6000平方米；全市建立创业园区、孵化基地15个，面积不少于10万平方米。①

从以上数据可以看出，政府在制定政策中的相关指标时极为谨慎和保守。一方面是考虑要能够"完成"，另一方面可能出于当时的"家底"考虑。城市创业，是一个从无到有、从小到大的过程。而全民创业，对于曾经以计划型管理为根基的城市来说，无异于一场"自我革命"和"自我否定"。根据2010年第六次人口普查结果，西安市的常住人口为8467837人，其中具有大学（指大专以上）文化程度的人口为1863345人；具有高中（含中专）文化程度的人口为1749630人；具有初中文化程度的人口为3020395人；具有小学文化程度的人口为1239380人（以上各种受教育程度的人包括各类学校的毕业生、肄业生和在校生）。与2000年第五次全国人口普查相比，每10万人中具有大学文化程度的由11149人上升为22005人；具有高中文化程度的由19145人上升为20662人；具有初中文化程度的由35253人上升为

---

① 《关于印发西安市创建创业型城市工作实施方案的通知》，http://www.xa.gov.cn/gk/zcfg/szbf/5d4933caf99d6572b76b3180.html，2020年6月8日。

35669 人；具有小学文化程度的由 23602 人下降为 14636 人。全市常住人口中，文盲人口（15 岁及以上不识字的人）为 135851 人，同 2000 年第五次全国人口普查相比，文盲人口减少 127174 人，文盲率由 3.55%下降为 1.60%，下降 1.95 个百分点。受教育程度的显著变化为西安市创建创业城市提供了智力支持，尤其是每 10 万人中具有大学文化程度人口的倍增效应更是不可估量，且这种增长趋势保持不变。[1]

但是，创业作为一项极为复杂的社会事实，西安市政府计划在两年内完成创建指标，在一定程度上反映了当时的人们对创业缺乏认知，希图凭借一腔热血和最低数字化的预测，完成"创业任务"。至 2021 年，西安市仍处于创业城市的创建过程中，并没有宣布已经建成。创业无法成为一场短时间的、少数人的"运动"，它是极为日常的、潜行于个人生涯和社会底层结构中的生活常态。创业是日常生活世界中最接地气的人间烟火，给人安全感和尊严感。正是因为其如此重要，才需要长时期的精心浇灌和培育。

二 关于大学生自主创业贷款

2008 年 12 月 26 日发布的《西安市人民政府关于扶持大学生自主创业贷款的指导意见（试行）》（以下简称"2008 创业贷款"）[2] 是为了落实西安市委、市政府《关于改善自主创业投资环境推进全民自主创业投资的若干意见》（市发〔2007〕215 号）的政策精神，目的在于设立西安市扶持大学生自主创业贷款基金，扶持大学生自主创业，以带动更多的人员实现就业再就业。

（一）机构设置

成立以市创业办牵头，市金融办、市财政局、市科技局、市劳动保障局、市人事局、市商业银行等部门为成员的西安市扶持大学生自主创业贷款（以下简称创业贷款）工作协调办公室。

（二）部门分工

市创业办负责协调大学生创业贷款日常工作，制定大学生自主创业

---

[1] 《西安市 2010 年第六次全国人口普查主要数据公报》，http：//tjj.xa.gov.cn/tjsj/tjgb/gmjjshfzgb/5d7fc59ffd8508622db0d9c9.html，2020 年 6 月 8 日。

[2] 《西安市人民政府关于扶持大学生自主创业贷款的指导意见（试行）》，http：//www.gov.cn/govweb/jrzg/2009-01/02/content_1194151.htm，2020 年 6 月 8 日。

培训管理办法，认定大学生自主创业培训基地资格，颁发培训合格证书；市金融办负责牵头制定创业贷款有关政策；市财政局负责创业贷款基金的筹集管理，监督大学生创业贷款基金使用情况；市劳动保障局、市人事局等部门负责大学生自主创业培训工作；市科技局负责制定大学生自主创业项目评审办法，负责组织创业项目评审；市商业银行负责创业贷款的发放和回收，并对创业贷款进行贷后管理和履职催收；创业贷款工作协调办公室各组成部门要切实重视大学生自主创业贷款工作，加强协作沟通，根据各自职责，制定简便易行的管理办法及实施细则，并确定专人负责此项工作。

（三）贷款性质

创业贷款是市政府为促进全民创业，将信贷体系引入自主创业服务体系，与市商业银行共同开发的，由西安市经济技术投资担保有限公司提供担保，市商业银行自主发放的贷款。

（四）贷款申请对象及条件

1. 对象

2008年1月1日后创办，注册地和纳税关系在西安市辖区从事高新技术产品研发、生产和服务，或从事现代服务业、现代农业开发等小型法人企业。

2. 条件

具有创业计划书，贷款项目具有可行性研究报告；企业法人为具有西安市户籍，近年来取得毕业证书的大学毕业生（含研究生）及国外留学归国人员；企业法人具有市创业办认定的创业培训合格证书，无违法乱纪行为、无不良信用记录。

（五）贷款用途、期限、利率、还款方式和额度

1. 用途

主要用于企业的生产性固定资产购置、企业流动资金等正常经营需求。

2. 期限

一般不超过两年。到期前由借款人提出申请，经市商业银行审核同意后可办理展期。

3. 利率

执行中国人民银行公布的同期、同档次基准利率。

4. 还款付息

原则上实行到期一次还本、按季或按月结息。

5. 额度

根据创业项目的实际资金需求确定，原则上不超过50万元。

（六）贷款申请程序

文件要求在审核的各个环节，凡是提出否定性意见的，应向市创业办和申请人本人出具书面意见（见图6-1）。

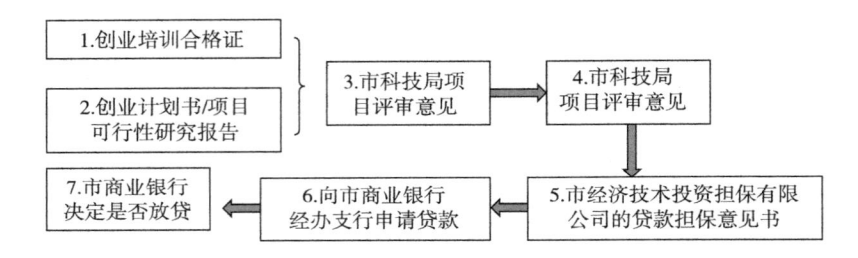

图6-1 西安市大学生自主创业贷款申请流程

（七）贷款管理

创业贷款的日常监督管理和稽核工作由市商业银行和西安市经济技术投资担保有限公司共同负责，要提高金融服务效率，加强对贷款的跟踪检查，制定切实可行的风险防范措施，有效防范贷款风险。

（八）对各方要求

市科技局和西安市经济技术投资担保有限公司应分别在30个和15个工作日内完成相关评审、审查，并出具评审、审查意见；借款人承担还款责任，到期不能按时偿还贷款的应承担相应的法律责任；市商业银行和西安市经济技术投资担保有限公司应加强对贷款的管理及跟踪检查；对不按规定办理或因渎职造成损失的，要依法追究相关人员的责任；市商业银行按月向创业贷款工作协调办公室报送《西安市扶持大学生自主创业贷款发放回收情况表》，同时抄送西安市经济技术投资担保有限公司。

2010年12月2日，西安市发布《关于进一步推进大学生自主创业贷款工作的通知》（市政办发〔2010〕235号）（以下简称"2010创业贷款"），相关内容有所调整。一是机构，成立西安市大学生创业贷款协调工作办公室，市人社局、市财政局、市金融办、中国人民银行西安分行营业管理部、市科技局、市工商局、市地税局、市教育局等部门为成员单位；办公室设在市人社局，负责大学生创业贷款的日常管理工作，定期研究协调大学生创业贷款中出现的问题，不断完善相关政策措施。二是调整和优化贷款模式，将大学生创业贷款、小额担保贷款并轨运行，按照大学生创办企业所处的阶段和状况，提供不同的贷款支持。对大学生初创企业，符合小额担保贷款条件的项目，按小额担保贷款政策予以支持；对大学生创办企业达到一定规模，内部管理、财务制度较为规范、经营状况明显改善的，对其贷款要逐步与商业化贷款接轨，适用大学生创业贷款，能按期归还本息的，由财政给予企业50%的贴息；对于大学生创办的企业完全走上正轨的，鼓励承担更多的社会责任，经认定符合劳动密集型企业的按照劳动密集型企业的政策予以支持。三是将自主创业大学生户籍范围由西安市暂扩大到陕西省内，外省籍大学生创业的根据其项目经审核可适度放贷。四是进一步明确并强化对大学生的贷款支持，大学生创业贷款与下岗失业人员的小额担保贷款宗旨相同，均属于政策性贷款；要求经办银行区别于商业贷款的考核体系，对大学生创业贷款单独考核统计，按担保基金的1∶5比例放贷，按照担保机构担保的额度和期限发放；增加两家以上大学生创业贷款经办支行；工商、税务、城管等部门要简化手续，放宽市场准入，免收大学生申办个体工商户各项费用；减半收取企业开业注册登记费；放宽企业注册资本分期出资期限；放宽经营场所登记条件；对大学生创业区分情况，落实"首违免罚"政策，压缩办事时限，简化申贷环节；对大学生创业贷款实行联合审核，缩短贷款周期。五是组建专业团队，加强创业辅导。六是建立奖励机制，调动各方积极性，加大对经办银行奖励的力度；完善担保机构补偿机制和落实相关部门工作经费，对奖励经费做出了明确的数字规定。七是强化创业培训证书和创业贷款的关系[①]。

---

① 《关于进一步推进大学生自主创业贷款工作的通知》（市政办发〔2010〕235号），http：//www.9ask.cn/fagui/201012/212524_1.html，2020年6月8日。

2015年8月4日，西安市政府发布《关于推进大众创业万众创新的指导意见》，与大学生创业有关联的内容：一是推进商事制度改革，实行登记注册"零收费"，落实"先照后证"制度，实施"三证合一""一照一号"改革，逐步实现企业设立、变更、注销等登记业务的全程电子化。放宽企业住所（经营场所）登记条件，允许"一照多址"和"一址多照"，实行企业简易注销登记程序。二是实施大学生创业引领和创新实验计划，建立导师、高校、机构、政府多层次大学生创业资助体系。鼓励高校建立健全大学生创业创新培训机制，开辟专门的创业空间，开设创业创新教育课程，开展创业指导，并将其纳入学分管理。搭建大学生创业投融资、交流与服务平台，落实支持大学生创业的税费减免、创业补贴和小额担保贷款政策。对入驻众创空间的大学生，符合条件的纳入租赁型保障房保障范围。三年累计新增大学生创客和创业团队超过1万个。三是扶持经费，加大落实税费减免等优惠政策，创业投资企业享受70%应纳税所得额税收抵免和企业转增股本分期缴纳个人所得税、股权奖励分期缴纳个人所得税等试点政策；对投资于初创期科技企业的投资损失，给予创业风险投资机构单户企业初始投资损失额的30%最高100万元、单个机构最高300万元补偿等。[1]

2019年3月12日西安市出台《关于做好当前和今后一个时期促进就业工作的通知》（市政发〔2019年〕12号），其中"完善大学生自主创业贷款管理"规定，提高大学生自主创业贷款额度，符合条件的创业大学生可申请最高额度为100万元的创业贷款，贷款期限一般不超过2年。持续加强贷款运行监测，强化贷款发放回收，加大对大学生自主创业贷款失信惩戒力度，提高贷款质量。健全大学生创业贷款基金持续补充机制，保障工作正常开展，由市人社局、市财政局、人民银行西安分行营管部及市金融工作局等负责。2020年受新冠疫情的影响，西安市政府重在贯彻和落实中央及省级政府的相关政策，帮助企业应对危机，进一步降低创新创业成本。[2]

---

[1]《西安市人民政府关于推进大众创业万众创新的指导意见》，http://jyw.sxqzy.com/info/1005/1324.htm，2020年6月8日。

[2]《关于做好当前和今后一个时期促进就业工作的通知》，http://www.xa.gov.cn/gk/ghjh/zdgz/5d4937c2fd850833ac5f8d02.html，2020年6月8日。

2008—2019 年的政策文本中,可以清晰地看到大学生自主创业作为新生事物,政府的管理从最初的摸索到慢慢地适应和熟络的轨迹。大学生创业贷款最初是单列事项,于 2010 年与支持下岗工人创业的小额担保贷款并轨运行;2015 年扩大到税费减免、创业补贴和小额担保贷款等;贷款额度由最高 50 万元调整到 100 万元。总体上来看,大学生创业贷款由多部门协作共管,所涉及的部门多、流程长,所需要办理的手续并不简单;具体的经办者不具有相对稳定性,这些变化也常常不易被申请者所知晓。贷款者的户籍由西安市扩大到陕西省,其意义在于放宽了本省西安外的大学生到西安创业。贷款政策的变化一方面是国家需要以创业带动就业,解决每年增加的庞大的高校毕业生就业问题;另一方面着实解决了大学生创业者的启动资金问题。但是由于贷款链条过长,涉及部门分散、银行严控风险等客观原因,正如创业者所反映的,大学生初创企业最需要得到国家资金的帮助。

三　除创业贷款外的其他政策措施

西安市政府给自主创业学生除提供创业贷款外,还有创业培训、税费补贴与减扣、教育改革等。《关于印发陈宝根市长在全市就业培训工作现场会上讲话的通知》(〔2009〕44 号)中首次提到要把就业培训和创业培训紧密结合起来,对大专院校毕业生特别是在西安市就业的大学生,以及有创业需求的人,要立足更长远发展,突出抓好创业培训工作。强化对高校毕业生的创业指导服务,探索建立一批投资小、见效快的大学生创业园和创业孵化基地。

2014 年 8 月 5 日的《西安市人民政府办公厅关于做好当前普通高等学校毕业生就业创业工作的通知》(市政办发〔2014〕42 号)中的"加大高校毕业生自主创业支持"有更细致的规定。一是把已出台的相关政策重新组合并明确,如鼓励引导各类组织积极参加大学生创业孵化基地建设,并给予相应的补贴等;对领取《就业失业登记证》的本市户籍高校毕业生初次创业的,领取营业执照后稳定经营 6 个月以上,可申请 2000 元的一次性创业补贴;对持《就业失业登记证》(注明"自主创业税收政策"或附着《高校毕业生自主创业证》)人员从事个体经营,在 3 年内按每户每年 8000 元为限额依次扣减其当年实际应缴纳的营业税、城市维护建设税、教育费附加、地方教育附加和个人所得税，限额标准最高可上浮20%，具体上浮标准以省政府相关文件规定为准；对商贸企业、服务型企业、劳动就业服务企业中的加工型企业和街道社区具有加工性质的小型企业实体，在新增加的岗位中，当年新招用在人社部门公共就业服务机构登记失业一年以上且持《就业失业登记证》（注明"企业吸纳税收政策"）人员，与其签订1年以上期限劳动合同并依法缴纳社会保险费的，在3年内按实际招用人数予以定额依次扣减营业税、城市维护建设税、教育费附加、地方教育附加和企业所得税优惠。定额标准为每人每年4000元，最高可上浮30%，具体上浮标准以省政府相关配套文件规定为准。二是增加针对高校的特定内容，如开展创新创业教育，将创业教育课程纳入学分管理，研发适合高校毕业生特点的创业培训课程，开展创业培训，提升高校毕业生创业意识和创业能力；推进高校"大学生创业示范基地""大学生创业教育示范校"建设，提供创业项目、创业培训、创业孵化等服务。三是创业培训进高校，在高校认定一批创业培训定点机构，培养一批创业培训师资，扩大大学生创业培训规模，给认定的高校创业培训机构提供创业培训补贴。四是在2014—2017年，实施大学生创业引领计划。通过提供创业服务，落实创业扶持政策，提升创业能力，帮助和扶持更多高校毕业生自主创业，逐步提高高校毕业生创业比例。[①]

2015年7月10日的《西安市人民政府办公厅关于做好2015年普通高等学校毕业生就业创业工作的通知》（市政办发〔2015〕44号）基本沿袭2014年的框架，关于大学生自主创业的相关内容同样分两部分，一是再次明确相关政策，尤其是"双创"政策；鼓励各类高校、工业园区、现代农业示范园区、科研院所、企业、社会组织参与创业孵化平台建设，为有创业意愿的大学生提供创业培训、指导、咨询和孵化服务，并按有关规定给予补贴；补贴被认为国家级、省级、市级创业孵化示范基地的平台；加快发展市场化、专业化、集成化、网络化的众创空间，推广创客空间、创业咖啡、创新工场等新型创业创新公共平台，为创业者提供低成本、便利化、全要素、开放式的综合服务平台和

---

① 《西安市人民政府办公厅关于做好当前普通高等学校毕业生就业创业工作的通知》，http://www.xa.gov.cn/gk/jycy/zccs/5dbaa56165cbd804f6a1231f.html，2020年6月8日。

发展空间，对认定为市级创业服务平台的，市政府给予一定补贴，并纳入市创业孵化基地管理范围。2000元的一次性创业补贴对象调整为毕业2年以内高校毕业生或在西安市进行初次创业的在校大学生，领取营业执照后稳定经营6个月以上。对持《就业创业证》（原为《就业失业登记证》）并符合毕业年度内自主创业税收政策人员从事个体经营的，在3年内按每户每年9600元为限额依次扣减其当年实际应缴纳的营业税、城市维护建设税、教育费附加、地方教育附加和个人所得税。对商贸企业、服务型企业、劳动就业服务企业中的加工型企业和街道社区具有加工性质的小型企业实体，在新增加的岗位中，当年新招用在人力资源社会保障部门公共就业服务机构登记失业一年以上且持《就业创业证》，并符合企业吸纳税收政策人员，与其签订1年以上期限劳动合同并依法缴纳社会保险费的，在3年内按实际招用人数为定额依次扣减营业税、城市维护建设税、教育费附加、地方教育附加和企业所得税。定额标准从每人每年4000元调整为5200元。二是开展创新创业教育，建立和完善创新创业教育和创业实践活动机制，将创业教育课程纳入学分管理，研发适合高校毕业生特点的创业培训课程。在高校认定一批创业培训定点机构，培养一批创业培训师资，扩大大学生创业培训规模。认定的高校创业培训机构按规定享受创业培训补贴，补贴资金从就业专项资金中列支。积极推进高校"大学生创业示范基地""大学生创业实训基地"建设。继续实施大学生创业引领计划，通过提供创业服务，落实创业扶持政策，逐步提高高校毕业生创业比例。力争2015年全市完成大学生创业培训4950人，发放创业担保贷款1.7亿元，引领大学生创业2250人。[①]

2018年4月25日发布的《西安市人民政府关于进一步加强就业创业工作的实施意见》（市政发〔2018〕20号，以下简称《实施意见》），对各个机构所涉及的就业创业职责与功能进行了系统化的规划与定位。《实施意见》共分七大板块24个条目，七大板块分别是：深入实施就业优先战略和更加积极的就业政策、促进以创业带动就业、抓

[①] 《西安市人民政府办公厅关于做好2015年普通高等学校毕业生就业创业工作的通知》，http://www.xa.gov.cn/gk/jycy/zccs/5dbaa56165cbd804f6a1231f.html，2020年6月8日。

好重点群体就业创业、加强以贫困劳动力为重点的转移就业创业工作、深化教育培训改革、加强就业创业服务、切实加强组织实施。24个条目中的每个条目，没有1个条目是单一部门能够完成的，全部涉及多个部门的协调与合作。这份文件比较真实、全面地呈现了大学生创业在政府运行中的复杂性和互嵌性以及相互之间的掣肘。①

大学生作为西安市政府就业创业工作的重点群体被寄予厚望，西安市提出5年内要留下100万高校毕业生，把在校大学生纳入市人才储备计划，实施高校毕业生就业创业促进计划，促进供需对接和精准帮扶。对在校或者毕业不满两年的大学生自主创办社会服务机构且属于公益慈善类和城乡社区服务类的，可向区县级登记管理机关申请直接登记，受理机关依法办理登记，优先安排创业培训。要求深化教育培训改革，推进高校创新创业教育，健全专业预警和动态调整机制，分类建设创新创业教育改革示范项目，将创新创业教育融入人才培养全过程。支持高校建设创业园区，与（区）县创业园区有效对接，打造校（区）县共建的创新创业基地，鼓励引导大学生参加创业实践活动；实施现代职业教育质量提升计划、产教融合发展工程、高技能人才培养工程。加强中等职业学校、高等职业院校、应用型本科高校建设。到2021年，面向全市重点发展的先进制造业、现代服务业、战略性新兴产业，建成30个左右重点特色专业、5个省级示范性实训基地、20个高技能人才培训基地、20个技能大师工作室、10所高水平中职学校、2所特色优质高职院校。

2009—2018年，能够明显地看到政策的口子从小到大，支持的力度越来越大，大学生创业的程序和手续逐渐简化，大学生创业与整个社会结构的联结日益密切。政府对大学生人力资源价值内涵的重视和开发走向多维度和多途径，目标趋于清晰。大学生创业的社会属性远远超过个体特征。

四　建设创新创业基地/孵化基地

2016年11月24日发布的《西安市人民政府办公厅关于印发推进小微企业创业创新基地城市示范工作方案（2016—2018）的通知》

---

① 《西安市人民政府关于进一步加强就业创业工作的实施意见》，http：//xaic. xa. gov. cn/zsyz/tzzn/tzzc/5db0107af99d6527b6cc61a6. html，2020年6月8日。

(〔2016〕92号，以下简称《工作方案》）和2017年1月5日发布的《西安市人民政府办公厅转发市财政局关于全面推进小微企业创业创新基地城市示范支持政策的通知》（市政办发〔2016〕104号，以下简称《支持政策》）基于贯彻落实国家创新驱动发展战略，推动"大众创业、万众创新"，这两份文件是关于推进以西安市整体作为小微企业创新基地/孵化基地建设的系统性安排，前一份文件是工作方案，后一份文件是配套政策，发布时间前后相隔四十天。

（一）工作方案

工作方案共分总体思路和发展目标、未来三年工作任务及保障措施三部分。总体思路是以推进全面创新改革试验区和建设国家自主创新示范区为动力，建立完善创业创新体制机制，营造小微企业成长的生态环境，发掘本地人才、技术、军工、文化等优势，推进创业创新群体大众化、载体多样化、资源市场化、融资便利化、服务专业化、合作国际化，形成本市小微企业蓬勃发展态势。发展目标包括6个项目，有具体的量化要求（见表6-1）。

表6-1　　工作方案中的发展目标

	计划数	累计增长率（%）	2016年	2017年	2018年
小微企业新增就业人数（人次）	73	30.05	23	24.5	25.5
新增小微企业数量（万户）	18	42.70	6	6	6
小微企业营业收入（亿元）	—	49.00	7984	9144	10425
城市高新技术企业数量（家）	—	—	170	200	230
小微企业技术合同交易额（亿元）	—	44.00	80	90	100
小微企业拥有授权专利数（万件）	—	43.00	3.2	3.65	4.08

工作任务包括建设创新创业空间载体、创新创业服务体系、营造创新创业氛围及繁荣创新创业活动三大块，第一块的量化要求最多，第二块三条，第三块无量化指标。关于空间载体的量化要求是：三年要新增100个众创空间和科技企业孵化器，共建成200家众创空间和科技企业孵化器，地上建筑面积新增26万平方米；在原有11家小微企业创业基地的基础上，围绕电子信息、先进制造、生物医药和现代服务业、商用汽车、电子电力、新材料等优势产业，促成更多专业化小微企业创业基地；在原有23个商贸企业集聚区基础上，围绕服务、商贸、休闲、旅

游，重点打造 9 个商贸企业集聚区，形成 32 个商贸企业集聚区的空间布局；打造 8 个服务于小微商贸企业的公共服务、交易、辅导及培训平台；培育 30 家市级现代电子商务示范村；建设若干专业创业创新综合社区；在各开发区和重点区县内至少形成"一区一品"的创业创新产业聚集区。关于创新创业服务体系的量化指标只有三项，其一是提出实施"互联网+"交通、医疗、内贸流动、环保、教育、农业、民生等 10 大行动计划；其二是力争三年新增 1000 家高校院所科技人才创办企业；其三是引导和支持大学生创业创新，三年内建成 50 个创业孵化基地、100 个创业实训基地、500 个大学生就业见习基地。

保障措施包括组织机构、财政资金、管理考核三部分。组织机构保障方面，成立西安市小微企业创业创新基地城市示范工作领导小组，统一组织、指导、协调、监督试点工作。工作领导小组由市财政局、市工信委、市科技局、市商务局、市工商局、市发改委、市人社局、市统计局、市国税局、市地税局、市金融办等市级部门组成。领导小组下设办公室，办公室设在市财政局。办公室主任由市财政局副局长担任，副主任由市工信委副主任、市科技局副局长担任，办公室成员由市财政局、市工信委、市科技局、市商务局、市工商局等部门的相关负责人组成。

财政资金保障方面，2016—2018 年，共计投入财政资金 54 亿元。其中，地方财政投入资金 45 亿元，申请中央财政资金 9 亿元。用于减免、贷款补偿、业务补助、贷款贴息、保费补贴、增量奖励、资本金注入等。其中，创业创新载体建设方面安排财政资金 12 亿元，2016 年 4 亿元，2017 年 4 亿元，2018 年 4 亿元；在人才培训、创业辅导、法律维权、管理咨询、检验检测、法律援助、研发设计等公共服务方面安排资金 9 亿元，2016 年 3 亿元，2017 年 3 亿元，2018 年 3 亿元；创业创新人才奖励、创新科技成果奖励、工业园区贷、中小企业发展基金、政策性担保机构资本金注入、创业投资引导资金、助贷资金池等方面安排资金 33 亿元，2016 年 11 亿元，2017 年 11 亿元，2018 年 11 亿元。管理考核部分全部为定性描述，主要是制度建设与完善、执行与督察等。①

---

① 《西安市人民政府办公厅关于印发推进小微企业创业创新基地城市示范工作方案（2016—2018）》，http://law.esnai.com/mview/181105，2020 年 6 月 8 日。

（二）支持政策

支持政策基本上是工作方案中保障措施的细化与补充。共分建设众创孵化载体（见表6-2）、完善创业创新服务体系（见表6-3）、增强企业主体活力（见表6-4）、缓解创业资金困难（见表6-5）、降低企业创业成本（见表6-6）、简化小微企业办事流程六大部分[1]。

表 6-2　　　　　　　　　　众创孵化载体

项目	支持内容
新认定的市级众创空间和科技企业孵化器	按照孵化面积、项目成果、服务能力、吸纳就业等情况分档次给予30万—300万元奖补，以后每年给予10万—30万元的运营奖补。
对于新认定为国家级和省级的众创空间和科技企业孵化器	给予相应奖补。
认定的市级虚拟众创空间	按照同样标准给予奖补。
新成立的专业众创空间（众创社区、创业创新基地）	按照"一事一议"的原则给予三年500万—3000万元重点支持。
新培育的国家级、省级和市级小微企业创业基地	分别给予300万元、100万元和50万元资金支持。
新建的"军民融合产业孵化器"	一次性给予不超过500万元的奖励。
在做大做强原有23个集聚区的基础上，进一步打造9个新的商贸集聚区	视情况提供空间使用费和改造费的奖励补助，最高不超过300万元。
新增*	国家级示范基地	奖励300万元
	省级示范基地	奖励200万元
	市级示范基地	奖励100万元
	市级示范镇	奖励50万元
	示范村	奖励10万元
	示范企业	奖励20万元

注：1. *表示三年，要打造4个国家级电子商务示范基地，3个省级电子商务示范县，5个市级电子商务示范园区，20个电子商务示范镇，50个电子商务示范村，30家电子商务示范企业。2. 表格只对量化数据及隐含的数据信息进行了整理，下同。

---

[1] 《西安市人民政府办公厅转发市财政局关于全面推进小微企业创业创新基地城市示范支持政策的通知》，https://ie.xidian.edu.cn/info/1026/1387.htm，2020年6月8日。

表 6-3　　　　　　　　　　完善创业创新服务体系

项目	支持内容
高校院所和企业积极开展技术转移转化	➢ 依据上年度技术交易合同登记额分档，按一定比例给予技术输出方最高不超过 50 万元的差异化奖补。 ➢ 按项目投入的 10%，给予技术吸收方最高不超过 200 万元和三年累计缴税额的补助。 ➢ 对投入超过 3000 万元，且为西安市调结构、促转型做出突出贡献的重大成果转化项目，可按"一事一议"原则，加大补助力度。
科研仪器设备加入市仪器网共享	➢ 对入网总数、年度新增数以及服务本地企业次数和收入情况量化排序，对前 50 名的单位分档给予 5 万—15 万元的奖励。 ➢ 西安科技大市场网络服务平台使用高校院所共享设备的企业，按其经核定的设备使用费支出最高 10% 的比例，给予最高 20 万元的补助。
小微企业专利申请和知识产权保护	➢ 对小微企业的发明专利申请给予每件 1500 元的资助，实用新型和外观设计专利给予每件 1000 元的资助。 ➢ 对区域内专利托管企业在 50 家以上的众创孵化机构，或派驻专利特派员的企业，按照每家 2000 元/年的标准给予补助，最高不超过 20 万元。 ➢ 注册企业在 50 家以上、企业总发明专利拥有量在 200 件以上的众创孵化机构，给予一次性 10 万元奖励。
大学生创业引领计划	在全市建成 100 家创业实训基地，创业实训基地接受符合条件人员参加实训的，按照每人每月 1000 元标准给予实训基地补贴，补贴期限最长不超过 3 个月。
中小企业公共服务平台	对列入国家级、省级、市级中小企业公共服务示范平台的一次性分别给予 80 万元、50 万元、30 万元奖励。
自建仓储物流设施	给予建设资金 10% 的补助。
租用仓储设施	给予 10% 的租金补助，最高均不超过 300 万元。
加盟连锁的小微企业新增社区便利店	按经营规模给予 1 万—2 万元的奖励支持。
经市级及市级以上主管部门认定的各类电子商务服务平台项目	按实际完成投资的 30% 给予投资补助，补助资金最高不超过 500 万元。
经互联网金融产业健康发展联席会议办公室审核认定的互联网金融产业聚集区	一次性给予最高不超过 300 万元的园区服务配套设施补贴，主要用于支持互联网金融产业聚集区开展基础设施建设。
融资租赁聚集区、融资租赁联盟为主体组织开展的各类专项活动	每年最高不超过 50 万元给予补助。

第六章 | 政策脉络中的创新创业

续表

项目	支持内容
新落地互联网金融产业聚集区金融法人机构	➢ 经营满一年后一次性给予最高 20 万元奖励。 ➢ 对租赁办公用房 400 平方米内面积给予每月每平方米不低于 15 元的办公场所租金补贴，连续支持 2 年。
"双创"和小微企业研究成果	➢ 核心期刊，给予 3000 元/篇的奖励。 ➢ 专著，给予 5000 元/部的奖励。

表 6-4　　　　　　　　　　增强企业主体活力

项目	支持内容
建立科技型小微企业信息库	➢ 对新认定的市级高新技术企业一次性给予 5 万元奖励。 ➢ 对新认定的国家级高新技术企业一次性给予 10 万元奖励。
经各级中小企业主管部门认定的小型微型企业	➢ 新招用毕业年度高校毕业生，签订 1 年（含）以上期限劳动合同，按规定为高校毕业生足额缴纳社会保险费（不含补缴）的，根据实际招用人数和时间，给予企业社会保险补贴。 ➢ 符合条件的企业，按其为高校毕业生实际缴纳的基本养老保险费和基本医疗费全额给予补贴，不包含高校毕业生个人应缴纳基本养老费和基本医疗费，以及企业和个人应缴纳的其他社会保险费。 ➢ 将小微企业新招用毕业年度高校毕业生享受 1 年社保补贴政策实施期限改为长期执行。

表 6-5　　　　　　　　　　缓解创业资金困难

项目	支持内容
设立总规模 20 亿元的中小企业发展基金	➢ 市工信委（市中小企业促进局）代表市政府出资 5 亿元，分三年到位，首期到位 3 亿元。 ➢ 引导民营和国有企业、金融机构、区县政府、开发区管委会等共同参与，出资 15 亿元。
担保机构为中小微企业提供融资担保	➢ 新增担保额的 0.5%—1.5% 给予风险补助。 ➢ 对融资性担保机构实际发生的代偿损失按 10% 比例给予风险补偿。 ➢ 对融资性担保机构为我市符合国家和省市鼓励发展产业的中型、小型、微型企业提供的融资担保业务，分别按照不超过年平均担保余额的 0.5%、1%、1.5% 给予补贴。
小额贷款公司	➢ 对小额贷款公司涉及小微企业贷款给予 3‰ 的补贴，最高不超过 100 万元。 ➢ 对贷款损失风险按 10% 进行补偿，最高不超过 50 万元。
政银合作	设立总额为 8000 万元的小微企业助贷资金池。

续表

项目	支持内容
科技创业种子投资基金	扩大至 3 亿元，通过设立若干面向重点领域和特色产业的早期创业投资子基金，形成 10 亿元基金规模。
小微企业上市	➢ 对企业通过境内证券市场开展再融资的，按其融资额的 0.2% 给予奖励，最高奖励不超过 100 万元。 ➢ 对在境内证券市场拟首发上市企业按照上市进度分阶段给予奖励，主板和中小板不超过 280 万元，创业板不超过 180 万元。 ➢ 对在全国股转系统挂牌的企业，分阶段给予奖励 50 万元，对推荐西安市企业在全国股转系统挂牌的主办券商，每挂牌一家企业给予主办券商 10 万元费用补贴；对在境外证券交易市场首发或实现融资 1000 万美元以上的非首发上市企业，可给予一次性奖励，最高不超过 100 万元。

表 6-6　　　　　　　　　　　　　降低企业创业成本

项目	支持内容
2017 年 12 月 31 日前	➢ 年所得不超过 30 万元的小型微利企业（包括查账征收与核定征收）均可享受所得减按 50% 计入应纳税所得额，并按 20% 的税率缴纳企业所得税的优惠政策。 ➢ 创业投资企业（含有限合伙制创业投资企业）采取股权投资方式投资于未上市的中小高新技术企业 2 年以上的，可以按照其投资额的 70% 在股权持有满 2 年的当年抵扣该创业投资企业的应纳税所得额。 ➢ 当年不足抵扣的，可以在以后纳税年度结转抵扣。
自 2016 年 2 月 1 日起	将免征教育费附加、地方教育附加、水利建设基金的范围，由现行按月纳税的月销售额或营业额不超过 3 万元（按季度纳税的季度销售额或营业额不超过 9 万元）的缴纳义务人，扩大到按月纳税的月销售额或营业额不超过 10 万元（按季度纳税的季度销售额或营业额不超过 30 万元）的缴纳义务人。
自工商登记注册之日起 3 年内	对安排残疾人就业未达到规定比例、在职职工总数 20 人以下（含 20 人）的小微企业，免征残疾人就业保障金。
自 2014 年 10 月 1 日起至 2017 年 12 月 31 日	对月销售额在 3 万元（含本数，按季纳税 9 万元）以下的增值税小规模纳税人，免征增值税。

个人以股权、不动产、技术发明成果以及其他形式的非货币性资产进行投资，一次性缴税有困难的，可按规定程序合理确定分期缴纳计划，在不超过 5 个公历年度内（含）分期缴纳个人所得税。对金融机构与小型、微型企业签订的借款合同免征印花税。

对所有依法参保缴费（指足额缴纳失业保险费或按规定补缴历史欠费）的不裁员或少裁员企业，继续实施稳岗补贴政策。加大失业保险基金支出就业创业工作力度，做好一次性领取失业金、失业人员创业补贴、职业介绍补贴和失业人员安置补贴的政策落实工作。

与工作方案相比，支持政策着重于资金的分配和筹集，尤其是将经费与相应的项目挂钩。支持政策具有很强的锦上添花特性，尤其是各种奖励和补助，多数表现为加持优势者，引导优势者做强做大。但是，若从每个条目来看，其经费的上限与创办和经营一个企业的成本相比，又显得杯水车薪，特别是对初创企业的支持尤其如此。支持政策中的"简化小微企业办事流程"沿袭了以往的商事改革事项，包括全面推进"五证合一、一照一码"登记制度改革、简化市场主体退出机制、实施企业信息公示制度、推进小微企业信用体系建设、放宽新注册企业场所登记条件限制、开展企业网上登记业务及试点工作、支持小微企业电子商务发展等，这些表明西安市整个创业环境的改善非常缓慢，政府的管理思维韧性大。另外，工作方案和支持政策中的量化指标本应该是一种对照式的解释和操作化关系，尤其是对工作方案中"发展目标"的具体保障。但实际上，支持政策与"发展目标"很难形成一种逻辑上的自洽关系，支持政策被分成条块后，由各个不同的部门和不同的工作人员实施，难以形成整体概念，操作中难免顾此失彼。对于创业者而言，及时了解政策、准确解读政策、正确做出选择，均存在不同程度上的困难。对于具有一定规模，有专人负责对接政策的企业来说，也许可以减少很多麻烦。但对于大学生及其他小微企业的创业者来说，因为处于政策信息的盲区而奔波于不同职能部门之间，是常有的现象。

《西安市人民政府办公厅转发市财政局关于全面推进小微企业创业创新基地城市示范支持政策的通知》（市政办发〔2016〕104）中提出要"设立总规模20亿元的中小企业发展基金，分三年到位"用以缓解创业资金的困难，这份文件的执行时间是2016年1月1日至2018年12月31日。但是，2019年3月30日，西安市人民政府发布《西安市加快县域工业集中区和产业园区建设行动计划》（市政办发〔2019年〕23号），要求"发挥总规模20亿元西安市中小企业发展基金引导作用，吸引社会资本，支持全市工业园区和小微企业创业创新基地建设"。从两份文件来看，20亿元的中小企业发展基金用途明显发生了变化，前者用于支持创业本身，后者变成了支持基地建设。

五 表彰"创业明星"

2015年10月9日西安市发布《关于进一步做好新形势下就业创业

工作的实施意见》（市政发〔2015〕29号）提出"市级每年评选20名'创业明星'，并给予每人10000元的一次性奖励"①，自文件出台以来共表彰了四次。

2016年，西安市政府"为了鼓励先进，弘扬创业精神，营造大众创业浓厚氛围，更好实施大学生创业、返乡农民工创业、城镇失业人员创业、引进人才和留学人员创新创业'四大创业计划'，进一步促进全市就业创业工作"，20名创业者"西安创业明星"称号（未附具体名单），并给予每人10000元的一次性奖励。② 2017年，"为更好实施大学生创业、返乡农民工创业、城镇失业人员创业、引进人才和留学人员创新创业'四大创业计划'"，西安市表彰20名"创业明星"（有具体名单，未分类），给予每人10000元奖励，但没有标注获奖者属于哪个类别。③ 2018年，"为鼓励先进，在全社会树立和弘扬社会主义核心价值观，倡导勤劳致富、诚信经营的社会主义新风尚，引导和带动更多的劳动者投身创业热潮，助推西安市经济快速发展，率先实现第一个百年奋斗目标"，市政府评出了20名"创业明星"（有具体名单，未分类），给予每人10000元奖励。④ 2019年，"为鼓励先进，树立典型，在全社会树立和弘扬社会主义核心价值观，引导和带动更多的劳动者投身创业热潮，助推西安市经济快速发展，率先实现第一个百年奋斗目标"，市政府评出10名"创业明星"，给予每人30000元奖励。有具体名单，人员分类清晰，高校毕业生4人，退役军人1人，农村富余劳动力3人，下岗失业人员2人。⑤

文件清楚地规定每年评选20位"创业明星"，给予每人10000元的一次性奖励。实际操作中，2016年、2017年、2018年，每年评出了

---

① 《西安市发布〈关于进一步做好新形势下就业创业工作的实施意见〉》，http://www.xa.gov.cn/gk/zcfg/szf/5d492c3c65cbd87465ab7c54.html，2020年6月8日。
② 《20名创业者被授予西安创业明星称号》，http://shx.wenming.cn/sxdt/201606/t20160630_3483841.shtml，2020年6月8日。
③ 《西安市表彰20名"创业明星"，每人奖励10000元》，http://xahrss.xa.gov.cn/xwzx/tzgg/sdbaa749fd850863a9e76037.html。
④ 《西安市表彰20名"创业明星"，每人奖励10000元》，http://www.cnr.cn/sxpd/shgl/20180911/t20180911_524356860.shtml，2020年6月8日。
⑤ 《西安评出10名创业明星给予每人3万元奖励》，https://www.sxdaily.com.cn/2019年-12/06/content_8104670.html，2020年6月8日。

20 位；2019 年只评出 10 位，奖金由 10000 元提高到 30000 元。反映了政策制定者与政策执行者这两个群体存在的两种惯常现象：一是人员不稳定，二是两个群体的交流与反馈存在一定的裂隙。

总体而言，本部分选取用来分析的文本材料有如下共同特点：一是从上至下层层发布，保障了政策的一致性和严谨性，但与地方的实际情况有距离。二是政策内容多而繁杂且篇幅较长，最短的 2000 多字，最长的达 7000 余字。三是后面的文件在重复前面文件的基础上，再叠加新的内容，但前后会出现矛盾，且都在有效期内。四是同一文件的内容，需要多个部门协同完成，由一个松散的临时性机构来协调，协调机构不具有实质上的行政效力。五是文件大多由不具有可操作性的定性文字构成，定量数字主要表现经费配置及项目任务，但如何实现这些量化目标的具体路径并不明晰，文字表述宏观模糊。五是文件的时效性相对较短，非延续性和变化性明显。六是政策多为"通知""意见""决定"等形式出台，缺少一定法律效力，申请门槛高、程序烦琐等现象依然存在并致使政策"落地"效率低；创业基金资助以政府投入为主，金额较少，且几无风险规避机制。① "利好"政策对创业期望的诱导不言而喻。过低的创业期望会制约新生企业家的创业行为，过高的创业期望也会驱使企业家萌发消极创业情绪，新生企业家应基于创业胜任特征制定合理的创业期望，以激发其创业行为。另外，风险恐惧会降低新生企业家的创业倾向，但是一旦个体选择了创业实践后，风险恐惧对新生企业家创业投资行为的影响则取决于其创业期望水平。如果创业期望较高，风险恐惧的增加会让创业者实施积极导向的创业投资行为；如果创业期望较低，风险恐惧的增加会让创业者因害怕失败而减少创业投资。② 相比江苏等发达地区，西安市的双创政策主要着眼于创业扶持和企业技术创新，政策制定相对粗放且追求短期效应，在科技成果转化方面存在明显的政策缺失。③

---

① 袁燕军、赵利军：《北京大学生创业政策环境优化研究》，《科研管理》2016 年第 S1 期。
② 黄永春等：《创业期望、风险恐惧与新生企业家的创业行为——基于调节聚焦理论》，《科研管理》2020 年第 6 期。
③ 杨琳、刘园园：《地方政府创新创业政策评估研究——以陕西省西安市为例》，《开发研究》2018 年第 2 期。

从西安市的政策脉络中可以看出,地方政府作为国家政策的落实者和执行者,需要有自己的主观能动性和创造性。地方政府只有在认清自身角色定位的基础上,创新理念和服务,结合地方特征,将国家政策本地化,才能真正实现创新创业政策的精髓和目标。

第二节 作为公共政策的创新创业政策

大学生创新创业属于国家整体创新创业战略的一部分,需要将其放置在整个社会创新创业的框架中。

一 国家层面的政策

中央政府近 15 年来颁布的创新创业支持政策文本,总体上呈现为文本形式上的多样性和指导性、制定主体上的强权威性和弱协调性、主题关联上的全面性和合理性、政策工具使用上的多元性和间接性 4 个基本特征。[1] 随着创新创业政策体系的不断成熟,政策之间联系的复杂性越来越深、政策内容也越来越多,中央政府开始从"管理者"的角色逐步向"服务者"的角色转变。[2] 但是,就政策质量来说,从国家到部委到地区,呈下降趋势。[3] 以国务院制定的宏观指导性政策为主,部委制定的配套执行政策不足;政策工具对创新创业不同周期阶段的作用不均衡,重视前期的激励,对中后期的扶持力度不足;政策工具结构不合理,供给型政策工具和环境型政策工具稍有过溢,需求型政策工具严重不足。[4] 在供给面政策工具使用中,政府在技术支持和资金投入方面的支持力度相对薄弱,很多行之有效的需求面政策工具如政府采购、服务外包没有被采用,需求面政策工具的拉动作用有限;国家发展改革委是

---

[1] 杨凯瑞等:《政府支持创新创业发展政策文本量化研究(2003—2017 年)——来自国务院及 16 部委的数据分析》,《科技进步与对策》2019 年第 15 期。

[2] 张超、官建成:《基于政策文本内容分析的政策体系演进研究——以中国创新创业政策体系为例》,《管理评论》2020 年第 5 期。

[3] 张永安、郄海拓:《"大众创业、万众创新"政策量化评价研究——以 2017 的 10 项双创政策情报为例》,《情报杂志》2018 年第 3 期。

[4] 熊小刚:《政策工具视角下中国"双创"政策内容分析及优化建议》,《软科学》2018 年第 12 期。

联合发文的主要部门,但协同颁布的政策力度低,实施期限短。① 税收优惠政策对促进小微企业创新创业具有显著的正向影响;财政政策(专项补贴)对小微企业创新创业影响不显著。从财税政策实施过程来看,政策被了解程度、实施便捷程度有助于强化政策实施。②

"双创"政策供给型和环境型工具居多,需求型工具缺失较为严重。供给型工具中,培养人才、金融服务类与税收减免成为推动创新创业活动的主要手段;环境型工具中,公共平台构建、健全法规标准、制度改革及营造"双创"环境成为影响"双创"的主要措施;"双创"政策以培养人才及环境优化为主,技术支撑类工具较少。需求型工具中仅存在降低"双创"门槛及政府采购两类政策工具,政策种类单一,没有创新性。政策工具与"双创"活动生命周期匹配度不高,目标模糊不清,聚焦领域不够宽泛。③ 作为"双创"政策升级版的"互联网+",是由财税金融支持、众创空间发展、产学研合作、平台和基地建设、行业应用与发展共 5 种政策主题组成。"互联网+"与"双创"政策主要使用环境型政策工具,基础平台建设是在"互联网+"环境下推动"双创"发展中最重要的政策主题。现行政策对于产学研创新平台建设的推动力度存在不足。人才与财税金融支持的距离较远,财税金融政策支持对于科技创新的核心要素人力资本的激励力度可能存在不足。众创空间与平台和基地建设出现分离,众创空间作为一个新生事物,还未做到产业差异化,并且也需要厘清与传统平台建设的关系。④ 中国创业活动在全球经济体中处于活跃状态,但创业成功率较低,主要是因为创业政策供给与异质性创业模式的匹配度不高。需要关注生存推动型创业者的动机激发和机会增加,注重机会拉动型创业者的

---

① 王苗苗等:《大众创新创业政策发展评估——基于政策工具、创新创业周期、政策层级》,《中国科技论坛》2018 年第 8 期。
② 多淑杰:《"双创"视域下财税政策对小微企业创新创业影响的实证分析——基于珠三角 S 市的调查分析》,《经济研究参考》2018 年第 53 期。
③ 陈伟等:《政策工具视角下"大众创业、万众创新"政策文本量化研究》,《科学管理研究》2020 年第 2 期。
④ 吴爱萍等:《"互联网+"与"大众创业、万众创新"政策结构分析——基于扎根理论和共词分析法》,《科技管理研究》2018 年第 10 期。

动机强化和技能培育，侧重创新驱动型创业者的技能提升和机会增加。[1]

就大学生创新创业而言，尽管创新创业政策场域扩大，大学生"双创"活力和改革红利得到进一步释放；"创新—创业—就业—服务"成为"双创"时代新的话语逻辑，以政府为主体的多元体系及创新创业教育环境不断健全，同质化的政策文本、模式化的激励措施、程序化的政策话语重叠等问题的存在，却易导致具备专业知识却缺乏实践经验与政策会诊能力的大学生对形势研判失真，在一定程度上影响大学生自我认知、职业规划以及发出合理诉求。[2] 大学生创新创业政策的主要问题是政策宣传不到位、政策针对性不足、扶持重点不突出、政策执行力有待提升、扶持政策的系统性不足等。[3] 政策供给与个体需求之间整体匹配度一般，存在错配和未配问题。[4]

二 地方层面的政策

地方政策数量增长迅速，从"十二五"至"十四五"时期，政策数量呈明显上升趋势；政策发文主体较多，但协调性较弱。地方政府间创新创业政策力度差距较大，"东重西轻"倾向使不同地区间经济发展不平衡加剧，地方政府创新创业政策实效有待提高。[5] 从30个省份看，东部地区的众创空间财政引导绩效明显优于其他地区，西部地区绩效最差。东部地区在吸引资源积聚、政府的管理能力、众创平台的运行效率和本地的双创文化等方面优于其他地区；众创空间享受的财政补贴和税收优惠保持均衡，有利于财政政策效果的实现。[6]

浙江省财政厅是重要联合发文主体；从政策工具维度而言，供给类和环境类政策过溢、需求类政策偏少；创新创业准备阶段缺乏环境型政

---

[1] 黄永春等：《创业政策与创业模式匹配对创业绩效影响机制》，《科学学研究》2019年第9期。

[2] 罗强强：《"双创"时代的政策话语分析与政策环境研判——基于政府80份创新创业政策文本的实证》，《创新与创业教育》2017年第5期。

[3] 杜天宝等：《大学生创新创业政策扶持体系优化研究》，《经济纵横》2019年第9期。

[4] 黄丹：《大学生创新创业政策供给与需求匹配研究——以广西高校为例》，《中国大学生就业》2020年第22期。

[5] 郑石明等：《中国创新创业政策变迁与扩散研究》，《中国科技论坛》2019年第9期。

[6] 高涓、乔桂明：《创新创业财政引导政策绩效评价——基于地方众创空间的实证检验》，《财经问题研究》2019年第3期。

策，起步阶段缺乏供给型政策，发展阶段缺乏需求型政策。① 作为市场化程度较高的温州地区，政策制定者的级别层次不高，较容易因为环境的变化或者领导者的更换而产生稳定性不足的问题；创业政策的内容偏重对创业企业的税收减免和奖励补贴等方面，但是涉及创业培训和教育方面的内容不足；诸多补贴政策细则不明，如大学生到企业就业有补贴，企业招收应届毕业生就业有补贴等，这个双向补贴，是否可以同时领取；优惠政策主要是对第二阶段和第三阶段的创业者，尤其是对第二阶段的初创企业确实起到雪中送炭的关键作用，在资金紧缺环节能减轻企业压力，但是对第一阶段的潜在创业者的创业教育和技能培训的鼓励措施不足。② 武汉市的创业政策未能做到因地制宜；科学性及合理性不足；贷款额度较小、税收优惠幅度小、贷款程序烦琐等均成了大学生创业活动的拦路虎；创业孵化基地大多分布在发达地区和城市，欠发达地区创业基地的数量非常少。③ 江西大学生创业政策缺乏完备性和前瞻性，表现出应急性和单一性；缺乏法律化和制度化，多以各种指导意见、通知等形式存在；宣传落实不到位，一方面是政府密集出台各种帮扶政策，另一方面大学生处于信息盲区中。④ 内蒙古34.2%的大学生表示不了解自治区的创新创业政策，创业资金优惠政策仅针对应届毕业生或毕业5年内大学生，其他年级大学生不能获得资助；创业扶持内容不能满足创业大学生需要，近一半的大学生认为银行贷款门槛高，难以顺利贷款，且贷款额度小（一般在10万元以内），周期短，创业者想进行企业转型或扩大规模时难以贷到足够的资金；政策信息传播途径有限，难以被多数学生获得。⑤

---

① 程华、娄夕冉：《海外高层次人才创新创业政策研究：政策工具与创新创业过程视角》，《科技进步与对策》2019年第21期。
② 董舟：《大学生创新创业政策的有效性评估和优化研究——基于温州地区的创业政策实践》，《创新与创业教育》2020年第3期。
③ 余玉蝶等：《大学生创新创业政策的有效性评估和优化研究——基于模糊综合评价模型》，《现代商贸工业》2019年第2期。
④ 何昕芸、李剑富：《大学生创业政策发展演变及其优化建议——基于江西相关政策文本分析》，《中国大学生就业》2020年第22期。
⑤ 夏仕武、连溪：《内蒙古自治区扶持大学生创业的政策创新及其局限》，《民族教育研究》2018年第6期。

三 国际视野中的创新创业政策

跨国研究表明国家法律对投资者保护越完善,政府监察腐败力度越高,越有利于稳定企业预期和激发企业的创新创业行为;提升政府效能可以显著改善企业的创新创业活动,降低企业运营成本、促进企业的创新创业活动。法律制度对投资者保护程度、对腐败的监管程度等制度环境对高收入国家的创新活动影响更加明显。政府效能对中等收入国家创业活动影响更加显著,中国在创新创业的制度环境上仍远低于发达国家水平。[1]

就中美而言,中国"双创"强调服务企业,重视发展科技;"创业美国"则重视政府提供科研和教育支持。中国"双创"政策的牵头部门是发改委,"创业美国"则是小型企业管理局;两国的政策措施都更倾向于企业孵化和加计扣除政策,但相对而言,企业孵化政策多于加计扣除政策;在运用创新政策激励创新活动方面,美国比中国更注重技术转移政策,中国比美国更强调商事制度改革。[2] 美国创新创业具体表现为强调依靠科技创新实现经济社会发展目标;加大研发投入和激励,重视高风险高回报研究;积极推进开放数据,支持联邦资助研究成果的开放获取;大力推行专利制度改革,加快科技成果商业化步伐;不断优化创新环境,激励企业创新和提升产业竞争力;注重包容性和草根创新,政府对创新创业的倡导引领作用显著;注重政府服务创新和平台建设,创业程序大大简化;注重专业化辅导和培训,创新者向创业者转化的潜力加大;注重新创企业融资,融资渠道更加便捷通畅;注重全社会共同参与,大学和私营部门在创业生态中的作用非常突出。[3]

---

[1] 赖敏等:《制度环境、政府效能与"大众创业 万众创新"——来自跨国经验证据》,《南开经济研究》2018 年第 1 期。

[2] 李政等:《基于质性数据分析的中美创新政策比较研究——以"中国双创"与"创业美国"为例》,《中国软科学》2018 年第 4 期。

[3] 黄军英:《美国创新创业政策研究及借鉴》,《科技与经济》2017 年第 1 期。

第七章
研究总结与展望

高等教育大众化扩大了学生群体的阶层包容性，市场化改革压缩了传统就业空间，消减了传统就业的路径依赖预期。现代化和市场化在弱化家庭就业功能的同时，也弱化了政府原有的就业动员。尽管中国已全面消除了绝对贫困，但巩固脱贫成果和扩大中等收入群体仍是一个持续的奋斗目标。在新的历史起点上，大学生创业所具有的社会功能和个体功能会受到更多关注。目前，大学生创业主要呈现出"一高两低"现象，即有创业意愿的学生比率高、有创业意愿的学生到实施创业行为的转化率低、开展创业实践的大学生创业成功率低。创业机会缺失、创业资源缺乏、创业能力短缺是大学生创业质量不高的主要原因。[1] 从本书研究的结果来看，大学生创业呈现出两种类型：一是科技类创业，二是服务业类创业。科技类创业以重点高校学生为主，服务业类创业以地方普通高校学生为主。前者在创业者中只是少数；后者是创业者的主体。这与中国重点高校学生数和地方普通高校学生数的比例相吻合，也与这两种类型高校的科技实力对比相吻合。大学生创业作为社会经济活动中的一个亚类型，深嵌在社会结构网络中，弥合了高等教育与大众生活的距离。在政府和高校的合力推动下，以一种给个体实现"财务自由"的想象空间吸引越来越多非重点高校学生踏上创业的征途。

---

[1] 陆秋萍：《大学生创业的现实困境与突破路径》，《当代青年研究》2019年第5期。

第一节 研究总结

中国青年创业就业基金会与恒大研究院于 2020 年 11 月 27 日联合发布基于 2020 年 1 月组织的全国 6442 份调查问卷的《中国青年创业发展报告（2020 年）》，认为中国创业整体蓬勃发展，创业数量大、创投活跃，创业质量、创业生态逐步向好。关于创业数量，年新设企业超过 700 万，2019 年新设企业 70% 存在招工、生产经营、购置设备等活动；万人均新设市场主体数量海南、浙江、陕西、江苏领先。关于创业质量，2019 年中国有独角兽企业 107 家、占全球 25%，仅次于美国的 214 家，行业上以互联网和高新科技为主，集中在北上杭深四城。关于创投机构，有近 3000 家创投机构，管理资产近万亿元，累计投资近 5000 亿元，主要集中经济发达地区；与美国相比，中国对种子期等前期投资比例较低。关于创服机构，有 1.2 万家各类创业服务机构，解决就业约 400 万，已初步形成创服生态。关于疫情冲击，创业主体受冲击明显、就业吸纳明显下降，2020 年第三季度中小企业发展指数 86.8，较第二季度有所回升，但仍低于去年同期的 92.8。创业者中，以 22—32 岁的大学生、农民及农民工为主体，专科及以上学历占比超 80%，创造的就业岗位在 10 人以下、10—29 个、30—49 个、50—99 个、100 个及以上的比例分别为 57.7%、27.3%、6.0%、4.6%、4.4%；3 人及以下占比 42.9%。创业动机主要为自己工作，包括追求理想的生活方式、解决就业、追求财富和名誉等，创业想法的最主要来源是对经济社会的独立观察。资金方面，半数以上创业者的启动资金不足 10 万元，主要来自个人及家庭。面临的主要困难是业务来源和创新能力。从整体看，北京、深圳、上海在 2019 年创业友好型城市中名列三甲，一线城市、发达省会城市及东部发达地级市的创业发展指数排名明显居前。东部地区城市在青年创业发展排名前 50 名城市、前 30 名城市的比例分别为 64%、67%，这表明东部经济发达地区在创业发展领域的显著领先地位。从创业环境看，北京、上海、广州位列前三位，长三角、珠三角和京津冀与中西部地区的省会、副省级城市排名靠前。从企业家精神看，深圳、南京、苏州位列前三位，排名靠前的城市集中分布在东部地区。

从创业结果看，创业活跃地区集中在核心城市及发达都市圈内，北上杭深头部效应显著。2019年北京、上海、杭州、深圳独角兽数量合计占全国的83%，企业估值合计占全国的93%。① 报告从六个方面提出了促进青年创业的建议：分群体加大创业精准支持力，完善创业扶持政策；建设城乡青年创业学院且实行动态淘汰制度，提升创业培训课程的针对性和实效性，并建立全国优秀创业课程网上学习平台；加快创业创新孵化基地标准化、专业化、精细化建设，促进青年创业者互联互通；完善风险投资机构便利注册、税收支持等制度安排，破解创业资金"瓶颈"；搭建人力资源中心、产学研合作平台，提升创业主体的创新能力；建立健全创业发展统计监测评估机制，全面跟踪全国及各地区青年创业发展情况等。②

基于2021年8月组织的全国8319份调查问卷数据，中国青年创业就业基金会与泽平宏观团队于2021年12月17日正式发布《2021年中国青年创业发展年度报告》。创业人群中，19岁至23岁的大学在校生、应届毕业生、毕业后待业人员是创业主体，学历以本科和大专为主；74.3%为首次创业，51.6%的创业企业集中在农林牧渔、批发零售和教育文化行业。排在前三位的创业动机分别是从事感兴趣的事、获取财富、最大限度实现自我价值。八成创业青年启动资金规模在20万元以下，创业启动资金主要来自个人或家庭积累、亲友借贷，创业者主要通过银行贷款、合作入股方式融资。接近九成的创业者选择个人独资、合作创业形式，家庭创业占比较小。近半数创业者盈亏存在波动，七成创业者在3年内实现盈利。就地区而言，一线城市、发达省会城市及东部发达地级市的创业发展指数排名居前。东部地区城市在青年创业发展排名前50名城市中占比60%，创业活动活跃地区集中在核心城市内，长三角地区区位优势明显，江苏、上海、北京、广东等省市成为优质科技创新型企业的聚集地。相较于全球主要经济体，中国创业水平还有较大发展空间。受新冠疫情影响，国内中小微企业和个体户等创业主体受到冲击更加明显。创业资金、社会资源和知识储备是青年创业面临的主要

---

① 任泽平：《有多少青年在创业？资金从哪来？中国青年创业发展报告重磅发布》，微信公众号，共青团中央，2020-11-27，2022年3月5日。
② 熊柴等：《中国青年创业发展报告（2020年）》，《中国青年研究》2021年第2期。

困难。加大创业税收优惠政策支持力度和简化行政审批手续是超六成青年创业者的主要诉求。报告提出要建立健全组织机构协同机制，统筹创新创业政策；重点解决中小企业短期资金周转问题，加大短期资金扶持力度，促进企业短期融资渠道通畅；完善创业培训体系，规范青年创业培训内容，建设专业化创业教育师资队伍，培养青年创业就业理念；精简创业企业审批流程，激发市场主体活力和发展动力等建议。[1]

《中国青年创业发展报告（2020/2021）》的结论与本书研究的发现几乎吻合。创业动机源于追求美好生活；专科及以上学历、22—32岁的大学生是创业主体；创业者的启动资金不足20万元，主要来自个人及家庭，缺乏社会资金的关注；创业主体多为中小微企业和个体户，无风险抵抗能力；业务来源有限和创新能力制约着企业的发展；创业友好城市与区域只集中在东部及一线城市；财富型的创业只是少数玩家的特权，绝大多数创业者属于"养家糊口型"。《中国青年创业发展报告（2020/2021）》从宏观上提供了一幅简约的中国创业地图，由于《中国青年创业发展报告（2020/2021）》没有重点关注中小微企业及社会情境，其建议对于促进"养家糊口型"的大学生创业来说，可操作性存在一定程度的局限性。

"养家糊口型"的大学生创业者绝大多数来自农村，教育和培训极大地提升了他们的人力资本和创业能力，成为从农村流入城市人口中最具活力的人力资源，同时也是中国城镇化的重要力量。市场与城市天然不可分割，分工和交易促成了城市空间的功能分化与重构，从而演变成一个由大、中、小型城市和小城镇构成的城市体系。[2] 传统意义上的创业者极度依赖地理空间，互联网时代的创业者虽然对地理空间有所减弱，但并不意味着完全脱离地理空间的控制。中国属于典型的"分工增进型政府"，中央政府和地方政府利用制度性力量，在现代化进程中形塑了国内国际经济地理空间。[3]《中国青年创业发展报告（2020

---

[1] 任泽平：《中国青年创业发展报告（2021）》，http://finance.sina.cn/zl/2022-03-03/zl-imcwipih6313408.d.html，2022年8月1日。

[2] 宁越敏、石崧：《从劳动空间分工到大都市区空间组织》，科学出版社2011年版，第83页。

[3] 宁越敏、石崧：《从劳动空间分工到大都市区空间组织》，科学出版社2011年版，第185页。

年)》对本书研究的意义在于,证实了本书研究所发现的政府、市场与创业者在社会结构中的关系图:市场乐于锦上添花,雪中送炭的事需要由政府来兜底。就大学生创业而言,与其说依靠市场平台,不如说更依赖政府善治以及高等教育的适切性。创业不仅仅是开展一项业务并因此获利,而是创造一个能够服务于社会并为社会带来积极影响的企业。创业者就是那种能够识别问题、寻求答案,挖掘潜在需求,并擅长于从挑战中觅得机遇的人或团队。[①] 创业者的这种品质恰恰是教育的结果。

第二节 管理启示

一 高等教育的适切性改革

转型中的中国社会与多变的世界叠加,面临着各种挑战,尤其是日益增加的立体式的国际竞争,其中人才的竞争是一切竞争的核心要件。中国率先走出疫情并成为全球唯一实现正增长的主要经济体,一是取决于中国共产党的坚强领导和全国人民的团结抗疫;二是取决于中国完整的工业体系和拥有庞大数量的熟练技术人员。中华人民共和国成立后借鉴苏联模式建立起来的严格分科、分专业的高等教育为以外在标准为基础的工业技术人才的培养做出了历史性贡献,有力地支撑了中国的工业结构和工业体系。但是,信息技术的发展消解了原有标准的含义,尤其是算法时代中的消费社会,一切以个性化需求的满足为宗旨;中国新经济政策中的"国内经济大循环",扩大国内消费,同样要着眼于消费者的个性化需求。因此,高等教育适切性改革已是燃眉之急。高等教育的适切性改革有两个层面,一是指高等教育以满足个体发展需求为指向的全面的适切性改革,二是指在高校实施积极的浸润式、分层创新创业教育。教育部于 2021 年 1 月 13 日印发《教育部办公厅关于推荐全国普通高校毕业生就业创业指导委员会委员的通知》(教学厅函〔2021〕2号)文件,决定成立"全国普通高校毕业生就业创业指导委员会委员"(简称"就指委"),设置 19 个行业的"就指委"。这个机构的成立对

---

① [美]托马斯·H. 拜尔斯等:《技术创业:从创意到企业》(第 4 版),陈劲、李纪珍译,北京大学出版社 2017 年版,第 3 页。

于提升大学生就业创业工作的系统性和专业性、构建体系化的创新创业教育将会起到积极作用。

(一) 满足个体发展需求为指向的、"可知"的适切性改革

为了让高等教育提供更多高素质、创新型、个性化人才以促进中国经济社会发展的速度和质量，进入21世纪20年代来，政府先后出台了《关于实施"新世纪高等教育教学改革工程"的通知》（教高〔2000〕1号）、《教育部、财政部关于实施"高等学校本科质量与教学改革工程"的意见》（教高〔2007〕1号）、《关于加强"质量工程"本科特色专业建设的指导性意见》（教高司函〔2008〕208号）、《教育部、财政部关于"十二五"期间实施"高等学校本科教学质量与教学改革工程"的意见》（教高〔2011〕6号）、《教育部、财政部关于实施高等学校创新能力提升计划的意见》（教技〔2012〕6号）、《教育部关于开展普通高等学校本科教学工作审核评估的通知》（教高〔2013〕10号）、《教育部关于加快建设高水平本科教育全面提高人才培养能力的意见》（教高〔2018〕2号）、《教育部等六部门关于加强新时代高校教师队伍建设改革的指导意见》（教师〔2020〕10号）等系列文件。这些文件对于规范高等教育办学、使高等教育由粗放型向精约型、由规模扩张向内涵建设转化起到了积极作用。高等教育的"剧场建设"已基本完成，但决定剧场效益的剧本及剧场角色互动才是真正考量高等教育质量的核心维度。

高等教育改革与中国整体改革一脉相承，容易的改革基本上完成，如规模、硬件及相关量化指标，而体制、机制、内涵等不易量化的部分，尤其是大学内部运行肌理的改革十分困难。相关研究表明，大学教育内卷化是一种普遍趋势，以其内部管理的精雕细琢为基本特征，在束缚生产力方面呈现出装饰性，教师和学生均难以在管理的精雕细琢中释放出生命活力和创造力。[①] 学系设置壁垒分明，与潜在的职业分层有着内在联系，影响学生的价值观、态度、个人风格、学业成果及知识结

---

① 谢妮：《个体化视域中大学适切性教学研究》，中国社会科学出版社2015年版，第194页。

构。① 教学质量方面，建构在"传递—接受"框架中的大学教学最突出问题是学生参与度低及知识内化不足，将学生客体化和边缘化，掩盖了质量危机的真正根源。为克服传统教学的弊端，应让主张"互学共创共成长"的大学教学变得"可知"：即"看见""遇见""听见""预见"。"可知"的大学教学旨在促进教师洞悉课堂上发生的一切，促进学生个性化地积极参与，获得个性化发展。这需要大学教育返璞归真，立足课堂，既落实国家的教育教学改革政策，又创造性地推进全面的、满足个体发展需求的适切性改革，从而提升高等教育的整体质量。

（二）实施分层的浸润式的、与高校所在区域经济同构的创新创业教育

总体上看，高校创新创业教育有了一定程度的进展，但依然普遍存在定位模糊、形式主义、与学生相疏离；② 政策体系不完善、创新创业教育系统不健全、企业与高校间缺乏有效联动机制等问题。③ 高校创新创业项目科技贡献率低、大学生创业的成功率与收益低、创新创业教育与企业合作化程度低。④ 创新创业教育的深层困境在于面上的浅层次普及与纵深发展的无力，"拼盘式"知识的联结与结构化知识生产能力的缺失，实践导向的教育需求与学术化教育范式的遮蔽。⑤ 因此，需要从顶层设计上对创新创业教育进行重构，建立一种分层的、浸润式的、与区域经济同构的创新创业教育，以解决创新创业教育的碎片化、边缘化及非专业等问题。⑥

所谓分层，是指根据中国大学事实上的分层结构，如重点高校、地

---

① ［美］帕翠西亚·冈伯特主编：《高等教育社会学》，朱志勇、范晓慧译，北京大学出版社2013年版，第236页。
② 林泓宇：《政策引导与文化驱动：以行动者网络理论分析大学生创新创业困境》，《教育评论》2017年第6期。
③ 周倩等：《三螺旋理论视角下高校创新创业教育政策的演进与反思》，《郑州大学学报》（哲学社会科学版）2019年第6期。
④ 李一：《新常态下大学生创新创业政策环境与对策研究》，《大学教育》2018年第2期。
⑤ 赵军、焦磊：《我国高校普及创新创业教育的困境、取向及理路》，《教育发展研究》2018年第11期。
⑥ 北京中科创大创业教育投资管理有限公司等编著：《中国高校创新创业教育发展蓝皮书（2017）》，冶金工业出版社2018年版，第11—13页。

方普通高校、高职类高校等，建构层次清晰、指向明确的创新创业教育体系；所谓浸润式，是指全面的、通识性的、根据需要可获得的广泛性的创新创业教育。重点高校依托强大的科技实力，以科技创新促生科技类创业，创新创业教育的重点在于培养学生的科技创新意识、创新精神和创新能力，产生更多的科技创意及可转化为创业项目的科技产品。地方普通高校及高职类院校的创新创业教育重在培养学生的创业核心能力，为学生创业打下基础。另外，除重点高校可以弱化区域框架外，地方高校无一例外地均与其所在区域命运同构。创新创业教育宜以区域为单元，融合区域政府的经济功能与高校的教育功能，打通高校与社会之间的连接通道，整合政府、产业与高校等多重资源，为大学生创业提供无缝对接。考虑到高校创新创业政策具有目标内容涵盖广泛、政策效力偏低、政府部门间协作水平偏低、政策工具存在结构性失衡等问题，未来的政策目标需要精细化、明确化、可执行化；进一步明晰知识产权保护、价格补贴、部门采购等政策工具；协调好国家和地方两个层面的政策力度。[1] 高校创新创业政策同样充满区域特征，需要被纳入创新创业教育内容结构中，让学生知晓、理解并转化为创业资源。

二 大学生创业管理

（一）在中央统筹与地方化中寻求政策执行的专业性和相对稳定性

中国现代行政人事结构发生了很大变化，党和政府加大了对县处级及以上干部的管理力度。但是，机构内部部分普通工作人员的工作态度，并不能完全满足其所在岗位对其的基础性要求，这是大学生创业者在基层遭遇的普遍问题，科层制对于这部分人的约束显然不到位。作为刚刚起步的大学生创业者主要是跟这部分人打交道，他们的专业和友善态度对学生来说至关重要。

政策是现代社会治理的基本工具，通过政策而不是倚重于权力，反映的是社会治理的进步和文明化。[2] 大学生创新创业政策虽然一直由中央政府统筹，但政出多门，缺乏一个统一的权威部门管理，对地方各级

---

[1] 何继新等：《中国高校创新创业政策供给特征及组合评估：一个三维框架的量化分析》，《黑龙江高教研究》2021年第2期。

[2] 张康之、向玉琼：《政策问题建构权的历史演进》，上海人民出版社2016年版，第163页。

政府及执行部门，尤其是大学生来说，更是无所适从。由于事实上的区域差异，各地区在执行中央政府的政策时，明显地出现不同的地方化政策，真正起作用的不是政策工具，而是弥漫于日常管理中的权力思维和权力意识。尽管本书研究实地考察中的创业者均为西部人，但他们均认为东部发达地区在吸引大学生创业者和支持力量上远超西部地区。尤其是政策上的明晰度和可操作度，大大降低了创业者的经营成本。作为国家大力推动的大学生创业，有必要借鉴欧美国家支持中小微企业的成熟经验，从国家到地方设置一个专门的中小微企业管理机构，统筹相关政策及人事安排，确保政策的稳定性及运行的专业性、执行者的政策理解水平和执行水平，避免因条块分割而造成的因人、因地而异，使创新创业政策的普及、创业者对政策信息的可获得能力及可获得机会不再成为创业者的区域性难题。同时，专业机构还可以弥补风险提醒、风险教育及风险保障缺失等空白。

（二）互联网时代的政府管理

调研中发现大学生创业政策在基层政府中的"梗阻"现象，并非一时之境，与中国整体管理体制分不开。由于科层制管理的体系链条相对较长，政策一级一级往下传导的过程中，存在着人员素质参差不齐的现实情况。最基层的工作人员可能对政策理解出现偏差或理解能力有限，在创业政策的执行过程中，大学生创业者与基层工作人员的互动易出现失调和失谐现象，从而影响创业政策预期目标的实现。

传统的管治思维和管治技术在互联网时代既保持了一种历史惯性，也不可避免地发生了一定程度的变化。历史惯性表现在大数据技术的发展为集中管理提供了前所未有的便利和效率，反腐中运用的数字技术将腐败者的个人信息展露无遗；基于智能终端的"学习通"将国家政策推送到任何一个想获得政策信息的人手中。个体价值的崛起及个体为自己而活的态势，是互联网时代的另一种政治运动，原有的管理定义和管理范式面对新的挑战。传统社会，个体要实现目标必须依附于某个组织；互联网时代，组织目标的实现则需要依赖个体，大学生创业为这一观点提供了注解。中华人民共和国成立后，政府一直主导并保护个体就业；互联网时代，政府就业目标的实现需要依靠更多的创业者个体来提供就业岗位。因此，政府组织必须顺应时代变革，向着平台、开放、协同和提升幸福感转变。① 激活个体应成为政府，尤其是基层政府的日常工作实践。基层政府日常工作的规范化及相对稳定既是政府运行的内在逻辑，也是创业者的期盼。鉴于大学生创业者的大众化阶层特性和在巩固脱贫成果及扩大中等收入群体目标中的重要作用，政府对他们的支持具有兜底作用。

第三节 研究展望

市场是孕育创业者的天然土壤。没有市场，就不会有创业者，更不会有企业家。中国经济改革的过程同时也是被动个体化的过程，自由流动解放了个体，个体而不是家庭成为再生产的单位。个体化意味着生活全方面地依赖市场，也意味着不断处于流动之中，更加依赖制度、依赖社会的团结与合作。总体上，个体化遵循着"脱嵌—稳定性的丧失—再嵌入"的循环过程，② 一直处于过程中，终点遥遥无期。个体化造就一种新的"无缘社会"和"非社区邻里"，③ 个体的意义和情感联结往往与身边的人无关，通过互联网直达所谓的"远方"。但是，基于人的社会属性这一本质特性，人们对共同体的想象和追求并未消失，如何重建共同体则是一个没有时间节点的议题。作为市场主体之一的大学生创业者，要么在创业过程中"死掉"；要么化茧成蝶，成为习惯性创业者，他们对自己的创业者身份始终处于反复确认中，1/3 的青年创业者心理压力很大，在困难与希望中徘徊挣扎。孤独的旅程虽然是创业者个体化的自有之义，作为情感动物的社会人，仍然渴望同路人、合作者、分享者，在实现个人价值的同时，实现社会价值。

人的社会性是人类合作共生的基础，个体的独立性和固有价值是合

---

① 陈春花：《激活个体——互联网时代的组织管理新范式》，机械工业出版社 2015 年版，第 70 页。
② 解彩霞：《现代化 个体化 空壳化：一个当代中国西北村庄的社会变迁》，中国社会科学出版社 2017 年版，第 51—54 页。
③ 宋梅：《个体化时代的社区福利建设研究》，中国社会出版社 2013 年版，第 10—11 页。

作社会的根基。① 作为青年群体中最具创造力的大学生创业者，他们在追求自己独特性领域、探寻个体化、专业化知识的同时，也渴望避免因同质化而带来的消极竞争后果，与外界建立广泛的联系，以实现一种新的既竞争又合作的关系。互联网既将总体社会个体化，同时又以一种奇妙的方式，以利益、兴趣或某种公共目标将个体社会总体化。创业者合作共同体正是对其的回应，可以分成两个层面，一是创业者的自发联盟，二是基于公共行政伦理的社会治理共同体。创业者的自发联盟常见于高校和社会中的自发的创业俱乐部、创业沙龙等，主要是给创业者提供一定程度的情感或业务支持，但存在天然的局部性和不可持续性，这种联盟本质上不能解决创业者在现实创业中遇到的各种问题，尤其是与政府行政部门之间的纠葛。基于公共行政伦理的社会治理共同体着眼于公众合作的社会治理和服务型政府的建设，公共行政的伦理性源自政府是公共利益的代表。② 政府具有调节社会整体利益的合法性和权威性，"双创"是中国重要的经济政策和社会发展工具，包括大学生在内的创业者成为社会治理的主体之一，是法治社会建设的社会力量，也是服务型政府的表征方式，从而克服基层运行中的种种弊端。基于合作共同体的建设，创业者的个体活力与创造动能会汇成巨大的合力，作用于中华民族伟大复兴。

在全球化和逆全球化并存的格局中，创业在国内区域均衡发展中的作用越来越明显。"知识"与"交通"成为现代经济发展的基础支柱，也是中国40余年发展的核心要素。快速发展的40余年拉大了区域之间的不平衡，东部对西部的虹吸效应不但没有减弱，反而在强化，主要表现在对各级各类人才的争夺和新技术与高附加值产业的吸引。调查发现，无论是创业者，还是非创业者，均对创业有着朴素的认知，认为创业是好事，值得去经历和推动。但在真实的创业现实中，美好的愿望与冰冷的现实常常迎面相撞，甘苦相伴。了解创业，解锁经济可持续发展密码；理解创业者，天堑变通途。2020年迎来"四十岁生日"的深圳

---

① 张康之：《总体性与乌托邦：人本主义马克思主义的总体范畴》，中国人民大学出版社2016年版，第283页。
② 张康之：《寻找公共行政的伦理视角》（修订版），中国人民大学出版社2012年版，第227页。

经济特区就是一曲呈现给创业者的赞歌，展现了丰富而多元的发展意涵，其内核就是改革开放和创新创业。2021年大学毕业生达到909万人，同比增加35万人。2022年，大学毕业生达到1076万人，比2021年增加167万人。2023年，大学毕业生达到1158万人，比2022年增加82万人。

习近平总书记在党的二十大报告中指出："坚持和完善社会主义基本经济制度，毫不动摇巩固和发展公有制经济，毫不动摇鼓励、支持、引导非公有制经济发展，充分发挥市场在资源配置中的决定性作用，更好发挥政府作用。"[1] 为大学生创业描绘了美好蓝图。新的时间窗口，如何将大学生的知识优势和青春优势转化为经济增长的又一个奇迹，既是学术研究的旨趣，更是实践行动者的使命。

---

[1] 习近平：《高举中国特色社会主义伟大旗帜　为全面建设社会主义现代化国家而团结奋斗——在中国共产党第二十次全国代表大会上的报告》，人民出版社2022年版。

结　　语

2020年，受新冠疫情影响，世界经济动荡不安。2021年1月18日，国家统计局公布最新经济数据，2020年中国GDP总量达到101.6万亿元，经济总量突破100万亿元，稳居世界第2位，占世界经济的比重达到17%左右。中国人均GDP连续两年超过1万美元，进入中等偏上收入国家行列。① 国家税务总局数据显示：2020年全年新增减税降费超过2.5万亿元，为399万户纳税人办理延期缴纳税款292亿元，及时准备办理出口退税1.45万亿元，这些措施有效激发了市场主体活力。中国向世界交出了一份亮眼的答卷。GDP比上年增长2.3%，居民消费价格指数（CPI）上涨2.5%，低于上年涨幅与全国预期目标；现行标准下农村贫困人口全部脱贫，832个贫困县全部摘帽，绝对贫困现象历史性消除；全国居民人均可支配收入32189元，比上年实际增长2.1%，与经济增长基本同步，比2010年翻一番的目标如期实现。②

2022年1月18日，国家统计局公布最新经济数据，2021年全年国内生产总值1143670亿元，按不变价格计算，比上年增长8.1%，两年平均增长5.1%。全年城镇新增就业1269万人，比上年增加83万人。全年全国城镇调查失业率平均值为5.1%，比上年平均值下降0.5个百分点。2022年1月26日，国新办就减税降费促发展强信心有关情况举

---

① 《2020年我国GDP超过100万亿元对中国经济来说意味着什么？统计局解答》，https://baijiahao.baidu.com/s?id=1689192406130099290&wfr=spider&for=pc，2022年3月5日。

② 《2020年中国经济"V型"反弹》，中国青年报客户端，2021-01-19，2022年3月5日。

行发布会,介绍了2021年的减税降费情况。全年累计新增减税降费约1.1万亿元,政策红利持续释放,有力地支持了国民经济持续稳定恢复。企业提前享受研发费用加计扣除政策减免税额3333亿元,有力地促进了企业创新发展。允许企业提前享受前三季度政策优惠,并将制造业企业加计扣除比例从75%提高至100%。数据显示,全国有32万户企业提前享受研发费用加计扣除政策优惠,减免税额3333亿元。其中,18.6万户制造业企业享受减免税额2259亿元。新增涉税市场主体1326万户,市场活力进一步增强。2021年,全国新办且发生过涉税行为的市场主体1326万户,同比增长15.9%,两年平均增长12.9%。同时市场主体不断发展壮大,2021年年底,全国增值税一般纳税人达1238.1万户,较2020年年末增加110.9万户。[①]

在整个国际形势恶化的前提下,中国取得了了不起的成就,给动荡的世界展现了全体中国人的创造性和面对困难的韧性,也给世界经济复苏注入了信心和动力。中国经受住了中美贸易摩擦和新冠疫情的冲击,成为全球唯一正增长的主要经济体。强力得当的防疫措施、及时合理的宏观政策和全面齐备的工业制造业体系是经济复苏的根本原因。2022年发生的俄乌冲突,使本已遭受新冠疫情肆虐的国际经济雪上加霜。

我们站在新的时间起点上。中国共产党第十九届中央委员会第五次会议绘出新的蓝图:到2035年基本实现社会主义现代化远景目标,进入创新型国家前列。人均国内生产总值达到中等发达国家水平,中等收入群体显著扩大,基本公共服务实现均等化,城乡区域发展差距和居民生活水平差距显著缩小。以推动高质量发展为主题,以深化供给侧结构性改革为主线,以改革创新为根本动力,以满足人民日益增长的美好生活需要为根本目的,统筹发展和安全,加快建设现代化经济体系,加快构建以国内大循环为主体、国内国际双循环相互促进的新发展格局。改革开放迈出新步伐,社会主义市场经济体制更加完善,高标准市场体系基本建成,市场主体更加充满活力,产权制度改革和要素市场化配置改

[①] 《2021年税收经济有哪些亮点?国家税务总局梳理十组数据》,新浪财经官方账号,2022-01-26,2022年3月5日。

革取得重大进展，公平竞争制度更加健全，更高水平开放型经济新体制基本形成。①东盟十国加上中日韩澳新五国签署的区域全面经济伙伴关系协定（RCEP）及中欧投资协定的完成，标志国际多边格局和自由贸易仍是世界主流，极大地改善了中国外部经济环境。对于"十四五"时期中国经济发展，北京大学光华管理学院院长刘俏作出了中国经济会出现五大趋势的展望：第一个趋势是全要素生产率的继续增速发展，中国有4个相对而言可能是有利的因素：第一个是工业化，第二个是新基建，第三个是大国工业，第四个是资源配置效率的提升；第二个趋势，中国在全球价值链位置向上游迈进；第三个趋势，强大的国内市场与消费的基础作用，未来15年时间里消费占GDP的比例至少要大幅提升20个百分点，有60%以上的消费将会变成服务消费，如养老服务、理财服务、文化娱乐等；第四个趋势，有效市场、资源优化配置与提升投资收益率；第五个趋势，提高居民收入占比，消除城乡二元结构，现在有2.8亿农民工，未来还将有15%的人会随着城镇化进程来到城市。②党的二十大报告提出："全面建成社会主义现代化强国，总的战略安排是分两步走：从二〇二〇年到二〇三五年基本实现社会主义现代化；从二〇三五年到本世纪中叶把我国建成富强民主文明和谐美丽的社会主义现代化强国。"③

趋势上，我们的国家越来越强盛，发展环境日益趋好，但是作为人口大国和发展中国家，困难和障碍也是客观存在的。商务部政策研究室刘日红提到市场开放中外资企业反映的问题越来越国内化、普遍化。比如，乱检查、乱摊派、乱收费问题，审批环节多、审批时间长、审批程序不透明问题，都不是外资企业独有的，而是各类市场主体面临的共性问题。④这些问题的核心是中国市场经济体制的不完善，主要是历史原

---

① 新华社受权发布《中共中央关于制定国民经济和社会发展第十四个五年规划和二〇三五年远景目标的建议》，新华社新媒体，2020-11-3，2022年3月5日。
② 《除了反超美国时间缩短，100万亿GDP对中国还意味着什么》，新华社客户端，2021-01-19，2022年3月5日。
③ 习近平：《高举中国特色社会主义伟大旗帜　为全面建设社会主义现代化国家而团结奋斗——在中国共产党第二十次全国代表大会上的报告（2022年10月16日）》，人民出版社2022年版。
④ 刘日红：《中国经济总量接近美国的70%，如何避免"70%现象"?》，https：//www.sohu.com/a/235174015_465271，2018-6-11，2022年3月5日。

因造成的，长期的封建社会的官本位思想遗毒对现代市民社会"管理"和"服务"本质的侵蚀，需要在法治社会的建设中逐步纠正；另外，社会变迁造成的急剧变化和常态化人员流动，也是一个因素。可以预期，中国越来越自信地敞开国门，在深度嵌入世界经济格局的过程中，随着国家治理体系和治理能力的现代化以及高标准市场体系的建成，包括大学生在内的各类市场主体会成长为中华民族伟大复兴的坚实支柱。

大学生创业虽然是一个世界性的议题，但由于中国高等教育规模居世界第一，因而显得与他国不同。大学生阶层的大众化和底层化，使大学生创业天然地与国家的政治任务保持内在的一致性：一是国家要扩大中等收入群体，二是要巩固脱贫成果。大学生创业既需要完善的市场规则体系，更需要政府在其生命周期的初始阶段保驾护航。2021年1月31日，中办、国办印发的《建设高标准市场体系行动方案》提出通过5年左右的努力，基本建成统一开放、竞争有序、制度完备、治理完善的高标准市场体系，畅通市场循环，疏通政策堵点，打通流通大动脉。随着高标准市场体系的逐步建成，会激发出更多的创业动能，全民创业是一个可以预见的盛世景象。

本书是国家社科基金课题"市场化、家庭禀赋与大学生创业研究"（17XSH012）的研究成果。在研究过程中发现，大学生创业是一个变化极快的主题，尤其是国家政策的调整和国内外经济形势的变化，都会对大学生创业产生不同层面的影响。但有两个相对不变的根基：一是大学生的创业意识和创业能力始终要依靠高等教育的供给能力和高等教育保持对社会变迁的敏锐性及与其的良性互动；二是国家法治环境的持续推进、部门运行的规范化、程序化和政策的相对稳定以及国家工作人员素质的专业化和主人翁意识。

附 录

《大学生创业研究》调查问卷

尊敬的女士/先生：

为了更好地促进中国经济社会发展和增进人民幸福，国家实施了"大众创业，万众创新"战略，出台了众多扶持和帮助大学生创业的政策。本调查旨在通过对大学生创业现状的了解，为政府部门的创业管理和创业指导及高等院校提高人才培养质量提供参考。本调查采取匿名的方式，数据仅用于研究，不会泄露您的个人信息，请根据您的真实想法做答。非常感谢您的合作！

《大学生创业研究》课题组
2018 年 5 月

第一部分 本部分为认同程度的判断题，每个题只有一个选项，请在您认可的相应格子内画"√"，1 表示完全不认同，6 表示完全认同。

一 以下因素对创业成功的影响

序号	问题表述	认同程度					
		1	2	3	4	5	6
1a	性别状况						
1b	经济资本						

续表

序号	问题表述	认同程度 1	2	3	4	5	6
1c	性格开朗						
1d	市场化程度						
1e	政治面貌						
1f	所学专业						
1g	选修课程						
1h	学习成就						
1i	市场化服务						
1j	汉语能力强						
1k	英语能力强						
1l	学历层次高						
1m	学校创业教育						
1n	毕业学校的声誉和地位						
1o	政治资本						
1p	创业实践						
1q	有相关工作经历						
1r	有创业经历						
1s	社会活动多、联系广						
1t	发展机会和信息多						
1u	送礼请客等人情手段						
1v	文化资本						

二 创业感知（1表达完全不认同，6表示完全认同）

序号	问题表述	认同程度 1	2	3	4	5	6
2a	创业是一种创办企业，获得利润的行为						
2b	创业在于培养创新思维和创新精神，建构自己的思想，并将其付诸行动						
3a	您希望检测自己的商业想法						

续表

序号	问题表述	认同程度					
		1	2	3	4	5	6
3b	您希望改变家庭经济状况						
3c	您希望积累财富						
3d	您希望对社会和国家做出贡献						
4	家庭支持您自主创业						
5a	政府实施"双创"战略,现在是创业的最好时机						
5b	您创业所在地的人们认为创业者是值得尊重的人						
5c	您创业所在地的人们不会嘲笑创业失败者						
6	当您有创业构想的时候,很愿意将创业构想付诸实施						
7a	您具有充分的判断分析能力						
7b	您能有效地对所获得的信息做出分析判断						
7c	您将大部分资金优先投入研发活动						
8a	您注重与他人建立朋友关系为创业服务						
8b	创业后认识的朋友对创业的帮助更大						
8c	在您的社会关系网络中,存在一个愿意为创业提供帮助的关系网络						
9a	您创业所在地政府制定了发展所需要的、完善的创业扶持政策						
9b	上述创业扶持政策发挥了很好的作用						
9c	创业所在的政府表现出很好的运行效率						
9d	政府工作人员不随意干预企业经营						
10a	您在创业经营过程中,可以很好地获得企业生产运营所需要的各种资源						
10b	您能快捷地获得创业所需要的信息						
10c	您的技术成果转化途径通畅						
10d	您在创业发展过程中,能从各种渠道获得所需的资金						
10e	您在创业的时候可以全面获得创业所需要的知识						
10f	您能够很方便地招到所需要的各类员工,如技术人员、管理人员、熟练工人等						
11a	您很容易地申请专利、商标或版权保护						
11b	您的产品定价权有保障						

续表

序号	问题表述	认同程度					
		1	2	3	4	5	6
11c	您所提供的产品或服务在市场上具有独特性						
11d	地方保护主义重，您的企业在当地经营艰难						
11e	您面临着很大的竞争压力						
12a	律师、会计等市场中介组织服务条件好						
12b	您的企业能从行业协会中得到好的帮助						
12c	在创业经营过程中，您能够很方便地与业务相关单位或同行建立关系，并在经营发展过程中获得他们的支持						
12d	市场的法治环境令人满意						

三 大学就读经历（1表达完全不认同，6表示完全认同）

序号	问题表述	认同程度					
		1	2	3	4	5	6
13	大学期间，您经常_____						
	a. 课堂上主动提问或参与讨论						
	b. 课堂上积极回答/思考老师没有既定答案的提问						
	c. 课堂上就某一个研究主题做口头报告						
	d. 课堂上和同学合作完成老师布置的任务						
	e. 课堂上质疑老师的观点						
	f. 做作业或讨论时，能融合不同课程所学的观点或概念						
	g. 课后和同学讨论作业/实验						
	h. 使用网络媒介讨论作业						
	i. 帮助其他同学理解课程内容						
14	大学期间，您修的课程强调以下方面						
	a. 记忆课堂或阅读中的事实、观点或方法						
	b. 运用理论或概念解决实际问题，或将其运用于新的情境						
	c. 分析某个观点、经验或理论的基本要素，了解其构成						
	d. 判断信息、论点或方法的价值（例如考查他人如何收集、解释数据，并评价其结论的可靠性）						

续表

序号	问题表述	认同程度					
		1	2	3	4	5	6
	e. 综合不同观点、信息或经验，形成新的或更复杂的解释						
15	大学期间，您和老师交流_____						
	a. 和任课老师讨论自己的职业计划						
	b. 和辅导员/班主任讨论自己的职业计划						
	c. 和任课老师讨论人生观和价值观等问题						
	d. 和辅导员/班主任讨论人生观和价值观等问题						
	e. 和任课老师一起参与课程以外的工作（比如社团活动、迎新等）						
	f. 和指导老师讨论创业计划						
16	大学期间，您的写作量为_____						
	a. 长篇论文/报告（篇）（5000字以上）						
	b. 中篇论文/报告（篇）（2000—5000字）						
	c. 短篇论文/报告（篇）（2000字以下）						
17	大学期间，您所写作的课程论文需要						
	a. 提出并论证自己的观点						
	b. 广泛搜集查阅资料						
	c. 和老师/同学反复讨论						
	d. 做实证性调研/实验						
18	大学期间，您经常进行以下活动						
	a. 反思并评价自己的学习过程						
	b. 通过学习，改变对某个问题/概念的理解						
	c. 挑战对问题的已有看法						
	d. 通过换位思考更好地理解他人观点						
	e. 从不同视角综合考虑问题						
	f. 反思/检查自己的观点						
	g. 将学习与社会问题相联系						
	h. 将课程观点与自身经验相联系						
19	大学期间，您与人交流的状况						
	a. 经常与不同种族的或民族的人交流						

续表

序号	问题表述	认同程度					
		1	2	3	4	5	6
	b. 经常与不同经济背景的人交流						
	c. 经常与不同宗教信仰的人交流						
	d. 经常与不同地域来源的人交流						
20	您同意以下关于学习的描述						
	a. 学习能够认识理解世界						
	b. 学习是探究的过程						
	c. 学习是职业训练的过程						
	d. 学习是建构思想,为创业做准备的过程						
21	大学期间,您参与过以下活动						
	a. 实习、社会实践或田野调查						
	b. 社区服务或志愿者						
	c. 组织或参与某个社团或学习团体						
	d. 在课程要求之外,和老师一起做研究						
	e. 课程要求以外的语言学习(如上新东方、修二外等)						
	f. 海外学习(短期或长期)						
	g. 参加各类学术、专业或设计竞赛						
	h. 报考专业资格证书/技能等级证书						
	i. 辅修第二学位/专业						
	j. 尝试为学术期刊/学术会议等投稿						
	k. 参与学生会/团委的竞选或任职						
	l. 创新创业实践活动						
22	您就读的大学强调						
	a. 在学业方面投入大量时间						
	b. 为您的学业成功提供支持与帮助						
	c. 身心健康提供服务						
	d. 为您的就业发展提供指导与帮助						
	e. 为创业提供指导与帮助						
	f. 鼓励来自不同城乡、民族、家庭背景的学生相互接触						

续表

序号	问题表述	认同程度 1	2	3	4	5	6
	g. 帮助您应对人际关系或情感问题						
	h. 组织各类集体活动，使您更好地融入大学生活						
	i. 在学业中使用计算机						
	j. 帮助您应对经济问题，完成学业						
23	大学的学习生活经历使您在以下方面的发展得到提高						
	a. 广泛涉猎各个知识领域						
	b. 深厚的专业知识与技能						
	c. 良好的口头表达能力						
	d. 良好的书面表达能力						
	e. 组织领导能力						
	f. 熟练运用信息技术的能力						
	g. 批判性思维						
	h. 与他人有效合作						
	i. 解决现实中的复杂问题						
	j. 自主学习						
	k. 认识自我						
	l. 个人人生观、价值观的确立						
	m. 明确自己未来的发展规划						
	n. 统计分析与预测能力						
	o. 理解不同文化与价值观						
24	您认为所就读的专业对您创业有帮助						
25	整体来说，这所大学给予您的创业指导						
26	整体来说，您在这所大学的教育经历						
27	您富于创新性、在学校或实习岗位策划过很多活动						
28	您乐于挑战现状、喜欢思考，有很多好的创意						
29	您乐于面对并努力克服在实践自己想法过程中所遇到的困难						
30	学校有组织、系统地向您们介绍政府、学校对大学生创业的各种支持政策						

223

续表

序号	问题表述	认同程度					
		1	2	3	4	5	6
31	您通过网络了解政府、学校对大学生创业的各种政策支持						
32	您通过创业的同学了解政府、学校对大学生创业的各种政策支持						
33	您了解如何获得所需创业资金						
34	您在校就了解公司注册流程						
35	您拥有有关行业的相关知识						
36	学校的创业教育辅导体系完善						
37	学校设有与创业配套的支持与服务体系						
38	校园创业文化氛围好						

第二部分　背景信息（全部选项中，除特别说明可多选外，均为单选。）

一　个人基本信息

39. 您出生于　　　□□□□年　　□□月

40. 您的性别是　　□男　　　　□女

41. 您的民族是　　□汉　□蒙　□满　□回　□壮　□维　□藏　□其他（请注明）

42. 哪一年您上的大学？□□□□年

43. 您的婚姻状况　　□未婚　□已婚

43a. 如果是已婚，于_____年结婚

44. 您的政治面貌是

□共青团员　□群众　□民主党派人士　□中共党员

44a. 如果是共产党员，正式入党时间是_____年

45. 您的宗教信仰

□无宗教信仰　□佛教　□道教　□伊斯兰教　□天主教　□基督教　□其他

45a 如果您的宗教信仰选择其他，则具体是_____

46. 您拥有的最高学历

成人高等教育　　　　　　　　　　　　　　　　　□

普通大学专科 □
普通大学本科 □
硕士 □
博士 □

47. 大学属性

47a. 您就读的大学所在地属于

大都会（北京、上海、深圳） □
直辖市/省会城市 □
地级城市 □

47b. 您就读的大学属于

公立 □
民办 □

47c. 您就读的大学属于

全国重点 □
省属高校 □
地/市属高校 □
其他 □

如果选其他，请注明_____

48. 第一学历主修专业

□哲学 □经济学 □法学 □教育学 □文学 □历史学 □理学 □工学 □农学 □医学 □军事学 □管理学 □艺术学

49. 是否有辅修专业　　□是　□否

49a. 辅修专业

□哲学 □经济学 □法学 □教育学 □文学 □历史学 □理学 □工学 □农学 □医学 □军事学 □管理学 □艺术学

50. 大学期间，您是否获得过以下证书（可多选）

证书

□国家四级英语证书
□国家六级英语证书
□全国计算机等级证书
□专业资格证书（如注册会计师、律师等）

☐技能等级证书

☐其他（请注明）

☐均未获得过

51. 大学期间，您是否获得过以下奖励（可多选）

☐校级一般奖励

☐校级最高奖学金

☐省/市大奖

☐全国大奖

☐国际大奖（如各种赛事）

☐其他（请注明）　☐均未获得过

52. 大学期间有过不及格的科目吗？

☐没有

☐有过，共有_____门功课曾不及格

53. 您与同班级/专业的同学相比，您的成绩属于

☐前5%

☐前5%—20%

☐前20%—50%

☐50%—80%

☐后20%

54. 您是否参加/主持大学生创新创业实践项目

☐是　☐否

55. 您是否到企业实习过

☐是　☐否

56. 关系最好的同专业同学数量

☐5人以下　☐5—10人　☐10—20人　☐20—50人　☐50人以上

57. 跨专业的好朋友数量

☐5人以下　☐5—10人　☐10—20人　☐20—50人　☐50人以上

58. 您是否在下列学生机构或组织中任过职？如果任过职，所担任的最高职务是什么（可多选）？请填写职务名称

	是否任过职		所担任的最高职务
	是	否	
校团委/学生会	□	□	_____
院（系）团委/学生会	□	□	_____
班委会	□	□	_____
社团组织	□	□	_____

二 家庭信息

59. 生源地_____

60. 户籍　□农村　□城镇

61. 您的父亲和母亲主要从事的职业是（单选）：

父亲　母亲

	父亲	母亲
私营业主	□	□
单位领导/高级管理人员	□	□
中层管理人员（部门经理/处级/副处级）	□	□
基层管理人员	□	□
办公室普通职员/办事人员	□	□
中/高级专业技术人员	□	□
初级专业技术人员	□	□
领班/组长/工头/监工	□	□
服务员/营业员/保安	□	□
技术工人/维修人员/手工艺	□	□
体力工人/勤杂工	□	□
村长/书记	□	□
农林渔牧劳动者	□	□
个体户	□	□
自由职业者/房屋出租/炒股	□	□
军人/警察	□	□
其他	□	□

如果选其他，请注明：母亲所属职业　父亲所属职业

62. 您的父亲和母亲主要从事的行业是（单选）：

父亲　母亲

农林渔业	☐	☐
采矿业/制造业/建筑业	☐	☐
电力、燃气及水的生产和供应	☐	☐
交通运输、仓储和邮政	☐	☐
信息传输/计算机服务和软件业	☐	☐
批发和零售业	☐	☐
金融业	☐	☐
房地产业	☐	☐
租赁和商务服务	☐	☐
教育	☐	☐
医疗卫生业	☐	☐
文化/体育/社会福利业	☐	☐
科学研究/技术服务	☐	☐
水利/环境/公共设施管理	☐	☐
居民服务和其他服务	☐	☐
党政机关/群众组织/社会团体/国际组织	☐	☐
其他（请注明）		

如果选其他，请注明：母亲所属职业　父亲所属职业

63. 您父母的工作单位（单选）

父亲　母亲

党政机关	☐	☐
工会、共青团、妇联等群众组织或社会团体	☐	☐
事业单位	☐	☐
国有企业	☐	☐
集体企业	☐	☐
外贸企业	☐	☐
民营企业	☐	☐
自主创业	☐	☐
其他（请注明）		

如果选其他，请注明：母亲所属行业　父亲所属行业

64. 您的父母的最高教育程度是（单选）　　父亲　母亲

没上过学 ☐ ☐
小学毕业 ☐ ☐
初中毕业 ☐ ☐
高中/中专/技校毕业 ☐ ☐
大专毕业 ☐ ☐
本科毕业 ☐ ☐
硕士毕业 ☐ ☐
博士毕业 ☐ ☐
其他（请注明） ☐ ☐

65. 您父母的政治面貌（单选）

父亲　母亲
中共党员 ☐ ☐
民主党派 ☐ ☐
群众 ☐ ☐

66. 您父母的宗教信仰（单选）

父亲　母亲
无宗教信仰 ☐ ☐
佛教 ☐ ☐
道教 ☐ ☐
伊斯兰教 ☐ ☐
天主教 ☐ ☐
基督教 ☐ ☐
其他 ☐ ☐

如果您父亲的宗教信仰选择其他，则具体是_____
如果您母亲的宗教信仰选择其他，则具体是_____

67. 上一年您父亲的总收入大约是_____元

68. 上一年您母亲的总收入大约是_____元

69. 上一年您家所有家庭成员的总收入大约是_____元

70. 在您的家庭中，您是否为第一代大学生？（　　）

☐是　☐否（注：第一代大学生是指在直系亲属中，作为第一个上大学的人员）。

71. 您是否是独生子女？

□是（跳答第 72 题）

□否

71a. 如果是非独生子女，请问您有几个兄弟姐妹（包括养父母的子女、继父母的子女，如果没有填 0）？

兄_____人；弟_____人；姐_____人；妹_____人；

72. 父母是否有自己的公司

□是　□否

72a. 公司资产规模

□10 万—50 万元　□50 万—100 万元　□100 万—200 万元　□200 万—500 万元　□200 万元以上

72b. 公司员工规模

□5 人以下　□5—10 人　□10—20 人　□20—50 人　□50—100 人　□100 人以上

73. 无有经商的亲戚、朋友

□无　□有

73a. 如果有，是否受他们影响

□是　□否

三　大学生创业

74. 您的企业：□独资　□合伙

75. 市场范围：□农、林、牧、渔业　□采掘业　□制造业　□电力、煤气、水的生产和供应业　□建筑业　□房地产业　□交通运输　□仓储业　□信息技术业　□批发和零售贸易　□金融保险业　□社会服务业　□其他

76. 经营时长：□不到 6 个月　□6 个月—1 年　□1—2 年　□2 年以上，成立于　　年

77. 年度营业额：□20 万元以下　□20 万—50 万元　□50 万—100 万元　□100 万元以上

78. 企业所在地：　　省（直辖市）　　市（区/县）

79. 员工规模：□5 人以下　□5—10 人　□10—20 人　□20—50 人　□50—100 人　□100 人以上

《大学生创业研究》访谈提纲

一　访谈创业者

1. 请谈谈怎样走上创业之路；创业中您获得了什么，失去了什么？
2. 如果是在校就开始创业，如何处理学业和创业之间的关系。
3. 创业中遇到最大问题是什么？需要哪些帮助？当前创业政策和创业环境如何？
4. 对于创业者来说，如何评价自己经历过的高等教育？对高等教育有何建议？
5. 对于未来的创业者，您的建议是什么？

二　访谈政府机构

1. 对于大学生创业，您是怎么看的？
2. 政府层面如何促进和保障大学生创业？还需要做些什么？
3. 大学生创业项目在当地真正落地成为实体的情况怎样？
4. 围绕大学生创业，政府和高校之间的关系是怎样的？
5. 您对已创业和即将创业的大学生有什么建议？

三　访谈高校管理者和组织者

1. 您怎么理解大学生创业？本校大学生创业的情况怎样？
2. 开展和组织大学生创业工作的最大障碍是什么？学校做了哪些工作？工作成效如何体现？
3. 学校怎么帮助创业学生获得必要的创业资源？
4. 如何处理与协调创业教育和专业教育？
5. 大学生创业工作的考核机制是什么？

四　访谈市场人士

1. 您从事哪个行业？运行情况怎样？
2. 市场营商环境怎么？
3. 怎么看待国家的市场政策？
4. 近些年来，整个市场行情情况如何？
5. 中美贸易摩擦对您的生意产生了什么影响？您是如何调整的？

五 访谈在读学生

1. 您怎么看待大学生创业？
2. 若想创业，已做了哪些准备？

高校创业教育能力评价调查表

调查表填报人：＿＿＿＿＿＿＿联系电话：＿＿＿＿＿＿

一 调查样本高校

请在被调查高校划"√"

贵州大学		贵州师范大学	
贵州医科大学		贵州民族大学	
贵州财经大学		贵州中医药大学	
贵州师范学院		贵州大学（明德学院）	

二 高校创业教育能力评价指标

一级指标	分指标	测量项	
创新创业环境基础能力	知识基础	CNKI 高校创业教育论文发表数（篇）	
		CNKI 高校创业教育论文被引数（次）	
	技术基础	发明专利授权量（项）	
		技术转让签订合同数（项）	
创新创业资源配置能力	师资投入	高校创业教育授课教师数（人）	
		高级职称高校创业教育授课教师比例（%）★	
		高学历高校创业教育授课教师比例（%）★	
	经费投入	国家级创新创业计划项目财政拨款数（元）	
		国家级创新创业计划项目高校拨款数（元）	
	组织保障	创新创业咨询指导服务中心数（个）	
创新创业过程行动能力	创业课程	高校创业教育课程开设数（门）	
		高校创业教育讲座/沙龙的多样性（几类）	
	创业项目	国家级创新创业计划项目立项数（项）	
		国家级创新创业计划项目大学生参加数（人）	
	实践平台	科技园、创新创业园、孵化器数（个）	

续表

一级指标	分指标	测量项	
创新创业成果绩效能力	素养提升	"挑战杯"大学生创业计划竞赛获奖 一等奖　次；二等奖　次；三等奖　次	
	创业效果	大学科技园在孵企业数（个）	
		大学科技园累计毕业企业数（个）	
	社会效益	创新创业率、就业率之比（%）★	
		杰出创新创业校友数（人）	

注：高校创业教育能力评价数据采用贵州大学、贵州师范大学和贵州医科大学等 8 所高校创业教育在 2015—2019 年度的累计数据。部分涉及百分比（%）的数值，例如高级职称高校创业教育授课教师比例和高学历高校创业教育授课教师比例等，★取统计期间年度的最大值。

三　高校创业教育基本情况

高校	培养对象	课程形式	主管机构
贵州大学	本科生、研究生、MBA、EMBA		大学生创新创业研究中心
贵州师范大学	本科生、研究生		创新创业学院
贵州医科大学	本科生、研究生		创业教育工作领导小组
贵州财经大学	本科生、研究生		大学生创新创业管理办公室
贵州民族大学	本科生、研究生		大学生创新创业中心
贵州中医药大学	本科生、研究生		大学生创新创业工作领导小组
贵州师范学院	本科生	公共选修课 专业选修课	创新创业学院
贵州大学（明德学院）	本科生		创新创业中心

注：请高校确认课程形式。

参考文献

一　中文文献

（一）著作

习近平：《高举中国特色社会主义伟大旗帜　为全面建设社会主义现代化国家而团结奋斗——在中国共产党第二十次全国代表大会上的报告（2022年10月16日）》，人民出版社2022年版。

［法］埃米尔·涂尔干：《社会分工论》，渠敬东译，生活·读书·新知三联书店2017年版。

北京中科创大创业教育投资管理有限公司等编著：《中国高校创新创业教育发展蓝皮书（2017）》，冶金工业出版社2018年版。

陈春花：《激活个体——互联网时代的组织管理新范式》，机械工业出版社2015年版。

陈忠卫主编：《知行统一路——大学生创业案例与创新创业教育研究（2015—2016）》，经济管理出版社2016年版。

国家发展和改革委员会编著：《2017年中国大众创业万众创新发展报告》，人民出版社2018年版。

国家发展和改革委员会编著：《2018年中国大众创业万众创新发展报告》，人民出版社2019年版。

国家发展和改革委员会编著：《2019年中国大众创业万众创新发展报告》，人民出版社2020年版。

解彩霞：《现代化　个体化　空壳化：一个当代中国西北村庄的社会变迁》，中国社会科学出版社2017年版。

科学技术部火炬高技术产业开发中心、首都科技发展战略研究院编：《中国创业孵化发展报告（2019）》，科学技术文献出版社 2019 年版。

李安：《个体自由与企业发展——基于中国企业人本管理的思考》，知识产权出版社 2014 年版。

李东红、徐金宝主编：《中国创新创业发展报告》，中国财富出版社 2017 年版。

刘志：《大学生创业意向及其行为转化研究》，人民出版社 2018 年版。

［德］马克斯·韦伯：《新教伦理与资本主义精神》，于晓等译，生活·读书·新知三联书店 1987 年版。

［西班牙］曼纽尔·卡斯特：《信息时代三部曲：经济、社会与文化（第一卷）——网络社会的崛起》，夏铸九等译，社会科学文献出版社 2001 年版。

宁越敏、石崧：《从劳动空间分工到大都市区空间组织》，科学出版社 2011 年版。

［美］帕翠西亚·冈伯特主编：《高等教育社会学》，朱志勇、范晓慧译，北京大学出版社 2013 年版。

沈奕斐：《个体家庭 ifamily：中国城市现代化进程中的个体、家庭与国家》，上海三联书店 2013 年版。

宋梅：《个体化时代的社区福利建设研究》，中国社会出版社 2013 年版。

［美］托马斯·H. 拜尔斯等：《技术创业：从创意到企业》（第 4 版），陈劲、李纪珍译，北京大学出版社 2017 年版。

［德］乌尔里希·贝克、伊丽莎白·贝克-格恩斯海姆：《个体化》，李荣山等译，北京大学出版社 2011 年版，第 19 页。

谢妮：《个体化视域中大学适切性教学研究》，中国社会科学出版社 2015 年版。

［美］阎云翔：《中国社会的个体化》，陆洋等译，上海译文出版社 2012 年版。

杨中超：《教育扩张对代际流动的影响研究》，中国社会科学出版社 2017 年版。

［美］约翰·W. 克雷斯威尔：《研究设计与写作指导：定性、定量与混合研究的路径》，崔延强主译，孙振东审校，重庆大学出版社2007年版。

翟庆华、叶明海：《大学生创业者自我效能、资源、机会与商业模式的匹配关系研究》，中国经济出版社2014年版。

张康之、向玉琼：《政策问题建构权的历史演进》，上海人民出版社2016年版。

张康之：《寻找公共行政的伦理视角》（修订版），中国人民大学出版社2012年版。

张康之：《总体性与乌托邦：人本主义马克思主义的总体范畴》，中国人民大学出版社2016年版。

赵建国等：《大学生创业影响因素及扶持政策研究》，经济科学出版社2017年版。

［美］赵勇：《就业？创业？——从美国教改的迷失看世界教育的趋势》，周珊珊、王艺璇译，王安琳校，教育科学出版社2014年版。

中国科技发展战略研究小组、中国科学院大学中国创新创业管理研究中心：《中国区域创新能力评价报告（2019）》，科学技术文献出版社2019年版。

中国人民大学创业学院编著：《人大学生创业故事》，中国人民大学出版社2017年版。

（二）期刊

蔡玲：《家庭教育投入问题研究述评》，《社会科学动态》2022年第2期。

陈楚洁：《"从前有一个记者，后来他去创业了"——媒体创业叙事与创业者认同建构》，《新闻记者》2018年第3期。

陈丹、王文科：《大学生创业意向影响因素研究》，《山东大学学报》（哲学社会科学版）2012年第6期。

陈景信、代明：《市场化环境与创业绩效——基于HLM模型和区域分层的视角》，《山西财经大学学报》2018年第11期。

陈伟等：《政策工具视角下"大众创业、万众创新"政策文本量化研究》，《科学管理研究》2020年第2期。

谌飞龙、陈松：《创业者母校经历对事业成功的影响：质性研究视角》，《教育学术月刊》2020年第2期。

程华、娄夕冉：《海外高层次人才创新创业政策研究：政策工具与创新创业过程视角》，《科技进步与对策》2019年第21期。

程俊杰：《制度变迁、企业家精神与民营经济发展》，《经济管理》2016年第8期。

戴小芳、贝金兰：《"双创"背景下高校教师创新创业教育教学能力建设》，《现代经济信息》2018年第14期。

董人菘：《政策支持和自我怜悯对大学生再创业能力的影响》，《昆明理工大学学报》（社会科学版）2020年第2期。

董舟：《大学生创新创业政策的有效性评估和优化研究——基于温州地区的创业政策实践》，《创新与创业教育》2020年第3期。

杜晶晶等：《叙事取向的创业研究：创业研究的另一种视角》，《外国经济与管理》2018年第9期。

杜晶晶、王晶晶：《国外社会创业教育介绍及对中国的启示》，《内蒙古农业大学学报》（社会科学版）2015年第6期。

杜天宝等：《大学生创新创业政策扶持体系优化研究》，《经济纵横》2019年第9期。

段利民、杜跃平：《创业环境对大学生创业意愿的影响：兼对GEM模型的再检验》，《技术经济》2012年第10期。

多淑杰：《"双创"视域下财税政策对小微企业创新创业影响的实证分析——基于珠三角S市的调查分析》，《经济研究参考》2018年第53期。

樊纲等：《中国各地区市场化相对进程报告》，《经济研究》2003年第3期。

樊纲等：《中国市场化进程对经济增长的贡献》，《经济研究》2011年第9期。

方卓、张秀娥：《创业激情有助于提升大学生创业意愿吗？——基于六省大学生问卷调查的研究》，《外国经济与管理》2016年第7期。

高涓、乔桂明：《创新创业财政引导政策绩效评价——基于地方众创空间的实证检验》，《财经问题研究》2019年第3期。

高同彪：《基于市场化程度视角的中国民营企业创业的区域性差异研究》，《社会科学战线》2014年第4期。

宫毅敏、林镇国：《创业竞赛对提升学生创新创业能力的影响——基于创业竞赛参赛意愿调查问卷的数据挖掘分析》，《中国高校科技》2019年第12期。

郭燕锋：《大学生创业教育存在的问题与对策》，《教育与职业》2018年第10期。

韩磊等：《市场化进程驱动了企业家精神吗？》，《财经问题研究》2017年第8期。

郝喜玲等：《反事实思维在创业机会识别过程中的作用机制——基于大学生创业的双案例分析》，《科技管理研究》2019年第22期。

何继新等：《中国高校创新创业政策供给特征及组合评估：一个三维框架的量化分析》，《黑龙江高教研究》2021年第2期。

何昕芸、李剑富：《大学生创业政策发展演变及其优化建议——基于江西相关政策文本分析》，《中国大学生就业》2020年第22期。

胡品平等：《市场化差异对城乡创业的影响分析》，《科技与经济》2018年第4期。

胡蔚涛：《创新创业研究热点和知识基础——基于CSSCI 2015—2019年数据分析》，《高教论坛》2021年第1期。

黄丹：《大学生创新创业政策供给与需求匹配研究——以广西高校为例》，《中国大学生就业》2020年第22期。

黄军英：《美国创新创业政策研究及借鉴》，《科技与经济》2017年第1期。

黄永春等：《创业政策与创业模式匹配对创业绩效影响机制》，《科学学研究》2019年第9期。

黄永春等：《创业期望、风险恐惧与新生企业家的创业行为——基于调节聚焦理论》，《科研管理》2020年第6期。

纪效珲等：《高校大学生创业行业特点及差异分析——基于第二、三产业的比较视角》，《教育与经济》2020年第2期。

季学军：《论大学生创业及其逆商培养》，《江苏高教》2006年第2期。

蒋承、刘彦林：《大学生是被动创业吗？——基于起薪视角的讨论》，《教育与经济》2015年第5期。

介晓磊：《转观念强建设破难题 培养高素质应用型人才》，《中国高等教育》2013年第7期。

柯晶莹：《大学生创业教育管理模式探究——评〈创业教育管理概论〉》，《化学教育（中英文）》2020年第2期。

赖敏等：《制度环境、政府效能与"大众创业 万众创新"——来自跨国经验证据》，《南开经济研究》2018年第1期。

黎淑秀：《全球青年就业趋势研究——为青年提供优质的就业政策》，《中国青年社会科学》2020年第1期。

李峰：《大学生创新创业教育的发展理路》，《中国青年社会科学》2018年第4期。

李后建：《市场化、腐败与企业家精神》，《经济科学》2013年第1期。

李君等：《基于共词分析的我国创业模式研究热点透视》，《江苏高教》2019年第7期。

李乾文：《熊彼特的创新创业思想、传播及其评述》，《科学学与科学技术管理》2005年第8期。

李伟清：《SYB创业培训现状分析及对策研究》，《科技信息》2013年第1期。

李闻一、徐磊：《基于创业过程的我国大学生创业行为影响因素研究》，《科技进步与对策》2014年第7期。

李亚员：《当代大学生创业现状调查及教育引导对策研究》，《教育研究》2017年第2期。

李一：《新常态下大学生创新创业政策环境与对策研究》，《大学教育》2018年第2期。

李韵捷：《论大学生创业教育现状及市场化路径研究》，《课程教育研究》2019年第14期。

李政等：《基于质性数据分析的中美创新政策比较研究——以"中国双创"与"创业美国"为例》，《中国软科学》2018年第4期。

梁春晓、沈红：《基于体验学习视角的大学生创业学习维度探析》，

《湖南农业大学学报》（社会科学版）2020年第4期。

　　林泓宇：《政策引导与文化驱动：以行动者网络理论分析大学生创新创业困境》，《教育评论》2017年第6期。

　　刘康：《中国城市就业促进试点项目2003年度工作报告》，《中国培训》2004年第5期。

　　刘迎君：《禀赋特质、农民工回流创业与地域分层意愿》，《贵州社会科学》2017年第3期。

　　刘永立：《经管类专业创业教育体系构建》，《合作经济与科技》2013年第1期。

　　刘振等：《亲社会动机对社会创业双重导向的影响机理研究——市场化程度与工作经验隶属性的调节作用模型》，《南开管理评论》2021年第2期。

　　卢亮等：《高校毕业生创业类型与就业的实证关系研究——来自创业环境与创新策略的影响》，《中国人事科学》2019年第8期。

　　陆秋萍：《大学生创业的现实困境与突破路径》，《当代青年研究》2019年第5期。

　　罗明忠、罗琦：《家庭禀赋对农民创业影响研究》，《经济与管理评论》2016年第5期。

　　罗强强：《"双创"时代的政策话语分析与政策环境研判——基于政府80份创新创业政策文本的实证》，《创新与创业教育》2017年第5期。

　　马继迁等：《人力资本、家庭禀赋、家庭责任与失地女性就业——基于CFPS数据的分析》，《华东经济管理》2021年第8期。

　　马继迁、郑宇清：《家庭禀赋如何影响就业？——对失地农民的考察》，《华东经济管理》2016年第10期。

　　马良、蔡晓陈：《创业与主观幸福感——基于中国综合社会调查（CGSS）数据》，《浙江社会科学》2018年第6期。

　　马楠等：《基于协同创新的应用型本科高校创业教育模式研究》，《高等工程教育研究》2017年第4期。

　　马轶群等：《贫困经历、创业动机与大学生创业意愿提升研究——基于在校大学生调查数据的实证分析》，《高教探索》2020年第1期。

毛有碧、刘燕：《新建地方本科院校创新创业教育路径探索——以贵阳学院为例》，《贵阳学院学报》（社会科学版）2017年第5期。

宁德鹏：《不同类型高校大学生创业行为及其影响因素的差异特征研究——基于百所高校大样本的实证考察》，《广西社会科学》2020年第5期。

彭国胜：《风险中的一代：青年失业的现状、影响及对策》，《贵州师范大学学报》（社会科学版）2016年第3期。

彭佑兰：《欠发达地区地方高校创新创业训练体系的建设现状与应对策略》，《兰州教育学院学报》2017年第12期。

祁贵国：《大学生创业教育实战化面临的困境与出路》，《教育与职业》2020年第2期。

曲婉、冯海红：《创新创业政策对早期创业行为的作用机制研究》，《科研管理》2018年第10期。

邵传林：《法律制度效率、地区腐败与企业家精神》，《上海财经大学学报》2014年第5期。

石智雷、杨云彦：《家庭禀赋、家庭决策与农村迁移劳动力回流》，《社会学研究》2012年第3期。

隋海瑞：《大学生创业教育对其创业意向的影响研究》，《中国教育学刊》2015年第S2期。

孙爱武等：《创业教育对大学生创业态度的影响研究》，《江苏高教》2018年第11期。

孙晓华、李明珊：《我国市场化进程的地区差异：2001—2011年》，《改革》2014年第6期。

谭玉等：《大学生创新创业政策的变迁和支持研究——基于59篇大学生创新创业政策文本的分析》，《现代教育技术》2019年第5期。

唐炎钊、张印轩：《大学生创造性人格对创业意愿的影响研究——基于创业自我效能感的中介效应》，《高教探索》2018年第4期。

田毅鹏、李珮瑶：《计划时期国企"父爱主义"的再认识——以单位子女就业政策为中心》，《江海学刊》2014年第3期。

王朝晖：《高校创业教育对大学生创业意向影响的传导机制研究》，《科技与经济》2018年第4期。

王海军等：《基于文献述评的大学生创业路径概念模型研究》，《教育学术月刊》2017年第2期。

王辉：《创业叙事研究：内涵、特征与方法——与实证研究的比较》，《上海对外经贸大学学报》2015年第1期。

王蕾：《高校创新创业教育的时代机遇、现实挑战与提升策略探析》，《教育评论》2018年第2期。

王丽娟、吕际云：《学习借鉴熊彼特创新创业思想的中国路径研究》，《江苏社会科学》2014年第6期。

王苗苗等：《大众创新创业政策发展评估——基于政策工具、创新创业周期、政策层级》，《中国科技论坛》2018年第8期。

王树丰：《创业培训SYB课程走入高校》，《中国大学生就业》2004年第21期。

王心焕等：《创业教育对大学生创业意向的影响研究——兼对本科生与高职生的比较》，《清华大学教育研究》2016年第5期。

王颖：《大学生创业：避难效应还是企业家效应？——基于郑州市大学生创业意愿的调查》，《青年探索》2015年第3期。

王玉栋：《新时代大学生创业价值观新探——一种后物质主义的视角》，《北方民族大学学报》2020年第1期。

吴爱萍等：《"互联网+"与"大众创业、万众创新"政策结构分析——基于扎根理论和共词分析法》，《科技管理研究》2018年第10期。

吴广：《画法几何及土木工程制图的教学改革探讨》，《贵州工程应用技术学院学报》2015年第4期。

吴立保等：《我国大学生创新创业政策的变迁逻辑与政策建议——基于历史制度主义的分析》，《阅江学刊》2017年第3期。

吴晓晖、叶瑛：《市场化进程、资源获取与创业企业绩效——来自中国工业企业的经验证据》，《中国工业经济》2009年第5期。

夏人青等：《论高校人才培养框架下的创业教育目标——兼论高校创业教育课程的设置》，《复旦教育论坛》2010年第6期。

夏仕武、连溪：《内蒙古自治区扶持大学生创业的政策创新及其局限》，《民族教育研究》2018年第6期。

向春、雷家骕:《大学生创业态度和倾向的关系及影响因素——以清华大学学生为研究对象》,《清华大学教育研究》2011年第5期。

向辉、雷家骕:《大学生创业教育对其创业意向的影响研究》,《清华大学教育研究》2014年第2期。

项贤明等:《探索新时代创新创业教育》,《教育与教学研究》2019年第11期。

谢治菊:《人类认知五层级与生态移民社会适应探讨——基于HP村的实证调查》,《吉首大学学报》(社会科学版)2018年第3期。

熊柴等:《中国青年创业发展报告(2020年)》,《中国青年研究》2021年第2期。

熊小刚:《政策工具视角下中国"双创"政策内容分析及优化建议》,《软科学》2018年第12期。

徐小洲等:《大学生创业困境与制度创新》,《中国高教研究》2015年第1期。

徐占东等:《创业知识与大学生新创企业绩效：创业学习的多重中介作用》,《工业工程与管理》2018年第3期。

徐占东等:《"双创"情境下高校创新创业教育环境评价研究》,《技术经济与管理研究》2018年第4期。

杨道建等:《创业知识视角下创业学习对大学生创业成长的影响研究》,《科技管理研究》2018年第16期。

杨进:《工业4.0对工作世界的影响和教育变革的呼唤》,《教育研究》2020年第2期。

杨凯瑞等:《政府支持创新创业发展政策文本量化研究(2003—2017年)——来自国务院及16部委的数据分析》,《科技进步与对策》2019年第15期。

杨琳、刘园园:《地方政府创新创业政策评估研究——以陕西省西安市为例》,《开发研究》2018年第2期。

杨云彦、石智雷:《家庭禀赋对农民外出务工行为的影响》,《中国人口科学》2008年第5期。

姚晓芳、杨文江:《创业者特性对创业活动的影响研究——基于"2007城市创业观察"对合肥市的分析》,《科技进步与对策》2008年第 6 期。

于晓宇、蒲馨莲：《中国式创业失败：归因、学习和后续决策》，《管理科学》2018 年第 4 期。

余玉蝶等：《大学生创新创业政策的有效性评估和优化研究——基于模糊综合评价模型》，《现代商贸工业》2019 年第 2 期。

袁红林、蒋含明：《中国企业家创业精神的影响因素分析——基于省级面板数据的实证研究》，《当代财经》2013 年第 8 期。

袁燕军、赵利军：《北京大学生创业政策环境优化研究》，《科研管理》2016 年第 S1 期。

原长弘等：《习惯性创业研究最新进展述评》，《科学学与科学技术管理》2017 年第 3 期。

曾骊等：《高校创新创业教育服务"双创"战略需要协同发展》，《教育研究》2017 年第 1 期。

张超、官建成：《基于政策文本内容分析的政策体系演进研究——以中国创新创业政策体系为例》，《管理评论》2020 年第 5 期。

张建华、陈柏峰：《创业家个性特征分》，《经济论坛》2007 年第 16 期。

张雪黎、肖亿甫：《人格特质对大学生创业能力的潜在影响及提升路径》，《当代青年研究》2018 年第 6 期。

张彦良：《创新创业教育下的校企合作模式分析——评〈创新创业教育论〉》，《中国教育学刊》2021 年第 12 期。

张永安、郄海拓：《"大众创业、万众创新"政策量化评价研究——以 2017 的 10 项双创政策情报为例》，《情报杂志》2018 年第 3 期。

赵军、焦磊：《我国高校普及创新创业教育的困境、取向及理路》，《教育发展研究》2018 年第 11 期。

赵向阳等：《创业活动的国家（地区）差异：文化与国家（地区）经济发展水平的交互作用》，《管理世界》2012 年第 8 期。

郑刚等：《创业教育、创业经验和创业企业绩效》，《科学学研究》2018 年第 6 期。

郑石明等：《中国创新创业政策变迁与扩散研究》，《中国科技论坛》2019 年第 9 期。

钟苹等:《农村籍大学生创业现状调查与对策研究》,《中国高等教育》2020 年第 2 期。

周倩等:《三螺旋理论视角下高校创新创业教育政策的演进与反思》,《郑州大学学报》(哲学社会科学版) 2019 年第 6 期。

周宪、胡中锋:《大学生创业意向影响因素的实证研究:广州案例》,《教育研究与实验》2015 年第 5 期。

周叶、王青青:《大学生创新创业行为的影响因素与培育路径》,《创新与创业教育》2020 年第 5 期。

朱红、张优良:《北京高校创业教育对本专科生创业意向的影响机制——基于学生参与视角的实证分析》,《清华大学教育研究》2014 年第 6 期。

朱凯琳、谢妮:《创新创业教育与高等教育:从无涉到深耕》,《教育学术月刊》2017 年第 11 期。

(三) 论文

葛莉:《基于 CIPP 的高校创业教育能力评价与提升策略研究》,博士学位论文,大连理工大学,2014 年。

何耀文:《新时代中职学生创业教育的探索与实践》,硕士学位论文,广西师范大学,2019 年。

(四) 报纸

宋佳:《国际劳工组织发布 2021 世界就业趋势:呼吁打通青年就业"最后一公里"》,《中国教育报》2021 年 9 月 30 日。

(五) 网络文献

《2019 年中国大学生就业报告》,人民网教育频道,2019-6-13,《疫情或导致全球新增近 2500 万失业人口》,http://news.eastday.com/eastday/13news/auto/news/finance/2020 年 0320/u7ai9169411.html,2022 年 3 月 5 日。

《2020 年我国 GDP 超过 100 万亿元对中国经济来说意味着什么? 统计局解答》,https://baijiahao.baidu.com/s?id=168919240613009 9290&wfr=spider&for=pc,2022 年 3 月 5 日。

《2022 年中国大学生毕业人数 (高校毕业生人数) 及就业形势分析》,https://www.chyxx.com/industry/202202/994477.html,2022 年

3月5日。

《20名创业者被授予西安创业明星称号》，http：//shx.wenming.cn/sxdt/201606/t20160630_3483841.shtml，2020年6月8日。

北京大学汇丰商学院：《樊纲教授等发布中国市场化八年进程报告》，http：//www.phbs.pku.edu.cn/content-419-3170-1.html，2016-04-25，2022年3月5日。

北京大学汇丰商学院：《樊纲教授等发布中国市场化八年进程报告》，http：//www.phbs.pku.edu.cn/content-419-3170-1.html，2016-04-25，2022年3月5日。

《关于进一步推进大学生自主创业贷款工作的通知》（市政办发〔2010〕235号），http：//www.9ask.cn/fagui/201012/212524_1.html，2020年6月8日。

《关于印发西安市创建创业型城市工作实施方案的通知》，http：//www.xa.gov.cn/gk/zcfg/szbf/5d4933caf99d6572b76b3180.html，2020年6月8日。

《关于做好当前和今后一个时期促进就业工作的通知》，http：//www.xa.gov.cn/gk/ghjh/zdgz/5d4937c2fd850833ac5f8d02.html，2020年6月8日。

《贵州："三个十万元"扶持微型企业发展》，http：//www.gov.cn/xinwen/2016-11/19/content_5134639.htm，2022年3月5日。

《贵州省出台"3个15万元"扶持政策发展微型企业》，http：//www.gov.cn/gzdt/2012-02/06/content_2059025.htm，2022年3月5日。

《贵州省深化高等学校创新创业教育改革实施方案》，http：//www.moe.gov.cn/s78/A08/gjs_left/s3854/cxcyjy_ssfa/201607/t20160714_271883.html，2022年3月5日。

《贵州省"万名大学生创业计划"实施方案》，https：//www.ncss.cn/tbch/glzcdxscxcywjhb/gss/gz/291161.shtml，2022年3月5日。

《贵州首个高校"众创空间"启动》，http：//edu.people.com.cn/n/2015/0403/c1053-26798169.html，2022年3月5日。

《国际劳工组织：疫情或使全球2500万人失业》，http：//k.sina.com.cn/article_2478163131_93b5c4bb02700ln2t.html，2022年

3月5日。

《火炬青年创业互助社区成立，贵州创客有了新基地》，http：//district.ce.cn/newarea/roll/201504/10/t20150410_5074325，2022年3月5日。

《教育部关于做好2010年普通高等学校毕业生就业工作的通知（教学〔2009〕15号）》，https：//wenku.baidu.com/view/59230f2ddfccda38376baf1ffc4ffe473368fd1c.html，2022年3月5日。

《就业为何困难？调研表明：岗位需求与大学生能力、期望之间存在错配》，https：//baijiahao.baidu.com/s？id＝1675072966903921816&wfr＝spider&for＝pc，2022年3月5日。

联合国劳工组织：《受新冠危机冲击，全球逾40%的年轻人收入下降》，https：//new.qq.com/omn/2020年0812/2020年0812A0W41G00.html？pgv_ref＝aio2015&ptlang＝2052。

刘陈杰：《当前中国失业情况和对策》，财新观点专栏，https：//www.163.com/dy/article/F94FD3HR0519IGF7.html，2020－3－31，2022年3月5日。

刘日红：《中国经济总量接近美国的70%，如何避免"70%现象"？》，https：//www.sohu.com/a/235174015_465271，2018－6－11，2022年3月5日。

任泽平：《中国青年创业发展报告（2021）》，http：//finance.sina.cn/zl/2022-03-03/zl-imcwipih6313408.d.html，2022年8月1日。

［日］竹森俊平：《中国最先恢复全面生产》，http：//news.sina.com.cn/c/2020年-09-11/doc-iivhuipp3685698.shtml，2022年3月5日。

《万亿茅台换帅，"70后"厅长接棒》，https：//baijiahao.baidu.com/s？id＝1660153755963384240&wfr＝spider&for＝pc，2022年3月5日。

王小鲁等：《中国市场化八年进程报告》，人民论坛网，http//www.rmlt.com.cn/2。

《我国科技人力资源规模保持世界第一》，http：//www.gov.cn/xinwen/2020年-08/13/content_5534435.htm，2022年3月5日。

《西安评出10名创业明星给予每人3万元奖励》，https：//www.sxdaily.com.cn/2019年-12/06/content_8104670.html，2020年6月

8 日。

《西安市 2010 年第六次全国人口普查主要数据公报》，http：//tjj. xa. gov. cn/tjsj/tjgb/gmjjhshfzgb/5d7fc59ffd8508622db0d9c9. html，2020 年 6 月 8 日。

《西安市表彰 20 名"创业明星"，每人奖励 10000 元》，http：//www. cnr. cn/sxpd/shgl/20180911/t20180911_524356860. shtml，2020 年 6 月 8 日。

《西安市发布〈关于进一步做好新形势下就业创业工作的实施意见〉》，http：//www. xa. gov. cn/gk/zcfg/szf/5d492c3c65cbd87465ab7c54. html，2020 年 6 月 8 日。

《西安市人民政府办公厅关于印发推进小微企业创业创新基地城市示范工作方案（2016—2018）》，http：//law. esnai. com/mview/181105，2020 年 6 月 8 日。

《西安市人民政府办公厅关于做好 2015 年普通高等学校毕业生就业创业工作的通知》，http：//www. xa. gov. cn/gk/jycy/zccs/5dbaa56165cbd804f6a1231f. html，2020 年 6 月 8 日。

《西安市人民政府办公厅关于做好当前普通高等学校毕业生就业创业工作的通知》，http：//www. xa. gov. cn/gk/jycy/zccs/5dbaa56165cbd804f6a1231f. html，2020 年 6 月 8 日。

《西安市人民政府办公厅转发市财政局关于全面推进小微企业创业创新基地城市示范支持政策的通知》，https：//ie. xidian. edu. cn/info/1026/1387. htm，2020 年 6 月 8 日。

《西安市人民政府关于扶持大学生自主创业贷款的指导意见（试行）》，http：//www. gov. cn/govweb/jrzg/2009-01/02/content_1194151. htm，2020 年 6 月 8 日。

《西安市人民政府关于进一步加强就业创业工作的实施意见》，http：//xaic. xa. gov. cn/zsyz/tzzn/tzzc/5db0107af99d6527b6cc61a6. html，2020 年 6 月 8 日。

《西安市人民政府关于推进大众创业万众创新的指导意见》，http：//jyw. sxqzy. com/info/1005/1324. htm，2020 年 6 月 8 日。

《中国人民大学发布〈2019 年中国大学生创业报告〉》，http：//

cn. chinadaily. com. cn/a/2020 年 07/05/WS5f014de3a310a859d09d60ea. html，2022 年 3 月 5 日。

（六）其他

《2020 年中国经济"V 型"反弹》，中国青年报客户端，2021 - 01 - 19，2022 年 3 月 5 日。

《2021 年税收经济有哪些亮点？国家税务总局梳理十组数据》，新浪财经官方账号，2022 - 01 - 26，2022 年 3 月 5 日。

《除了反超美国时间缩短，100 万亿 GDP 对中国还意味着什么》，新华社客户端，2021 - 01 - 19，2022 年 3 月 5 日。

《人社部：2021 年就业局势总体稳定全国城镇新增就业 1269 万人》，央视新闻客户端，2022 - 02 - 22，2022 年 3 月 5 日。

任泽平：《有多少青年在创业？资金从哪来？中国青年创业发展报告重磅发布》，微信公众号，共青团中央，2020 - 11 - 27，2022 年 3 月 5 日。

新华社受权发布《中共中央关于制定国民经济和社会发展第十四个五年规划和二〇三五年远景目标的建议》，新华社新媒体，2020 - 11 - 3，2022 年 3 月 5 日。

二 外文文献

Agbim, Kenneth, "The Relative Contribution of Management Skills to Entrepreneurial Success: A Survey of Small and Medium Enterprises (SMEs) in the Trade Sector, IORS", *Journal of Business and Management*, No. 7, 2013.

Anastasiia Laskovaia, et al., "National Culture, Efectuation, and New Venture Performance: Global Evidence from Student Repreneurs", *Small Business Economics*, Vol. 49, Issue 3, 2017.

Ann - Marie Mathmaker, Nicola Ingrametal, *Higher Education, Social Class and Social Mobility*, London: Springer Nature, 2016.

Apitzsch, U., et al., "Social Exclusion and Self - employment in European Societies: An Introduction", In: Apitzsch, U., Kontos, M., "Self - Employment Activities of Women and Minorities, VS Verlag für Sozialwissenschaften," （2008）, https://doi.org/10.1007/978 - 3 - 531 -

90816-8_1.

Attila Bruni, et al., "Doing Gender, Doing Entrepreneurship: An Ethnographic Account of Intertwined Practices", *Gender Work and Organization*, Vol. 11, No. 4, 2004.

Bo Carlsson, "Institutions, Entrepreneurship, and Growth: Biomedicine and Polymers in Sweden and Ohio", *Small Business Economics*, Volume 19, Issue 2, 2002.

Butler, Inés, et al., "Public Funding for Startups in Argentina: An Impact Evaluation", *Small Business Economics*, Vol. 46, Issue 2, 2016.

Clarke, J., et al., "The Mature Entrepreneur: A Narrative Approach to Entrepreneurial Goals", *Journal of Management Inquiry*, Vol. 19, No. 1, 2010.

David G. Blanchflower, et al., "A Longitudinal Analysis of the Young Self-Employed in Australia and the United States", *Small Business Economics*, 6 (1), 1994.

Dieter Bögenhold, et al., "The Decline and Rise of Self-employment Word", Employment & Society, Vol. 5, No. 2, 1991.

D. Storey, et al., "Job Creation in Small and 'Medium' Size Enterprises Spain, Ireland, Denmark, Greece, Portugal", VOL. Ⅲ: Main Report, ECSC-EEC-EAEC, Brussels · Luxembourg U. S. Small Business Administration, Office of Advocacy, (2006) Small Business Research Summary, No. 314, 1987, [Electronic version]. Retrieved February 1, (2008), from http: // www. sba. gov/advo/research/rs314. pdf.

D. Ucbasaran, et al., "Habitual, Entrepreneurs", *Entrepreneurship*, Vol. 4, No. 4, 2008.

Eileen M. Fischer, et al., "A Theoretical Overview and Extension of Research on Sex, Gender, and Entrepreneurship", *Journal of Business Venturing*, Vol. 8, Issue 2, 1993.

Engle, Robert L., et al., "The Role of Social Influence, Culture, and Gender on Entrepreneurial Intent", *Journal of Small Business & Entrepreneurship*, Vol. 24, 2014.

Erich J. Schwarz, et al., "The Effects of Attitudes and Perceived Environment Conditions on Students' Entrepreneurial Intent: An Austrian Perspective", *Education+Training*, Vol. 51, No. 4, 2009.

Foss, L., "Going against the Grain, Construction of Entrepreneurial Identity through Narratives In Daniel", Hjorth, et al., (Eds.), *Narrative and Discursive Approaches in Entrepreneurship: A Second Movements in Entrepreneurship Book*, Northampton, MA.: Edward Elgar, 2004.

Gartner, W. B., "Entrepreneurial Narrative and a Science of the Imagination", *Journal of Business Venturing*, Vol. 22, Issue 5, 2007.

Glenn R. Carroll, et al., "The Career Dynamics of Self-employment" (1987), https://escholarship.org/uc/item/13p1n10b.

Hans J. Baumgartner, et al., "Turning Unemployment into Self-Employment: Effectiveness of Two Start-Up Programmes, *Oxford Bulletin of Economics & Statistics*, Vol. 70, Issue 3, 2008.

Islem Khefacha, et al., "An Estimated Model of New Venture Creation: The ories and Determinants in Tunisia", *Journal of Enterprising Culture*, Vol. 22, No. 2, 2014.

Ivan H. Light, "Ethnic Enterprise in North America: Business and Welfare Among Chinese, Japanese, and Blacks", *The International Migration Review*, Vol. 7, No. 2, 1973.

JanghoYoon, et al., "The Effect of Self-employment on Health, Access to Care and Health Behavior", *Health*, Vol. 5, 2013.

Jesper Ekelund, et al., "Self-employment and Risk Aversion-evidence from Psychological Test Data", *Labour Economics*, Vol. 12, Issue 5, 2005.

Johansson, A. W., "Narrating the Entrepreneur", *International Small Business Journal*, Vol. 22, No. 3, 2004.

Joseph A. Schumpeter, et al., "Robinson's Economics of Imperfect Competition", *Journal of Political Economy*, Vol. 42, No. 2, 1934.

Joseph Ogah, et al., "An Assessment of Entrepreneurship Involvement among Undergraduate Students of Cross River State University of Technology, Ogoja Campus, Cross Rive State", *European Journal of Business and Man-*

agement, Vol. 5, No. 12, 2013.

Juan Carlos Díaz-Casero, et al., "Influence of Institutional Environment on Entrepreneurial Intention: a Comparative Study of Two Countries University Students", *International Entrepreneurship and Management Journal*, Volume 8, Issue 1, 2012.

Kenneth I. Wolpin, "Education and Screening", *American Economic Review*, Vol. 67, No. 5.

Lafuente, E., et al., "Age Driven Influence of Role-models on Entrepreneurship in a Transition Economy", *Journal of Small Business and Enterprise Development*, Vol. 20, No. 1, 2013.

Lalit Sharma, et al., "Effect of Individual Factors on Youth Entrepreneurship-a Study of Uttarakhand state, India", *Journal of Global Entrepreneurship Research* (2014), http://creativecommons.org/licenses/by/2.0.

Lalit Sharma, et al., "Effect of Individual Factors on Youth Entrepreneurship-a Study of Uttarakhand state, India", *Journal of Global Entrepreneurship Research* (2014), http://creativecommons.org/licenses/by/2.0.

Larty, J., et al., "Structural Approaches to Narrative Analysis in Entrepreneurship Research: Exemplars from Two Researchers", *International Small Business Journal*, Vol. 29, No. 3, 2011.

Lois M. Shelton, et al., "Enhancing Product Market Access: Minority Entrepreneurship, Statusleveraging, and Preferential Procurement Programs", *Small Business Economics*, Volume 50, Issue 3, 2018.

L. Brancu, V. Munteanu, et al., "Study on Student's Motivations for Entrepreneurship in Romania", *Procedia – Social and Behavioral Sciences*, Vol. 62, No. 24, 2012.

Macmillian I. C., "To Really Learn about Entrepreneurship, Let's Study Habitual Entrepreneurs", *Journal of Business Venturing*, Vol. 1, No. 3, 1986.

Maria Minniti, et al., "Being in Someone Else's Shoes: the Role of Gender in Nascent Entrepreneurship", *Small Business Economics*, Vol. 28, Issue 2-3, 2007.

Moloud Soltanian, et al., "Motivations of SME Entrepreneurs to Become Halalpreneurs", *Journal of Science and Technology Policy Management*, Vol. 7, No. 2, 2016.

Muhammad Asif Tanveer, et al., "Intention of Business Graduate and Undergraduate to Become Entrepreneur: A Study from Pakistan", *Journal of Basic and Applied Scientific Research*, Vol. 3, No. 1, 2013.

M. Boldrin, et al., "Age And Education As Determinants Of Entrepreneurship", *Economics & Organization*, Vol. 427, Issue 3, 2012.

N. sikakAbasi Udofia, et al., Parents' Influences and the Entrepreneurship Occupational Aspirations of Wards in Technical Schools in Akwa Ibom State, *Developing Country Studies*, ISSN2224-607X (Paper) ISSN 2225-0565 (Online), Vol. 3, No. 4, 2013.

"OECD Employment Outlook 2003", http://www.oecd.org/els/emp/oecdemploymentoutlook2003.

OECD, et al., "Entrepreneurship and Local Economic Development Programme and Policy Recommendations (Complete Edition-ISBN 9264199780)", *Sourceoecd Territorial Economy*, Vol. 2003, No. 3.

Plehn-Dujowich, J., "A Theory of Serial Entrepreneurship", *Small Business Economy*, Vol. 35, 2010.

P. A. P. Samantha Kumara, "Undergratuates' Intention towards Entrepreneurship: Empirical Evidence from Sri Lanka", *Journal of Enterprising Culture*, Vol. 20, No. 1, 2012.

Ralph E. Wildeman, et al., "Culture's Role in Entrepreneurship: Self-Employment out of Dissatisfaction", *Progress in Economic Sciences*, 1998.

Sara Thorgren, et al., "Passion and Habitual Entrepreneurship: International Small Business", *Journal Researching Entrepreneurship*, Vol. 33. Issue 2, 2013.

Smith, R., et al., The Devil is in the e-tale: Form and Structure in the Entrepreneurial Narrative, in Hjorth, D., et al., *Narrative and Discursive Approaches in Entrepreneurship*, Elgar: Cheltenham, 2004.

Takanori Adachi, et al., "Gender Differences in Entrepreneurship and

Intrapreneurship: An Empirical Analysis", *Small Business Economics*, Vol. 48, 2017.

Uschi Backes-Gellner, et al., "The Consequences of Central Examinations on Educational Quality Standards and Labour Market Outcomes", *Education Economics*, Vol. 13, Issue 2, 2005.

Wei-Loon Koe, et al., "Factors Influencing Propensity to Sustainable Entrepreneurship of SMEs in Malaysia", *Procedia-Social and Behavioral Sciences*, Vol. 172, No. 27, 2015.

William B. Gartner, "A New Path to the Waterfall: A Narrative on a Use of Entrepreneuria Narrative", *International Small Business Journal*, Vol. 28, No. 1, 2010.

"World Employment and Social Outlook - Trends 2022", https://www.ilo.org/global/research/global-reports/weso/trends2022/lang--en/index.htm.

W. Gibb Dyer, et al., "Toward a Theory of Family Capital and Entrepreneurship: Antecedents and Outcomes", *Journal of Small Business Management*, Vol. 52, No. 2, 2014.

Yannis Georgellis, et al., "Self-Employment Longitudinal Dynamics: A Review of the Literature", *Economic Issues*, Vol. 10, No. 2, 2006.

后　记

改革开放和加入 WTO 使中国深度参与到全球化的产业链条中,向世界展示了中国人民的勤奋和高效。持续 40 余年、快速发展的高等教育为中国经济社会建设输送了数量庞大的中流砥柱,为中国经济的腾飞和国际竞争力的增强提供了扎实的智力支持。中国科协调研宣传部和中国科协创新战略研究院于 2020 年 8 月联合发布《中国科技人力资源发展研究报告（2018）——科技人力资源的总量、结构与科研人员流动》,截至 2018 年年底,中国科技人力资源总量达 10154.5 万人,工学背景科技人力资源占比均为最高,工学背景的科技人力资源占 54.1%;中国科技人力资源继续保持年轻化,39 岁及以下人群超过四分之三。科研人员国内流动范围覆盖 31 个省份,大规模流动主要集中在环渤海、长三角、广东、陕西和湖北地区,东部省份在人才流动网络中处于重要地位;黑龙江、四川和湖北等中西部省份向东部省份大规模输送人才。在科研人员跨城市流动方面,北京是科研人员城际流动网络的绝对核心,上海、武汉和广州紧随其后。科研人员流动主要以直辖市与省会城市间相互流动为主。随着科研人员学术层级的提升,国际、省级和城际间科研人员的流动不均衡性提升。稳居世界第一的科技人力资源为实现中国创新驱动发展战略目标奠定了坚实基础[1]。

十余年来,为了充分发挥大学生实现个人价值和社会价值,国家全方位引导和支持大学生创新创业,涌现出了大批优秀的创业者和企业

---

[1] 《我国科技人力资源规模保持世界第一》,http：//www.gov.cn/xinwen/2020 年-08/13/content_5534435.htm,2022 年 3 月 5 日。

家，他们既更好地实现了个人价值，也创造了更多的社会财富，整个社会充满活力，国家更加繁荣昌盛。中国由弱走强的同时，不可避免地引发了国际力量的审视和防范，外部环境相比以前更为复杂。由美国单边挑起的持续多年的中美贸易摩擦已经对全球经济的稳定和互通有无造成了巨大的冲击，突如其来的新冠疫情使外部经济形势深度恶化。国际劳工组织（ILO）2020年3月18日发布报告称，受新型冠状病毒疫情影响，全球最多将增加2500万失业人口[1]。该组织于同年8月11日再次发布4—5月间进行的"青年与新冠疫情"（Youth & Covid—19）调查结果，样本来自112个国家的1.1万多名年龄在18岁至29岁的年轻人。在新冠病毒疫情暴发期间仍在工作的全球年轻人中，大约42%的收入都因疫情危机影响而有所下降，受多重冲击的年轻人可能成为"封锁一代"（lockdown generation）[2]。

创业是一项不确定且高风险的行为，相对稳定的经济社会格局无疑有助于提升创业的安全性。贸易摩擦和全球性突发性公共卫生事件及区域冲突使世界置于无边的危机中，常态经济模式受到的挑战最为明显，发挥人的创造性，触发新的经济增长点成为危机社会中的新动能。世界供应链被中断的历史偶然事件给了本书研究新的思考视角，新历史条件下的创业既需要从传统中汲取智慧和力量，又需要突破传统中的樊篱和制约。本书研究既关注宏观社会结构变迁，更关注创业事实的微观社会机制，为发挥大学生创业者的独特价值，提供源自经验的洞见。

本书是国家哲学社会科学基金项目"市场化、家庭禀赋与大学生创业研究"（17XSH012）的研究成果。2017年立项后，由于2020—2022年的公共卫生危机引发的流动中断，课题研究的进展不可避免地受到影响。经过中国社会科学出版社刘晓红编辑的精心指导和持续鼓励，研究成果现在终于可以面世。整个研究过程和撰写过程异常艰辛，非常感谢研究中得到的诸多帮助及课题组成员的通力合作，虽不能一一具名，但将永铭心中。

---

[1] 《国际劳工组织：疫情或使全球2500万人失业》，http://k.sina.com.cn/article_2478163131_93b5c4bb02700ln2t.html，2022年3月5日。

[2] 联合国劳工组织：《受新冠危机冲击，全球逾40%的年轻人收入下降》，https://new.qq.com/omn/2020年0812/2020年0812A0W41G00.html?pgv_ref=aio2015&ptlang=2052。